·经济管理学术文库·

煤矿企业可持续发展管理与技术支撑体系研究

——以许厂煤矿为例

Research for Management and Technology Support System of Sustainable Development of Coal Mining Enterprises: As an Example to Xuchang Coal Mine

顾问：侯宇刚

刘传庚 王发明 衣东丰 张一清 王明海／著

图书在版编目（CIP）数据

煤矿企业可持续发展管理与技术支撑体系研究/刘传庚等著. —北京：经济管理出版社，2011.5
ISBN 978-7-5096-1466-2

Ⅰ. ①煤… Ⅱ. ①刘… Ⅲ. ①煤矿—工业企业管理—可持续发展—研究—中国 Ⅳ. ①F426.21

中国版本图书馆 CIP 数据核字（2011）第 099080 号

出版发行：经济管理出版社
北京市海淀区北蜂窝 8 号中雅大厦 11 层
电话：(010)51915602　　邮编：100038

印刷：北京广益印刷有限公司　　经销：新华书店

组稿编辑：申桂萍　　责任编辑：杨国强
技术编辑：黄　铄　　责任校对：蒋　方

720mm×1000mm/16　　14.75 印张　280 千字
2011 年 7 月第 1 版　　2011 年 7 月第 1 次印刷

定价：39.00 元

书号：ISBN 978-7-5096-1466-2

前 言

一、"可持续发展"是社会经济发展的必然

20 世纪以来，特别是工业化以来，随着科学技术的进步和社会生产力的极大提高，人类创造了前所未有的物质财富，加速并推进了文明发展的进程。与此同时，人口剧增、资源过度消耗、环境污染、生态破坏和南北差距扩大等问题日益突出，成为全球性的重大问题。环境问题越来越严重地阻碍着经济的发展和人民生活质量的提高，继而威胁着全人类的未来生存和发展。在这种严峻形势下，人类不得不重新审视自己的社会经济行为和走过的历程，已经认识到通过高消耗追求经济数量增长和"先污染后治理"的传统模式已不再适应当今和未来的要求，而必须寻求一条人口、经济、社会、环境和资源相互协调的，既能满足当代人的需求而又不对满足后代人需求的能力构成危害的可持续发展的道路。

人们不得不注意到，要创造舒适的生存条件，满足日益增长的物质与文化需求，就必须通晓环境的演变规律和处理好社会经济发展与环境的关系，认识环境的结构与功能，维护环境的生产能力、恢复能力和补偿能力，使经济和社会发展不超过环境的容许极限，以满足人类的生态需要。这就需要合理调节人类与自然的关系，正确协调经济发展和环境的关系。

在认识和解决"环境与发展的关系"的过程中，西方国家于 20 世纪 70 年代末、80 年代初提出了"可持续发展"的概念，自此，可持续发展理论乃至可持续发展经济学迅猛发展。迄今，有关可持续发展的基本概念和战略目标，虽然已经广为流传并被各国所接受，但对其内涵和定义仍然存在着巨大的差异。最具有代表性的定义是挪威首相布伦特夫人主持的世界环境与发展委员会（1978 年），在对世界重大经济、社会、资源和环境进行系统调查和研究的基础上，提出的长篇专题报道——《许厂煤矿共同的未来》中对可持续发展给出定义：可持续发展是指既能满足当代人的需要，又不对后代人满足其需要的能力构成危害的发展。

二、煤炭企业可持续发展的含义

煤炭资源属于非再生资源，因此又称为耗竭资源，其开采和加工利用对生态

环境系统造成了巨大的破坏。从这种意义上讲，煤炭企业可持续发展是一个相对概念。煤炭作为一种不可再生的资源是不能持续的，但由于受到多方面因素的影响，其总量是难以确定的，其耗竭时间难以确定。同时，在煤炭资源的开发和利用过程中，对环境污染和生态破坏的程度是可以控制的。煤炭企业可持续发展的基本内涵应该包括以下具体内容:

(1) 资源利用的可持续性。煤炭资源利用的可持续并非祈求对可耗竭且不可再生自然资源的无限拥有，而是要求在煤炭开采的全过程中始终坚持代际均等的资源理论观，紧紧依靠技术进步与创新，最大限度地提高煤炭资源回收率，减少浪费，并尽可能降低对其他资源的连带损害（如土地、水资源）。资源利用的可持续也要求对煤炭的加工和利用注意节约，提高矿产资源的产出效益。

(2) 经济发展的可持续。煤炭资源的开发和利用既是煤炭企业存在的前提和基础，也是一种产业经济行为，保持企业经济的持续健康发展无疑成为矿区可持续发展的核心。因为经济发展是煤炭企业发展演化的动力源。经济发展的可持续不仅表现为量的增加，而且注重质的提高，更强调不以牺牲资源和环境为代价。提高煤炭企业的核心竞争力是实现经济可持续发展的重要环节。

(3) 生态环境的可持续。现有科技水平下的煤炭资源开发和利用，不可避免地带来了比一般经济区域更为严重的生态环境问题。强调生态环境的可持续，并非要求生态环境的零损害，而是要求矿区内的资源开发和经济扩张对生态环境的扰动必须被严格控制在矿区环境容量的阈值范围内，并使生态环境的污染和破坏得到及时有效地治理恢复。大力推进清洁开采和洁净煤技术，从源头上消除污染，并最终解决环境问题是生态环境可持续追求的终极目标。

可持续发展是一项关于人类社会经济发展的全面性战略，涉及经济、社会、自然三个方面的和谐统一。也就是说，人类在经济发展中不仅追求经济效率，还追求生态和谐和社会公平，最终实现全面发展。在人类可持续发展系统中，经济发展是基础，自然生态保护是条件，社会进步是目的。显然，在新的世纪里，人类共同追求的目标是以人为本的自然—经济—社会复合系统的持续、稳定、健康的发展。因此，谋求社会的全面进步是可持续发展的目标函数。

三、煤炭企业的可持续发展具有特殊性

煤炭生产是一个特殊的行业，其生产和产品的特点决定了煤炭企业的环境问题有其特殊性。与其他行业相比，煤炭企业环境问题更突出，一方面环境问题和环境保护更受社会和人们的关注；另一方面发展与环境的相互作用、相互依存关系更密切。

国际矿业 100 余年的发展历程向我们展示了三种矿产资源开发模式。“先开

发后治理”模式，虽快速地促进了经济的发展，但由此造成的环境破坏和为此而付出的经济代价巨大，教训惨痛；“严格的环境限制下的资源开发”模式，虽有效地保护了环境，但不同程度地制约了矿业发展；“海外资源开发”模式，虽弥补了本国的资源需求，可获得较大的经济利益，但需要雄厚的资金保证。我国煤炭资源的开发，既不能走“先开发后治理”的老路，也不能套用“严格的环境限制下的资源开发”的发达国家后工业化模式，而“海外资源开发”的途径打开还需时日。因此，我国煤炭企业必须走资源开发与环境保护相协调的矿业发展道路——“绿色矿业”之路。

采矿对环境的影响是多方面的，它包括自然生活环境的破坏、地表地质构造的改变、河流环境和水资源的变化、土壤的破坏、空气的污染，以及其他严重的生态影响等。采矿对社会经济发展的作用是两方面的：一方面是积极的影响；另一方面是消极的影响。积极的影响表现在为社会经济的发展提供能源和原材料，是经济活动的基础；消极的影响表现在因采矿带来了环境问题和社会问题，环境事故会产生巨大的经济损失和社会影响，使后人失去了利用能源和原材料的机会。评价和分析煤炭开采在环境与发展中的作用，关键是看以什么方式、在何等程度上用多大的经济发展去换取环境损失和后人发展的机会。

从目前煤炭企业的实际来看，可持续发展并没有被放到“战略管理”的高度去进行认识和对待，更没有对环境成本进行科学的界定和正确的控制。作为全程污染的煤炭行业，因环境破坏而付出的代价和保护资源环境而支付的费用与其他行业相比较大，因企业转产而发生的投资和资产损失比其他行业相比更多。所以，正确认识和研究因可持续发展问题而发生的这些代价、支出、投资和损失，即基于可持续发展要求的环境及技术支撑体系，对于煤炭企业来讲具有重要的理论价值和现实意义。

对此，本书结合我国煤炭企业的实际和煤炭生产的客观规律，对煤炭可持续发展管理经验进行了系统分析和总结研究，为煤炭企业提供可持续发展的决策支持。

目录

第一部分　煤炭企业可持续发展理论及技术体系研究

第二部分 许厂煤矿可持续发展管理与技术支撑体系实践研究

第一部分

煤炭企业可持续发展理论及技术体系研究

第一章　可持续发展下的企业文化体系

第一节　企业文化的内涵与外延

一、企业文化的内涵与外延

“文化”（Culture）一词来源于拉丁文，最早指培养、种植、栽培、耕种。牛津现代辞典中对“文化”的解释是：人类能力的高度发展，借助训练与经验而促成的身心的发展、锻炼、修养；汉学中“文化”一词是“人文化成”的简称，即以人类最好的文明教化天下。随着人们对文化概念认识的深化和管理实践的发展，企业文化作为一种新的管理理论诞生于20世纪80年代。概括目前关于企业文化的内涵和外延的研究，基本上有以下四种观点：

（1）企业文化包括价值观念、价值体系、经营活动和管理模式，以及管理者与生产者的地位、作用、素质要求。

（2）企业文化包括制度文化、物质文化和精神文化，其中物质文化是基础，精神文化是灵魂和核心，制度文化是中坚和保证。

（3）企业文化包括三个层次的内涵：低层次是组织风气和传统；中层次是共同的行为准则和道德规范：高层次是企业的精神和价值观。

（4）企业文化是多种层次的整合，即著名的企业文化的层次整合观点。它将文化看做一种组织精神，认为组织的行为及其外在创造物是文化层次结构中的最外圈层，属组织的外在表现；组织的信仰和价值观是中间圈层，属组织的意识层面；构成文化基础的组织核心是最内圈层，属组织的潜意识。对组织成员来说，尽管核心假定是文化的主体，由于它属于潜意识，是不可言说和不可接近的。但是，从另一个角度来说，也正是组织的潜意识才构筑了组织的独特结构及其解决问题的前提假定和方法论基础。

综上所述，可以对企业文化的本质及其与其他文化的区别加以界定：企业文化是在从事经济活动的组织之中形成的组织文化。它所包含的价值观念、行为准则等意识形态和物质形态均被该组织成员所共同认可。可见，企业文化的内涵是指以企业价值观为核心的企业意识形态；企业文化的外延是指企业物质文化、行为文化、制度文化、精神文化的总和。

因此，从定义来看，企业文化是全体企业成员的思想观念、思维方式、行为方式、企业规范、企业生存氛围的总和。它几乎涵盖了企业的所有方面，涉及企业战略、人才、制度、规范、生产、营销、产品、品牌、公关宣传、形象设计等。企业文化又分为精神层、行为层和物质层三个层面：精神层如共同目标、价值观、企业道德、企业精神、企业理念、企业氛围等；行为层是指企业的各种规章制度和经营活动，基于制度体现思想，经营中涉及的一些对于创新、开拓、竞争、风险意识的态度等都属企业文化的内容；物质层是指看得见的东西，大到厂房、机器、产品，小到用品、招牌，一举一动、一草一木都体现企业文化。

从性质来看，企业文化是以企业管理哲学和企业精神为核心，凝聚企业员工归属感、积极性和创造性的人本管理理论。同时，它又受社会文化影响和制约，是以企业规章制度和物质现象为载体的一种经济文化。

从本质层面考察，概括地讲，企业文化具有以下特征：

(1) 个异性。指不同企业其文化风格各有不同。这是由企业生存的社会、地理、经济等外部环境，以及企业所处行业的特殊性、自身经营管理的特点、企业家素养风范和员工的整体素质等内在条件决定的。而个性文化一旦形成就会产生巨大感召力、凝聚力和对外的辐射力，它是企业文化的魅力和生命力之所在。

(2) 共识性。企业文化无疑是共同的价值判断和价值取向，即多数员工的“共识”。优秀的企业文化特别强调集团和群体思想，追求“一体化”，并渗透在企业每个员工的行为、每件产品的制造过程、经营管理的每个环节中。

(3) 非强制性。企业文化不是强制人们遵守各种硬性的规章制度和纪律，而是强调文化上的“认同”，强调人的自主意识和主动性，通过普遍的文化自觉达到自控和自律。所以，威廉·大内说：“这种文化可以部分地代替发布命令和对工人进行严密监督的方法，这样既能提高劳动生产率，又能发展工作中的支持关系。”

(4) 相对稳定性。一种积极的企业文化，尤其是居核心地位的价值观一旦形成，它就会成为企业发展的灵魂，长期在企业中发挥作用。当然，稳定性是相对的，根据企业内外经济条件和社会文化的发展变化，企业文化也应不断调整、完善和升华，从而适应新的环境、条件和组织目标。

作为社会大文化的一个子系统，企业文化客观地存在于每一个企业之中。优秀的企业文化将极大地促进企业的发展，反之则将削弱企业的组织功能。正如《财富》杂志评论员文章所指出，“世界500强”胜出其他公司的根本原因就在于

这些公司均有优秀的文化，并善于给他们的企业文化注入活力。美国通用电气公司前任 CEO 韦尔奇认为，文化是永远不能替代的竞争因素，企业靠人才和文化取胜。实际上，这一点也是众多企业的共识。

二、企业文化的体系结构

企业文化的体系如图 1-1 所示。可以看出，第一层是表层的物质文化；第二层是幔层的（或浅层的）行为文化；第三层是中层的制度文化；第四层是核心层的精神文化。或者可以说分为五层，圆圈的外部是企业的形象。

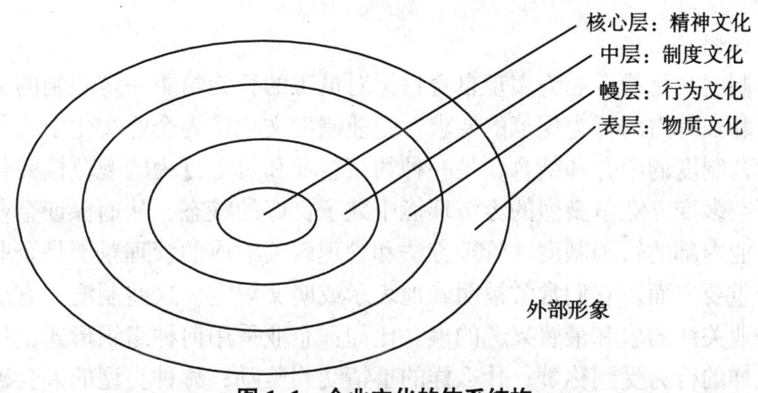

图 1-1　企业文化的体系结构

下面由表及里、由浅入深地介绍企业文化的内容。

1. 企业物质文化

企业物质文化是由企业员工创造的产品和各种物质设施等构成的器物文化，是一种以物质形态为主要研究对象的表层企业文化。主要是指企业生产的产品和提供的服务，是企业与社会、消费者首先感受和接触的部分，是企业文化最直观的表现。企业的物质文化还体现在企业环境设施上。企业容貌是企业文化的表征和企业标志，厂房建筑造型、厂区内外空间设计、企业象征物建造、车间及道路布局等都能反映企业的经营性质和文化风格。生产环境的优劣，直接影响员工的工作效率和情绪。优化企业的生产环境，为员工提供良好的劳动氛围，是企业重视人才的需要、激励人才的工作积极性的重要手段。改善生活娱乐条件，能使员工保持心情舒畅，增强其对企业的认同感和归属感，有利于提高企业的向心力和吸引力。

2. 企业行为文化

企业行为文化是企业人在生产经营、人际关系中产生的活动文化，是以人的行为形态的企业文化。它是企业价值观、企业精神、企业经营理念的折射和反映。行为文化通过行为规范来体现。所谓行为规范，是指通过企业文化的长期影响和熏陶，再加上领导的有意倡导和长期培育形成的一种不见诸文字的、非硬性规定的，但却对行为有一定约束力的准则。这种准则通过观念的作用，引导员工自觉地意识到哪些行为是好的，哪些行为是不好的；哪些是对的，哪些是错的，从而自觉地对自己的行为加以制约和调整，以使自己的行为符合企业文化和企业行为的总体水平。企业行为规范在实际生活中制约和影响着员工的行为，如果对行为规范有意识的引导和组织，就会使行为规范与企业的总体行为导向一致；如果将企业行为规范建设提高到行为文化的层次，就会对企业发展起到有效的促进作用。

3. 企业制度文化

企业制度文化是企业为实现自身目标对员工的行为给予一定限制的文化，它具有共性和强有力的行为规范的要求。企业制度文化作为企业文化中人与物、人与企业运营制度的中介和结合，是一种约束企业和员工行为的规范性文化，它使企业在复杂多变、竞争激烈的经济环境中处于良好的状态，从而保证企业目标的实现。企业内部的管理制度、管理方法和管理政策构成的管理氛围是企业制度文化的一个重要方面。它们常常被明确地表示或明文规定。这些制度、方法和政策体现了企业关注的事和最感兴趣的事。比如：企业采用何种组织形式；什么样的人和什么样的行为受到称赞；什么样的事情受到奖励；哪种类型的人会被企业聘用或重用；企业对新聘用的员工有什么样的要求；等等，这些管理制度无不体现出一个企业的文化氛围。

4. 企业精神文化

企业精神文化是指企业在生产经营过程中，受一定的社会文化背景、意识形态影响而长期形成的一种精神成果和文化观念，是企业物质文化、行为文化的升华，是更深层次的文化现象。在整个企业文化系统中，企业精神文化处于核心的地位，是企业的上层建筑。它包括企业价值观、企业精神、企业经营哲学、企业伦理。

（1）企业价值观。企业价值观可以定义为企业领导者和全体员工对企业生产行为是否有价值以及价值大小的总的看法和根本观点。它是企业文化的核心，是把所有员工联系到一起的精神纽带，是企业生存发展的内在动力，是企业行为规范的基础。企业价值观的树立，对企业的发展方向起着十分重要的作用。它为企业的生存和发展提供了基本的方向和行动指南，为企业员工形成共同的行为准则奠定了基础。企业价值观决定了企业基本特征、发展方向、经营理念、竞争策略、人才观念等。价值观是文化的核心，而文化应是价值的基础。企业价值观同时具有经济价值取向、社会价值取向、伦理价值取向、政治价值取向，并且这些

价值取向综合发挥作用，表现为正确处理义利的关系、索取与奉献的关系、集体本位与个人本位的关系。

（2）企业精神。企业精神是一个企业基于自身特定的性质、任务、宗旨、时代要求和发展方向，为谋求发展而在长期生产经营实践的基础上经精心培育而成的，并为整个员工群体认同的心理定式、价值取向和主导意识。它是企业员工群体健康人格、向上心态的外化；是员工群体对企业的信任感、自豪感和荣誉感的集中表现形态。

企业精神反映了不同企业的独特个性。由于每个企业的经营目标、经营范围、管理制度、人员组合、资金、技术、市场、服务以及企业活动的特定的空间地域环境千差万别，即不同的企业具有不同的具体个性，那么以这种个性为基础并反映这种个性的精神亦不同。企业精神具有时代特征。如海尔的企业精神为"敬业报国，追求卓越"；联想的企业精神为"求实、进取、创新"。企业的一切行为都会反映出社会发展的不同阶段和时期的特征，企业精神是时代精神在企业中的体现和反射，它必然要具备时代的特征。

企业精神具有相对稳定性。它是企业员工行为整体的稳定倾向，一旦形成，就具有相对的稳定性，并在企业的发展中不断充实、深化并发扬光大。

（3）企业经营哲学。企业经营哲学是从企业实践中抽象出来的、关于企业一切活动本质和规律的学说，是企业经营管理经验和理论的高度总结和概括，是企业家对企业经营管理的哲学思考。企业经营哲学必须要回答的基本问题是"企业与社会的关系"、"企业与人的关系"。

（4）企业伦理。伦理是"指道德关系及其相应的道德规范"。企业伦理是伦理的具体表现之一。所谓企业伦理，是指企业全体员工认同并在实际处理各种关系中体现出来的善恶标准、道德原则和行为规范。企业伦理有两个层次：第一个层次是员工个人道德，其道德主体是单个的员工；第二个层次是企业道德，又称法人道德，其道德主体是整个企业或法人。二者相互联系、相互促进，但企业道德处于主导地位，是企业伦理建设的重点。

第二节　企业文化相关理论研究演进

20 世纪 80 年代，企业文化的研究以探讨基本理论为主，如企业文化的概念、要素、类型以及企业文化与企业管理各方面的关系等。进入 90 年代以后，企业文化的研究出现了四个走向：一是对企业文化基本理论的深入研究；二是对企业文化与企业效益和企业发展的应用研究；三是关于企业文化测量的研究；四是关于企业文化的诊断和评估的研究。

企业文化的研究在20世纪80年代、90年代已经成为管理学、组织行为学和工业组织心理学研究的一个热点。因此，这20年也被称为管理的企业文化时代。从国外企业文化现象的发现到企业文化研究经过的20年迅猛发展的历程，它们走的是一条理论研究与应用研究相结合、定性研究与定量研究相结合的道路。20世纪80年代中期，在对企业文化的概念和结构进行探讨之后，学者便立即转入对企业文化产生作用的内在机制以及企业文化与企业领导、组织气氛、人力资源、企业环境、企业策略等企业管理过程的关系的研究，进而对企业文化与企业经营业绩的关系进行量化的追踪研究。定量化研究是在企业文化理论研究的基础上，提出用于企业文化测量、诊断和评估的模型，研发出一系列量表，对企业文化进行可操作性、定量化的研究。企业文化受到管理学者的重视，是与当时特定的企业管理发展实践密不可分的。20世纪70年代，日本企业经营的成功与美国经济发展的困境形成鲜明对比，一些管理学者对比美日企业管理的实践，提出了许多开创性的观点。在众多著作中，《Z理论——美国企业怎样迎接日本的挑战》、《日本企业管理艺术》、《企业文化》、《寻求优势——美国最成功公司的经验》的问世使企业文化热达到了高峰。很快，一股研究企业文化的热浪便席卷世界。这些研究成果对企业管理实践产生了重大的影响，企业逐渐改变了过去在管理中单一强调战略、结构、制度等硬性的做法，而更注意兼顾人员、作风、技能、企业精神等"软"的方面对企业管理的作用。

一、企业文化的含义界定

企业文化作为一种理论，现在正处于发展之中。有关企业文化的研究，目前国内外的学术界众说纷纭，有代表性的观点如下：

1. 国外学者对企业文化含义的界定

美国哈佛大学的甘乃迪教授在《企业文化》：（1982年）中写道："企业文化由价值观、神话、英雄和象征凝聚而成，这些价值观、神话、英雄和象征对公司的员工具有重大意义。"他认为，构成企业文化的要素有五点：一是企业环境；二是价值观；三是英雄模范；四是典礼和仪式；五是文化网络。日本有关学者认为，企业文化是特定企业中具有固定特征的价值体系。它由三个主要因素构成：一是价值体系——精神方面；二是行为体系——工作结构；三是经营风尚——基础方面，如社风、组织风尚、传统、行为规范等。

2. 国内学者对于企业文化研究

就目前来看，国内学者关于企业文化的含义大体有以下六种观点：

（1）企业文化是一个复合概念。它由企业的“外显文化”与“内隐文化”两部分构成。“外显”是指企业的文化设施、文化教育、技术培训和文娱、联谊活动等。“内隐”是指价值观念、道德规范、工作态度、行为取向和生活观念以及由此汇集而成的整体风貌。

（2）企业文化是一种观念形态的价值观。它是一个企业长期以来形成的一种稳定的文化观念、历史传统，具有独有的经营精神和风格。

（3）企业文化是一种亚文化。它存在于民族文化之中，反映了一个国家和一个民族的文化特点和不同的社会价值观。

（4）企业文化是一种经济文化。它和民族文化、社区文化、政治文化、社会文化相对独立而存在。它反映的是企业这个经济组织的价值观、目的要求、实现目的的行为准则和习惯。

（5）企业文化有广义、狭义之分。广义企业文化是指一个企业所创造的独具特色的精神财富，如道德、价值观、传统习惯等。

（6）企业文化是企业管理硬件和管理软件的结合。包括 7S 要素，其中，三个“硬性”（经营战略、制度、结构），四个“软性”（人员、技巧、作风、最高目标）。

二、国内外企业文化的研究现状

西方企业管理理论经过一个多世纪的发展后，美国管理学者于 20 世纪 80 年代初提出了“企业文化”的概念，标志着企业管理理论的研究进入了一个崭新的阶段——文化管理阶段。早在那时，一些学者就曾断言，无论是企业家还是普通的企业人，如果对自己企业的文化没有深刻的理解和认识，要想在事业上大展宏图几乎是不可能的。企业文化从兴起至今的短短 20 多年时间，国内外学术界对它的研究、探索（包括企业的参与）却是方兴未艾，颇有成效。一批专家学者花费大量精力对世界各国企业文化的现状进行了广泛研究，发表了很多论文和专著。同时，一些重视企业文化建设的企业家也认真总结自己的实际经验，撰写和出版论著，为企业文化理论的发展作出了贡献。欧美和日本的专家学者于 20 世纪 80 年代出版了有关企业文化的 18 部主要著作，其中美国学者特雷斯·E.迪尔和阿伦·A.肯尼迪合著的《企业文化——现代企业的精神支柱》（1982 年）、美国日裔学者威廉·大内的《Z 理论——美国企业界如何迎接日本的挑战》（1981 年）、美国学者理查德·帕斯卡尔和安东尼·阿索斯合著的《日本企业管理艺术》（1981 年）、美国学者托马斯·J.彼得斯和小罗伯特·H.沃特曼合著的《成功之路——美国最佳管理企业的经验》（1982 年）四部著作被誉为企业文化的经典之作。这些专著的出版，掀起了企业文化研究的热潮。例如，《企业文化——现代企业的精神支柱》

是在对80家企业进行集中、详尽的调查基础上写成的，出版后立刻成为最畅销的管理学著作，并被评为20世纪80年代最有影响的10本管理学专著之一。它用丰富的例证指出，杰出而成功的企业都有强有力的企业文化，即为全体员工共同遵守，但往往是自然约定俗成的而非书面的行为规范，并有各种各样用来宣传、强化这些价值观念的仪式和习俗。正是企业文化这一非技术、非经济因素，导致了大到企业决策的产生、人事任免，小至员工们的行为举止、衣着爱好、生活习惯等的明显差异。在两个其他条件都相差无几的企业中，其文化的强弱对企业发展所产生的后果将完全不同。这些理论对西方企业的管理实践产生了不可低估的影响。

然而，与国外企业文化研究的迅猛发展相比，中国的企业文化研究还显得十分薄弱。国内对企业文化的研究始于20世纪80年代中期。1987年，中国企业文化研究会的成立，有力地促进了我国在企业文化研究领域的工作。一方面，国内学者积极借鉴国外学者的研究成果和研究方法，并结合我国的国情开展企业文化研究，取得了可喜成绩。近10多年来，国内出版、发表了不少较有影响的企业文化研究著作、论文及教科书，如罗长海的《企业文化学》（1991年）、刘光明的《企业文化》（1999年）和《中外企业文化案例》（2000年）、郭纪金的《企业文化》（1995年）、庄培章的《现代企业文化新论》（1997年）、龚绍东和赵大士的《企业文化变革战略》（1999年）、贾旭东的《从CI到CS》（1998年）、毕铣的《新世纪中国企业文化》（2000年）、陈亭楠的《现代企业文化》（2003年）等。另一方面，中国企业文化研究会及各省、市、自治区的企业文化研究会联合一些在企业文化建设方面颇有成效的企业，举办了许多内容丰富的企业文化研讨活动，活跃了学术气氛。2001年被国家文化部等部委确定为“中国企业文化年”，当年举办的中国企业文化建设大型交流活动历时8个月，取得了圆满成功。这些研究成果的问世和研究活动的举办，对我国的企业文化建设实践产生了积极的推动作用。

综观改革开放以来我国企业文化理论研究及实践的历程，大致可分为三个阶段。

1. 企业文化引进兴起时期

20世纪80年代中期，企业文化理论刚刚传到我国，当时得改革开放风气之先的东南沿海地区和一些国有大中型企业在国际交往过程中首先接触并引进了这种先进的企业管理理论和管理方式，随后从南到北、从东到西，在全国范围内逐渐兴起了“企业文化热”。其主要表现形式为，积极探索与尝试培育社会主义企业价值观念，树立企业精神，积极开展形式多样化的企业文化活动，诸如定厂旗、唱厂歌、做厂服、送生日蛋糕、开展各种各样的文体活动等。这一时期，表现了中国国有企业在打破长期封闭状态之后，对当代世界先进企业管理方式的认同与探求。虽然由于当时计划经济体制和企业自身发展状况等因素的羁绊，企业文化建设更多地局限于表层，而且涉及的范围也比较窄，但是它毕竟是一次积极的探索，并且为此后的企业文化建设和发展积累了许多经验。

2. 企业文化深入发展时期

进入 20 世纪 90 年代，以邓小平南方谈话和党的十四大精神为指导和动力，各企业兴起了以“内强素质，外树形象”为主题的塑形工程。助以 CIS 理论的援助，全国大批国有大中型企业和非公有制企业导入和实施 CIS 战略，从企业理念识别系统、企业行为识别系统到企业视觉识别系统全方位、多层次地策划、设计和实施企业形象战略。它涉及企业的产品形象、服务形象、公共关系形象、成员形象和外观形象等诸多方面，凸显了在市场经济条件下企业对于独具特色的企业形象的追求和展示，同时也将企业文化建设引向了更深层面的扩张。1998 年 3 月，张瑞敏连同他的《海尔文化激活“休克鱼”》第一个从中国走进哈佛大学的课堂，标志着中国关于企业文化研究与应用进入了一个成熟的阶段。然而，由于当时现代企业制度的理论与实践仍处于探索的过程中，加之 CIS 理论特别是 CI 策划本身的局限性，在我国相当多的企业中企业文化建设还处在以制度与行为文化层面为重点的阶段，还有一些企业甚至仍停留在策划的以表层文化建设为重点的层次上。

3. 企业文化发展创新时期

经过 20 多年的开放实践，具有中国特色的社会主义企业文化建设理论初步形成。这种理论是符合中国实际的、具有强大生命力的“合金”文化理论，构成因子与构建原则是合理的。以此为指导，许多企业开始对自己的企业文化进行重新审视，形成了发展创新的趋势。

近几年来，我国企业界虽然出现了“海尔文化”等在企业文化建设方面相当成功的案例，但是，从总体上看，我国的企业文化建设和企业文化研究工作，大都还处在初级阶段。一些公开发表的文章对此进行了较深入的论证和分析。从企业实践来看，不少企业在企业文化建设方面不能把握精髓，“花架子”功夫较多，故很难凭此推动企业的发展。从研究工作来看，不少所谓的企业文化研究成果热衷于炒概念、提模式，针对一些企业文化现象进行泛泛分析，不能在实证分析和理论与实际有机结合方面下工夫，因此研究成果对实践起不到有效的指导作用的现象也就在意料之中了。

第二章　可持续发展下煤炭企业文化的实践与探索

第一节　构建企业文化的目的

一、企业文化发展现状

由于煤炭行业的特殊性，企业文化建设在这一行业的深入研究与实践还显得相对滞后。由于煤炭企业步入市场经济轨道较晚，没有真正经历市场经济的大洗礼，对市场经济下的企业经营管理理念、核心价值观等深层次的企业文化建设缺乏实践经验。近几年来，一些有着远见卓识的煤炭企业开始逐步认识到企业文化建设的重要性，在这个领域内做了积极的探索性实践，并取得了良好的成效，如平煤集团、阳泉集团及新汉集团华丰煤矿的企业文化建设经验得到了行业内的高度重视和认可。因此，许厂煤矿也清醒地认识到，企业文化建设在煤炭企业的发展相当缓慢且很不平衡，一些煤炭企业在企业文化建设中仓促"上马"，草率"施工"，或拔苗助长，流于形式，不自觉地走到了赶时髦的行列中，使企业文化失去了其真正的功能和价值。个中原因，一是这些企业及有关人员在企业文化建设的认识和实践上存在误区；二是煤炭行业企业文化建设的研究工作落后于实践，做不到理论联系实践。

二、企业文化的作用

煤矿企业文化是社会文化与企业安全生产长期结合形成的一种特有的文化产物，是在煤矿企业生产实践过程中形成的安全理念、管理制度、群体意识和行为规范的综合反映，是以全体煤矿职工为对象，运用科学的理念、方法等手段，对职工的思想和行为加以影响和规范，最大限度地提高职工安全素质，保证实现安全生产。据统计，煤矿90%以上的事故都是人的不良习惯、不规范行为、不正确的作业方式即“三违”所造成的。因此，开展和加强煤矿企业文化建设，把握安全生产规律，将人的行为可靠性提高到安全文化的高度上来认识，增强人的自我保护意识的能力，强化职工的安全意识，营造安全文化氛围，对实现煤矿企业安全生产的持续稳定好转具有重要的现实意义。目前形势下，加强煤矿安全文化建设对于进一步提升职工在安全生产中的作用，切实促进安全生产的质量和效果，无疑是一条捷径和一种务实有效的方法。

三、提炼核心价值观

企业精神、企业经营理念、企业承诺用语、企业管理模式和企业发展战略是企业文化建设中的重要组成部分，其向集团全体干部员工征集后确立，利于促进企业文化建设的深入开展，是企业文化建设的重要步骤。

(1) 企业精神，是指企业在长期的生产经营实践中逐步形成的，并经过概括、总结、提炼而成的思想成果和精神力量。它是企业优良传统的结晶，是维系企业生存发展的精神支柱。

(2) 企业的经营理念，是企业的基本价值观。它是由许多具体特征、发挥不同作用的因素构成的，主要包括企业基本价值观、行为准则、道德规范和职工责任感、荣誉感等。企业的价值观是企业经营的基础和核心，它规定着全体职工共同一致的方向和形象。

(3) 企业承诺用语，是指企业对客户和企业职工所做出的服务承诺。好的承诺用语对于树立企业形象、提高服务质量、激励企业员工具有良好的促进作用。

(4) 企业管理模式，是一个企业在管理制度上的那些最基本的、和别人不一样的规则和做法，是各个企业在管理制度上最基本的不同特征。不同的企业有不同的管理模式，而且同一个企业在不同时期也有不同的管理模式。

(5) 企业发展战略，是企业面对激烈变化的内外部环境，为求得长期生存和发展而进行的总体谋划，是有关企业的发展方向及其大政方针的总体性内容。

第二节 企业文化的作用

企业文化对于解决组织目标与个人目标的矛盾、领导者与被领导者之间的矛盾等开辟了一条现实可行的道路。其主要作用有以下六个方面：

1. 导向作用

企业各部门和企业每一个职工既有相同的目标，也存在不同的目标，而企业文化就是一面将组织成员的行为动机引导到组织总体目标上来的旗帜，使大家深化共同的利益和目标。与此同时，整个企业也会被引向特别的领域和阶层，引到一个特定的方向。为此，在制定组织目标时，应该融进组织成员的事业心和成就欲，包括较多的个人目标，同时要高屋建瓴，奋发有为。组织目标就是一面引导成员统一行动的旗帜，一种集结众人才智的精神动力。

2. 规范作用

规范作用也称为约束作用。如果说规章制度是构成组织成员的硬约束的话，而组织道德、组织风气则是构成组织成员的软约束。它们都以群体价值观为基础。因此，通过建立共同的价值体系，形成统一的思想和行为，对企业每一员工的思想和行为都具有约束和规范作用，使员工达到协调行为、自我控制。通过加强企业文化建设，形成各个层次员工统一的行为规范，从而实现科学管理与文化管理的有机结合与统一，使管理既具有刚性，又具有柔性，以便更好地统一员工行为，有效地提升管理的效率与效果。

3. 凝聚作用

企业获得成功的主要原因是吸引企业员工建立共同的目标和价值观念，建立职工对企业的忠诚，使企业具有更强的凝聚力和向心力。企业文化是组织成员的黏合剂，它把企业各方面的力量凝聚到一起，同舟共济，使个人的思想感情和命运与组织的思想感情和命运紧密相连，产生深刻的认同感，与企业同甘苦、共命运。

4. 协调作用

在企业宏观战略决策与日常管理中，沟通与协调是保证决策顺利执行的重要前提条件，这沟通与协调功能的关键在于使用“内部语言”的认同感。企业文化的形成使得企业组织成员有了共同的价值观念，增加了他们相互之间的共同语言，因而能更有效地沟通信息、交流感情、协调关系。有没有共同语言是人与人能否结合在一起的关键因素之一，只有共同利益而无共同语言的结合是不紧密的。企业文化所形成的共同语言，为全体职工创造了和谐的工作环境，有利于企业决策目标的顺利实现。

5. 激励作用

创建企业文化的核心是确立共同的价值观念，在这种群体价值观指导下发生的一切行为，又都是组织所期望的行为，这就带来了组织利益与个人行为的一致、组织目标与个人目标的结合。在满足物质需要的同时，崇高的群体价值观带来的满足感、成就感和荣誉感，使组织成员的精神需要获得满足，从而产生深刻而持久的激励作用。

6. 辐射作用

企业文化概括了企业的基本宗旨、价值准则和行为规范，对外界来说，在一定程度上反映了企业的基本特征。优秀的企业文化向大众展示其成功的管理风格、良好的经营状态和积极的精神面貌，能够为企业塑造良好的公关形象，树立信誉、扩大影响，这是企业的一笔巨大的无形财富。

优秀的企业文化都会产生一种尊重人、关心人、培养人的良好氛围，产生一种精神振奋、朝气蓬勃、开拓进取的良好风气，激发组织成员的创造热情，从而形成一种激励环境和激励机制。这种环境和机制胜过任何行政指令和命令，它可以使企业行政指挥及命令成为一个组织过程，从而将被动行为转化为自觉行为，化外部压力为内部动力，其力量是无穷的。

总之，优秀的企业文化可以使以人为本的管理思想得以落实。企业文化像一只无形的手，引导人力资源发挥出巨大的潜能。

第三章 可持续发展下煤矿安全生产绿色管理理论体系

进行煤矿安全生产管理，必须有一定的安全管理理念作为指导。各煤炭企业都在抓安全管理，其安全管理成效主要取决于所采用的安全管理理念是否先进。安全管理同其他管理一样是开放的系统，必须不断升级、超越和创新，要及时借鉴当前一切先进的管理理论，并结合煤矿生产实际，创造出符合当前煤矿安全生产规律的先进管理思想，以推动煤矿生产不断向前发展。所以，本部分对煤矿安全管理理念进行了研究。在对当前国内外先进管理思想进行认真调查分析的基础上，将20世纪90年代兴起的绿色管理这一先进管理思想引入到煤矿安全生产管理领域，形成煤矿安全生产绿色管理理念。在研究过程中，认真分析绿色管理的内容和特点，并结合煤矿安全生产的实际，将绿色管理"以人为本"，全员、全过程和全面管理恰如其分地引入到煤矿安全管理中来，建立煤矿安全生产绿色管理体系，详细研究煤矿安全生产绿色管理体系的基本内容、基本框架和保障机制，并确定建立绿色管理理念实现方法的基本原则。

第一节 煤矿安全生产绿色管理理念的提出

安全管理就是管理者对安全生产进行计划、组织、指挥、协调和控制的一系列活动，以保护职工在生产过程中的安全和健康，保护国家和集体的财产不受损失，保证生产顺利进行，从而创造优良的社会效益、经济效益，实现企业的根本目标。安全管理既是企业管理的重要组成部分，也是一项复杂的系统工程，对煤矿企业来讲更是如此。多年的煤矿生产实践产生了多种安全管理办法，对保障煤矿的安全生产起到了应有的作用。但是，当前煤矿普遍存在众多安全隐患，"三违"现象严重，经济处罚仍是重要管理方法，重大、特大恶性事故频繁发生。从以上现实情况来看，当前的煤矿安全管理仍是薄弱环节，有许多理论问题和实践问题需要进一步研究和解决。

根据美国心理学家马斯洛的需要层次理论，人有生理、安全、感情、尊重、自我实现等多层次的需求，“安全”需要是一种基本的、层次比较低的需要。在21世纪的今天，为什么煤炭生产仍出现众多安全问题?为什么煤矿生产安全保障仍比较差?其原因是多方面的，除了受地下作业条件的限制，水、火、瓦斯、煤尘和顶板等自然灾害的直接威胁，安全环境比其他行业差等客观原因以外，安全管理的理念、安全管理的方法和手段落后是重要原因。

环境保护是人类永恒的主题。20世纪60年代以来，全球兴起了保护环境运动的高潮，各国政府、企业、科学家以及广大人民群众开始认识到环境问题的严重性和迫切性，保护环境已成为人类的共识，成为当今世界的潮流。借此，人们的价值理念、行为方式和消费心理都发生了重大的变化，出现了重视环境、崇尚自然、追求健康的新时尚。绿色消费的大潮风起云涌，造就了一个全球性的庞大绿色市场，使以绿色标志、绿色产品、绿色科技为主要内容的绿色营销方兴未艾，并由此引出了一种崭新的管理思想——绿色管理。所谓绿色管理是指企业根据可持续发展思想和环境保护的要求，所形成的一种绿色经营理念及其所实施的一系列管理活动。可持续发展和环境保护是“绿色”的内涵。

一、绿色管理的内容

绿色管理主要包括树立绿色管理理念、实行清洁生产、取得绿色认证、开展绿色营销等内容。

二、绿色管理的基本特点

1. 管理的全过程性

传统的环境管理主要集中在企业与社会界面，即末端控制。而绿色管理强调预防，重视全过程管理，要求企业将环境保护意识贯穿于商品生命全过程，从商品的设计、生产、包装、流通、分配、消费到废弃，每个环节都考虑对资源的合理开发及对环境的保护，即要求企业应通过开发绿色产品、采取绿色技术、实行清洁生产、开展绿色营销、取得绿色认证等一系列措施来实现资源的最大利用和废物的最小化。

2. 参加管理的全体性

绿色管理强调环境是企业所有人的事情，而不仅仅是环境保护部门的事情。上至总裁，下至工人，企业所有员工和部门都必须了解和付出努力来改善环境。绿色管理的全员参与性要求企业领导必须高度重视培育绿色企业文化。绿色企业文化主要是在企业文化中融入环保概念，以绿色意识贯穿于企业文化的各个方面。绿色企业文化的形成，可以把企业员工的思想行为统一到企业发展的目标上

来，使职工充分认识环保的重要性，视环保为己任，使环保目标与企业目标融为一体。

3. 管理的全面性

所谓管理的全面性即要求企业不仅使产品本身和员工内心“绿化”，而要为员工创造“绿色”的工作环境、生活环境和社区环境，使企业所有的生产经营活动和内外环境均处于一个绿色的大系统之中，从而促使企业产品的环境质量和社会质量得到根本的提高。

从绿色管理的基本特点中可以看出，绿色管理的核心是人本管理，绿色管理是“人本管理”的新发展。对煤矿生产来讲，安全是永恒的主题。国家和社会希望煤矿安全生产，企业内部干部、职工向往安全，职工家属渴望安全。对安全的这种希望、向往和渴望就像现在人们向往绿色一样。

绿色管理的全过程性、全员性和全面性更是煤矿安全管理的本质所在。所以煤矿生产应采用绿色管理的理念，按照人本管理的思想，实施绿色管理，才能真正抓好安全生产。近年来，许厂煤矿将绿色管理应用于煤矿安全生产管理，创造性地提出了“煤矿安全生产绿色管理理念”，并用此来组织安全生产，自开始实施至今已取得安全生产 10 周年的好成绩，创造了全国同类型煤矿安全生产的最好成绩。

第二节　煤矿安全生产绿色管理体系的基本内容

一、煤矿安全生产的绿色理念

人类赖以生存的世界是绿色世界，绿色环境是人类基本的生存条件，没有绿色人类就不能生存。人们喜欢观赏原始的自然风光、流连忘返于美丽的绿色公园、徜徉在绿草和森林环抱的林荫小道，因为绿色象征着自然、安全、和平和生机勃勃。当人们置身于绿色的世界里，都会感到空气清新、心情舒畅、轻松愉快、安全祥和。向往安全、追求祥和、回归自然是人之本性，珍惜绿色就是珍爱自己的生命。因此，煤矿安全生产绿色理念的内涵就是要求煤炭企业和全体职工在生产、管理的过程中，要树立安全意识、提升安全境界、营造安全氛围，从而创造维护安全生产环境，保障安全生产，最直接地体现“珍爱生命、安全第一”。

二、绿色生产系统

煤矿安全绿色生产系统是指煤矿生产各子系统，包括采掘系统、机电系统、通防系统、运输提升系统、排水系统、调度指挥系统等各系统内各项设施的构造与组成都要满足安全的要求，符合绿色的理念，以确保整个生产系统安全。

三、绿色工艺

绿色工艺是指在进行煤矿生产工艺的规划、设计及实施过程中，始终坚持安全生产绿色理念，并对可能发生安全隐患的每一道工序等进行分析、检查，最终设计出安全的生产工艺。

四、绿色措施

绿色措施是指在进行煤矿生产各项措施制定及执行过程中，始终坚持安全生产的绿色理念，使安全生产的管理措施、预防措施和治理措施具体、及时、到位、有效、可靠、可操作性强，确保煤矿安全生产。

五、绿色设备

绿色设备是指根据煤矿生产的实际条件，合理选择煤矿生产设备的型号、规格、数量，并使其完全满足有关规程规定的要求。对生产设备应定期检修、维修，对备用设备应定期试运转，保证所有设备正常运转。

六、绿色通道

在煤矿生产和管理的各个环节上，包括每项生产活动、每个管理环节、每项安全技术措施、每项安全工程等，都可能存在不安全因素，都可能形成安全隐患。绿色通道就是要遵循煤矿安全生产的绿色理念，针对每一个环节，积极采取相应的安全技术和管理措施，彻底消除这些不安全因素及所形成的安全隐患，使各项生产活动和管理行为畅通无阻，形成安全生产的绿色通道。如果各专业生产和管理全部形成了安全的绿色通道，煤矿的安全生产就有了可靠的保障。

七、绿色文化

绿色文化是指在煤矿安全生产绿色理念的基础上，以人为本，创建煤矿安全生产的全员管理、全面管理、全过程管理、自我管理、人人管理、管理人人、人人监督安全、人人向往安全，追求事事安全、处处安全、人人安全的文化氛围。

八、煤矿安全生产绿色管理

煤矿生产是在地下特殊环境中进行的作业，它不仅受到诸如水、火、瓦斯、煤尘、顶板、照明、噪声、振动和空气污染等众多随机复杂因素以及生产、生活条件等客观因素的影响，它同时还受到企业生产管理方式方法、安全文化以及从事生产人员的心理因素和综合素质等多项主观因素影响。客观条件是导致安全事故的外界因素，不同的客观条件对工人的安全行为及所形成的安全状况有着不同的影响，而主观条件对劳动者的安全行为和安全状况也有着不同影响，而且影响的幅度是巨大的。在相同的客观条件下，如果企业安全文化氛围不浓，劳动者素质低下，就会造成劳动者缺乏安全自我保护意识，维护安全的自觉性就差，发生事故的概率就大；如果劳动者心理上有某种程度的不适应、不满意，甚至有严重的抵触情绪，则会加速疲劳的出现，甚至导致逆反心理，从而导致事故率上升。

安全与生产是一对矛盾的统一体，人是这一对矛盾统一体的直接行为者。如何正确认识和处理安全与生产这一对矛盾的统一体，如何摆正人在这一对矛盾统一体中的位置是维持煤矿安全生产的根本所在。绿色管理理念认为，安全是维持煤矿正常生产、获得最大社会、经济效益不可逾越的绿色通道，抓好煤矿安全生产必须实施煤矿安全生产绿色管理。煤矿安全生产绿色管理就是根据绿色管理以人为本，并且要全员管理、全面管理和全过程管理的特色，结合煤矿安全管理的客观实际，对影响煤矿安全生产的内、外在因素加以整合，以科技进步为保障，最大限度地解决好由客观原因造成的危险因素；以人本管理为武器，正确地处理好生产和安全之间、工人和管理人员之间、工人和家属之间等多项关系；创建以人为本的绿色文化，营造煤矿安全生产全员管理、全面管理、全过程管理、自我管理、人人管理、管理人人、人人监督安全、人人向往安全，追求事事安全、处处安全、人人安全的绿色文化氛围；让工人真正感觉到劳动环境的安全性、规章制度的合理性、安全措施的可靠性，消除工人遵规守章的心理障碍和维护安全的消极因素，自觉维护安全，做到人人安全、事事安全、处处安全；煤矿生产各系统、各环节都成为畅通的绿色通道，使生产、生活、工作、休闲都行走在绿色通道之中，使每个人都处在安全祥和的绿色环境中，根本上满足“安全”的需要，为向更高层次的需求迈进奠定坚实的基础。

概括地讲，煤矿安全生产绿色管理就是以人为本的全员管理、全面管理、全过程管理，建立煤矿安全生产绿色文化，开辟煤矿安全生产绿色通道，实现煤矿生产社会效益、经济效益的最大化。

第三节 煤矿安全生产绿色管理体系的基本框架

实施煤矿安全生产绿色管理，创建煤矿安全生产的绿色文化，必须建立完善的绿色管理体系。煤矿安全生产绿色管理体系主要包括：煤矿安全生产的绿色理念、煤矿安全生产绿色管理的理论保障体系、煤矿安全生产绿色管理的管理保障体系、煤矿安全生产绿色管理的评价考核体系、煤矿安全生产日常管理信息系统。绿色管理体系的基本框架如图 3–1 所示。

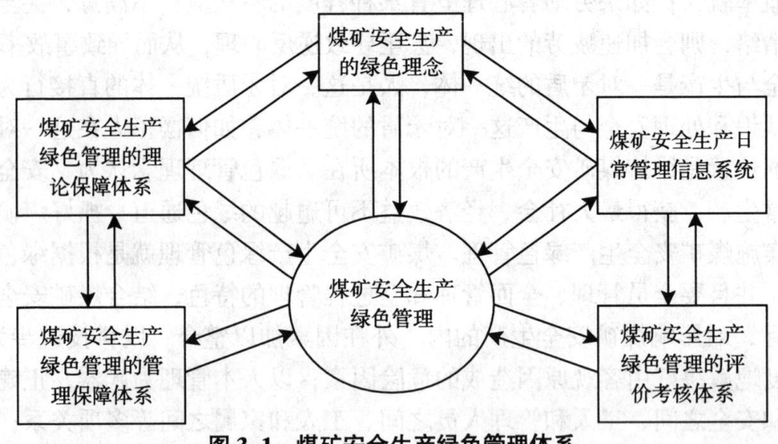

图 3–1 煤矿安全生产绿色管理体系

煤矿安全生产绿色管理理念是一种思想方法，它必须要有相应的实现模式和实现途径，必须建立与客观实际相适应的实现这种理念的方法，才能将这种理念贯穿到实际工作中。在建立绿色管理理念的实现途径和方法时，必须遵循以下五个方面的原则：

一、体现绿色理念原则

所谓绿色理念是指能够为全体职工提供一种人人向往的安全生产环境，煤矿工人渴望安全如同人们向往绿色一样。煤矿安全生产的管理不只是管理者的事情，而是全体职工的事情。建立实现安全生产的途径时，必须充分考虑工人的这种渴望，正确地引导，努力营造良好的安全生产绿色文化氛围。

二、体现人本管理原则

安全生产管理是一种人本管理，必须考虑人的需求。高压政策的管理方式，不但不能实现真正的安全生产，反而容易造成对抗，出现各方面工作的不和谐，使安全生产管理更加困难。所以，在制定相关方针、政策时，必须考虑既要有利于调动全体职工全员管理的积极性，又要对违犯安全生产规定的人员给予必要的惩罚，体现出政策的导向性及严肃性。

三、全员管理原则

营造绿色氛围需要全体国民的共同努力。同样营造矿井的安全生产氛围也需要矿井全体职工的共同参与，只有全体职工人人关心安全、人人维护安全，人人监督安全、人人管理安全，真正地做到“安全生产光荣、不安全生产可耻”，才能够实现矿井的真正安全生产。所以，安全生产管理是一种全员管理，这就要求在建立安全生产管理的模式时，必须充分考虑全员管理的原则。

四、系统性原则

系统性原则也是全面性和全过程性原则。煤矿安全生产管理是一个庞大的系统工程，在生产和管理的各个方面以及整个过程中都存在安全问题。在建立绿色管理理念的实现模式时，必须充分考虑所有系统、所有环节以及“人——机——环境”各个方面所存在的问题。只有将整个矿井的安全工作作为一个系统来考虑，才能够体现绿色管理的全面性和全过程性。

五、操作性原则

安全生产的绿色管理仅仅是一种管理的理念，它需要有一套切实可行的管理方法来实现。实现模式的可操作性主要应体现以下三个方面：

（1）管理方法及有关规章制度要简洁、可行。由于煤矿安全生产管理是一项长期、复杂、随时、随地都在进行的工作，所使用的规章制度和所采取的管理方法，不宜复杂，应简单易行、可操作性强，满足随时随地使用、长期使用的要求。

（2）应让工人容易接受。煤矿工人组成的群体与其他行业工人组成的群体相比，其文化程度、职工素质和接受能力都存在着一定的差距。实施绿色管理，要让职工了解掌握绿色管理的思想和相关规章制度的内涵，才能引导其参与到安全生产管理中来，这就要求管理的办法和措施要易于工人接受，并能逐步升级。这就要求：①加强对职工的教育和培训，不断提高其素质。②管理系统要开放，管理水平要不断升级。只有这样才能更好地实施绿色管理。

(3) 管理信息的处理要简洁、快速、通畅，为及时做出正确决策提供可靠依据。这也要求安全管理必须采用先进的管理手段。

第四节 国外煤矿企业绿色安全管理启示

在此，以美国、印度、澳大利亚、南非、德国、日本等主要产煤国以及煤矿安全管理较为完善的几个国家为例，探究国外煤矿绿色安全管理的发展概况。

一、美国煤矿安全管理经验

美国是世界主要产煤国之一。目前，美国煤矿企业已彻底摘掉不安全的帽子，煤矿工作已成为美国各工业部门中待遇最高、令人称羡的岗位。

美国在煤矿安全管理方面的经验主要有如下五点：

1. 制定并不断完善煤矿安全法规

1891 年，美国通过了第一部有关矿山安全的法规，1947 年，国会批准了第一部针对矿山安全的联邦法规。1952 年，制定了煤矿安全法，包括 37 条安全与健康标准，但未包含露天矿。1969 年，制定并颁布实施了《联邦煤矿健康和安全法》，这部法规比以前任何一部约束采矿工业的联邦法规更加全面和严格，内容不仅包括露天煤矿同时也包括井下煤矿，扩大了联邦政府对煤矿的执法能力。《联邦矿山安全与健康法》的实施，标志着美国煤矿业生产进入事故低发率的阶段：到 20 世纪 70 年代，死亡人数下降到千人以下；1990~2000 年，美国生产商品煤 104 亿吨，仅死亡 492 人，平均百万吨死亡率为 0.0473；在安全状况最好的 1998 年，年产商品煤 10.18 亿吨，仅死亡 29 人，百万吨死亡率为 0.028；1993~2000 年的 8 年间，整个煤矿企业没有发生过一起死亡 3 人以上的事故。

1977 年 10 月，美国国会通过《1977 年联邦矿山安全与健康法》（以下简称《矿山法》）。该法规扩大了矿山安全与健康监察局的权限，调整并加大了联邦机构的设置。美国政府每年都要修订一次各种现行的行政法规，并由政府的有关部门整理出版。在不断完善立法的同时，美国煤矿安全部门也在加强执法力度，严格按照安全操作规程办事，从而确保了煤矿生产安全。美国煤矿安全部门对唯利是图、违反规定生产的矿主惩罚严厉。针对不会导致重大人员伤亡的一般性违反规定行为，政府督察员每次每项罚款可达 5.5 万美元。曾经违反规定并承诺改正但不守信用的矿主则将被加重处罚。

2. 建立煤矿安全管理机构

美国依据《矿山法》的授权，于1978年在内务部矿山安全监察局的基础上组建新的矿山安全与健康监察局（MsHA），隶属劳工部。从法律角度规定了矿山安全与健康监察局的各项职能，赋予矿山安全与健康监察局对全国矿山进行安全与健康监察的权力。1999年在册人数2261人，国家级监察员949人，其中煤矿监察员610人。矿山安全与健康监察局通过煤矿安全和健康监察司及其下属的11个地区监察处、65个矿区办事处，对煤矿企业按《矿山法》的规定进行安全监察。

美国政府一直强调煤矿安全监察管理机构的独立性。有关法律规定，煤矿安全监察员与煤矿无任何隶属关系，且必须具备采煤矿区和现场工程师的资格，并每年到安全培训学院参加一周轮训。各地的联邦安全监察员，每两年必须轮换对调。任何煤矿发生3人以上的死亡事故，当地的联邦及州政府安全监察员不得参与该事故的调查与处理，必须由联邦立即从外地调派安全监察员到出事故矿井进行事故调查；各产煤州必须建立相应的执行机构来实施《矿山法》，并可结合本州具体情况制定相应的州煤矿安全法。

3. 不断加大煤炭业的安全投入

美国联邦政府为保障煤矿的安全与健康，每年批给矿山安全与健康监察局（MSHA）一定的预算，主要用于管理、科研和教育方面。矿山安全与健康局通过强制执行、标准支持和法律等综合方式保护矿工的安全与健康。每年拨给矿山安全与健康局的预算中一半左右用于支持煤矿安全和健康科研项目。

依据1977年的《矿山安全与健康法》授权，联邦安全与健康监察局负责保护全美国矿工的安全与健康。据此要求，联邦矿山安全与健康监察局针对人们重点关注的有关矿山采矿业安全与严重危及矿工健康方面存在的问题，提供财政补充预算。在1998财政年度，联邦财政预算中安排给予解决矿山安全与健康方面存在问题的补充财政预算项目为2186项，总资金为2.058亿美元，与1997年相比增加12项，增加资金860万美元。

在煤矿强制实施《矿山安全与健康法》是联邦矿山安全与健康局的法定责任，在此基础上督促煤矿开发安全与健康活动、按照《矿山法》的规定定期对煤矿的安全与健康状况进行监察、开展特别调查业务、检查特别项目的执行情况，以及对执行矿山安全与健康法规和对矿工的培训情况进行检查。按照矿山安全与健康局局长（劳工部助理部长）的提议，最近几年要重点解决的问题：一是实施防止呼吸粉尘对煤矿作业人员的危害的计划；二是预防煤矿作业人员患尘肺病。为实施呼吸粉尘防治计划，联邦政府列入预算开支的项目达24个，预算费用170万美元。为此，列入2000财政年度的预算资金中，其中5万美元为建立煤矿安全监察信息系统的费用，130万美元为更新安全与健康监察仪器与设备的费用。

4. 重视员工的安全培训

美国对煤矿工人和管理人员的安全培训非常重视，法规明确规定了对从事采矿业的管理人员和工人必须进行强制性的安全培训。培训计划由部长批准，劳工部负责实施。受雇新工人必须接受安全基础知识的培训和法规教育。改变工种时也必须重新接受安全知识的教育，才能上岗。矿主及管理人员也要接受专业培训，获得证书方可上岗。安全监察员如发现上述人员未经安全培训无证上岗时，要立即命令其撤离工作岗位，并对矿主罚款。安全监察员也要每年再培训两周，学习安全新技术，更新知识，不断提高安全监察水平和业务能力。

5. 重视加强技术装备，给矿工创造良好的工作环境

美国煤矿不论是年产五六千万吨的大矿，还是年产几十万吨的小矿都十分重视生产条件。在做可行性报告和设计时，把主要资金用于生产环节的机械化。不论用什么办法采煤，都把整个矿井的生产工艺作为系统工程的主要环节来考虑，做到综合配套，实现机械化、高效率，而地面其他设施都非常简单，以保证安全生产。

此外，美国一般每个煤矿都建立至少两支矿山救护队，在矿工下井工作时处于准备状态。救护队从地面到井下目的地的时间不能超过两小时。

二、日本煤矿安全管理经验

日本煤矿的安全状况经历了几十年的发展过程。20 世纪 60 年代，全日本煤矿矿井数目达 807 个之多，产量（洗精煤）5630 万吨。1963 年，三池煤矿发生一次死亡 458 人，受伤 717 人的特别重大煤尘爆炸事故。随着国家产业政策的引导，从业人员素质的提高，先进技术的大量应用，日本现有煤矿 14 个，产量 390 万吨。自 1985 年以后没有发生过一次死亡 3 人以上重大事故，进入 20 世纪 90 年代大大减少了死亡事故，10 年共死亡 6 人，年平均死亡 0.6 人。

日本煤矿安全管理的主要经验有：

1. 国家颁布《矿山安全法》，从立法上保证了矿山安全监察的地位

早在 1949 年日本就颁布了首部《矿山安全法》。《矿山安全法》规定了矿业主的义务，《矿山安全法》执法主体，即矿务监督官的权限如到矿检查权、紧急命令权和司法警察权。现驻矿区监督署，一般每月到矿检查一次，矿山安全监督部在矿区监督署的陪同下每两个月到矿检查一次，通商产业省一般每年组织一次大型的全国性组织活动；也可随时到矿进行检查，检查发现违反《矿山安全法》导致事故发生的，监督人员则有向司法部门提出起诉的司法警察权，日本称之为特殊矿山起诉。《矿山安全法》以法律形式规定了矿山安全监督人员的权力、职责。因此，使煤矿安全监察 10 多年前就纳入了法制的轨道。

2. 矿山安全监察体制健全

日本煤矿安全监察体制实行的是中央垂直管理体制。国家在重点产煤省、都、道、府（相当于我国的省）设置由通商产业省派出的矿山安全监督部，在重点矿区则由当地的矿山安全监督部派驻安全监督署。监督部行政一把手的任命由通商产业省负责。部、署的经费全部由中央财政拨出，和驻地政府没有行政、财务关系，但对煤矿的安全装备补助计划立项、审批，则由安全监督部门负责。如北海道矿山安全监督部共辖有 11 个煤矿，金属、非金属矿山 3 个，石灰石矿山 15 个，石油、天然气矿井 6 个，合计 35 个矿山。

3. 国家对煤矿企业实行特殊的行业扶持政策

用日本矿业人士的话来说，就是在全社会市场经济条件下，日本国家对煤矿企业实行计划经济政策。

（1）矿山的安全监督部门另外单列，实行中央垂直管理，而其他的一般行业安全则由当地政府负责。

（2）国家从经济上给予支持，实施重点补助政策。日本政府财政预算，每年都要围绕煤矿安全，听取有关部门预算申报汇报，包括安全培训、安全技术开发、安全成果转让、安全装备及工程等。仅安全培训费用一年预算就为 1.5 亿~3.0 亿日元。安全科研费用，基本上由企业负担 1/3，国家补助 2/3。就连煤矿岩石巷道的掘进，政府都要给予补助。煤矿有关安全的装备仪器及工程设施等，国家补助约 80%的费用，其余由企业负担。如太平洋煤矿，2000 年度安全装备仪器及工程共 17.33 亿日元，国家补助额达 13.85 亿日元。

（3）对国内的煤炭产品实行指定用煤企业的配给制。日本国产煤炭价格是进口煤炭的 3 倍，但国产煤炭由国家指定用户，实行价格保护，政府通过其他方式进行补贴，由此维护了日本国家的煤炭产业的延续，为煤炭战略储备创造了条件。

另外，企业安全管理以人为本，在思想上树立了“世间一切事物中，人是最宝贵的”意识。其基本指导思想是每一个人都要负起责任，杜绝灾害。矿井生产实行井下皮带一条龙，直到井上洗煤厂。矿井安设有 CH_4、CO 等各类探头的矿井安全监控系统，由矿调度中心两台计算机集中监控。对固定的主要设备如矿井主扇、提升绞车、主皮带等实现无人操作集中控制。井下还有移动的巡视机器人监测。

三、澳大利亚煤矿安全管理经验

澳大利亚能源结构以煤炭为主，煤炭占澳大利亚能源产量的 70%、一次能源消费量的 44.1%。澳大利亚是世界上第四大产煤国、最大煤炭出口国和最好的煤矿安全国，每百万吨死亡率为 0.014 左右。澳大利亚煤矿安全管理侧重于加强职工培训、将事故隐患消灭在萌芽状态、现场管理严格把关和培育职工安全文化。

澳大利亚煤矿安全管理的主要经验：

1. 严格执法

严格执法有效地保证了澳大利亚的采矿安全。在1979~1999年的20年间，澳大利亚共发生死亡10人以上的特大矿难事故6起，总计死亡69人。在此之后，随着执法力度的加强和对安全生产文化的重视，全国很少再发生矿难。近几年，澳大利亚的年均煤产量达到了2.5亿~2.9亿吨。在2000~2001年度，百万吨煤的死亡率已下降到0.014人。自2003年起，全国煤矿开采实现了“零死亡”。

在澳大利亚煤矿，每一项措施都有法律制约。在澳大利亚阿平煤矿，任何把生产和利润看得比矿工安全和生命还重的人，都不配做集团及所属公司的管理人员。在执法方面，管理人员要以身作则。如果管理人员不严格执法，职工就会效仿。如果因此造成人员伤亡，不但煤矿要依法被处以100万澳元以上的罚款，管理者还得去坐牢。对于矿工来说，不光要依法严格执行安全生产操作规程，还有监督上司、同事的权利和查找、汇报不安全因素的义务。发现有不严格依法行事的人员，他们有权到安全部门去告状；发现矿区生产条件不符合安全要求，他们也有权拒绝出工。

2. 重视职工培训

澳大利亚的煤矿对员工进行培训是按照《职业健康与安全法》的要求，对于从事高风险职业的人员必须经过确认的培训。所谓确认的培训，是由各州的职业健康与安全机构进行考核，合格后颁发培训合格证书。培训的方式多种多样，十分重视效果，不仅对下井员工进行严格的全员培训，而且对临时需要下井的外来人员，包括合同工、科研人员也要培训，即使是外来参观的人员，下井之前也必须进行短期培训。培训的时间从几小时到一天不等，目的是让每一个入井人员都知道井下的环境，哪些该做，哪些不该做，遇到紧急情况应当如何应急与处理，从而达到安全入井、升井的目的。

3. 潜在事故报告制度

尽管澳大利亚煤矿生产采用综合机械化采掘，与其他采矿国家相比，澳大利亚的采矿安全管理已经达到了一个相当高的水平，但是并不是没有隐患和事故。煤炭生产与其他行业相比，仍是高危险行业之一，也曾发生过多起事故。1875~2002年，在澳大利亚一共发生了1900多起严重的矿山生产事故，导致1万多人伤残。特别值得一提的是从1996~1997年，在新南威尔士州共有7起严重的矿山事故发生。也正是由于这几年事故引起的行业和社会震动，为确保安全生产，使得所有矿业公司都实行了潜在事故报告的制度，即激励工人和技术人员寻找事故隐患，对新引进的设备、新的生产工艺、新的工作地点、新的工作环境都要进行

风险评估。所谓风险评估就是由一个集培训人员、管理人员、工程师和操作人员于一体的矿内组织，以寻找可能引发事故的因素为目的。

目前由于矿工的死亡率很低，澳大利亚矿山管理部门不再以百万吨死亡率作为安全生产的评价指标，而是以因工伤而损失的工作时间的频率作为评价安全的指标。例如，2001年间，新南威尔士州煤矿因工伤而损失工作时间的频率为每百万工时33次。

4. 现场管理严格把关

澳大利亚的现场管理、采面管理实行工长制，工长负责井下的安全检查，包括瓦斯浓度、顶板条件等，并严格执行工长两个小时检查一次，把检查的结果写在工作面的主要入口处。每个人在进入工作地点之前，必须查看工长检查报告，如有疑问必须与煤矿调度部门联系、核实。另外对进入工作面的人数严格控制，一般为35人，包括行政人员和参观人员在内。他们在工作面入口处设置一面木板，上面挂有35个小铁牌，每一个进入工作面的人都要拿一块，出来时挂回去。当木板没有铁牌时，外边的人必须等里面的人出来后才能进去，目的在于限制工作面的人数。同时，一旦发生事故，知道工作面上的人数，以利于营救。

5. 创造“矿山安全企业文化”

澳大利亚煤矿从业人员认为，煤矿安全说到底是一种文化，他们把其内涵浓缩成两点：一是创造安全的工作环境；二是培养员工做出正确的安全决定的能力。

在澳大利亚，煤矿管理已从传统的规范性法律约束改为强调以风险评估为主导的管理，目的重在预防。政府还十分强调安全监督机制建设和培训管理，这些措施使得业界安全文化发生了重大变化。

6. 不断增加煤炭业的安全投入

澳大利亚为改善矿山安全状况，提高矿工的健康水平，不断加大对煤矿的安全投入。例如，新南威尔士州政府对矿山安全工作给予大力支持，并投入专项资金，到2003年州政府拨专款1390万美元，用于改善矿山的安全状况。

四、德国煤矿安全管理经验

德国是世界上煤炭和褐煤储量最大的国家之一，煤炭的地质蕴藏量约2300亿吨。按照德国目前的开采规模，其煤炭储量可开采286年。德国不仅煤炭储量丰富，而且矿山安全在全球也名列前茅。德国煤矿百万吨死亡率是0.04，2004年上半年德国煤矿事故死亡仅1人。德国煤矿安全管理的主要经验有：

1. 健全法规，促进安全管理

德国煤矿安全之所以很好，主要与国家和有关部门重视以及相关法规和切实执行有关。从19世纪工业革命初期德国就开始注重矿山安全问题，现代的法律基础从那时就已开始奠定。目前安全概念不仅包括通常意义上的矿井防火、防水、防爆等措施，而且职工上班路上的交通安全及职工的劳动保健也是企业负责的安全生产范围，并被称为"实用劳动科学"。德国对安全监督实行双轨制，即政府部门设有矿山与能源管理处，各区有安全监察部，煤矿有行业协会以及企业内部的安全部门。另外是社会和商业监督力量，即工伤事故保险联合会。按照法律规定，所有矿产企业必须为矿工投保。工伤事故保险联合会的安全专家会不定期巡查矿井，对事故隐患发出警告。一旦出现事故，煤矿相关责任者会做出巨额赔偿。

2. 救护措施周全到位

根据规定，工人下井前必须穿工服、戴安全帽、挂探照灯、别氧气袋，另外每人腰间还挂个小发射器。发射器的信号与地面控制中心相连，控制中心能够随时了解出现危险矿工周围的情况以便采取应急措施。在矿井下的巷道内，除常规灭火器外，巷道顶端每隔一定距离就悬挂一些装满水的塑料容器。其用途是一旦发生爆炸，这些装置会被击碎，里面的水会阻止爆炸后的火势蔓延。矿山还装有自动断电系统，当瓦斯浓度超过规定警戒线时，矿山用电就会自动掉闸。这种自动断电系统覆盖了全部安全领域。如果发生瓦斯爆炸，矿工首先启用携带的氧气袋，而巷道每隔 25 米处安放的强力氧气呼吸装置供瓦斯浓度过大时使用。事故发生时，通信系统会立即把情况报告监控中心，相关人员会迅速赶到现场。此外，德国的矿山救护队伍并非完全专职，但救护队员的培训、筛选以及装备都很到位。队员的培训模式在德国是统一的，首先进行理论和基本知识、基本技能的培训，所有想加入救护队的预备人员都要接受培训，然后进行考试，从中选拔出合格的队员，再在矿区进行基本知识的体能训练。除此之外，救护队中的专业人员，小队长和大队长要到总部接受专业培训。救护队员每周一进行模拟演习，每个队员都配备有报警器（包括队员的家中），接到警报后要及时赶到现场或及时回应。除救护队外，矿井的矿长、通风工程师、安全部门及顾问担负着救护的辅助工作。

3. 矿井装备的自动化程度高

德国矿山装备制造技术是世界一流的，凡是有危险源的地方，安全设施都非常完备。例如，矿井副井井口的提升装置采用内装式多绳摩擦落地提升机，直流拖动，电控采用西门子全自动控制装置，整台设备无人操作，仅有一名巡检人员。根本不存在人员违章操作的问题。按照德国人的观点，设备才是最兢兢业业的工作者，如果什么事情都靠人去做，出现问题是难免的。因此，从矿井的建设阶段开始，安全问题就被考虑进去，所有可能出现问题的地方，都是依靠完备的装备去解决问题，避免人工干预。目前德国煤矿对安全的控制实际上是职业健康

保障工作，救护工作的重点仅着重于防火（包括地面的火灾）。

五、印度煤矿安全管理经验

印度是继中国和美国之后的第三大产煤国，煤炭在印度被认为是最重要的发电资源，国家57%的商业能源由煤炭提供。历史上印度煤矿事故很多，20世纪60年代初，每年都会发生3500多起伤亡事故。1961年百万吨死亡率高达4.81。进入90年代，印度煤矿百万吨死亡率逐年下降，目前已达到0.27。

印度的安全管理措施主要有：

1. 健全法规

印度宪法规定，煤矿与非煤矿工人的安全、福利和健康归中央政府管辖，1952年颁布的《矿山法》细化了有关法令、法规和目标等，由劳工部下属的矿山安全监察总局具体执行。印度矿山安全总局管理、执行的法规如下：1952年《矿山法》和法规下的规程和条例；1910年《印度电力法》。联合法令包括：1948年《工厂法》；1989年《关于有害化学品制造、储存和运输的条例》；1986年《环保法》；1974年《煤矿保护和开发法》。

2. 安全监察

由下列机构监察煤矿安全：

（1）矿山安全总监。

（2）工人监察员。每个煤矿的安全状况由每个矿的采矿、机电方面的工人代表监察。监察报告内容以及建议要递交给矿山安全监察总局办事处。

（3）煤矿安全委员会。安全委员会也监察每个煤矿的安全现况，通过召开会议评估煤矿的安全状况，该机构由工人和管理人员组成。

（4）矿区三方安全委员会。矿区一级的委员会包括工人代表、矿山安全监察总局代表和管理人员，定期检查每个矿区的安全状况。

（5）煤炭子公司的三方安全委员会。由工人代表、矿山安全监察总局代表和管理人员组成，任务是检查安全措施。

（6）印度煤炭公司安全董事会。由印度煤炭公司董事长牵头，成员有工人代表、印度煤炭公司技术副总裁、每个煤炭子公司的总裁、矿山安全监察总局代表、印度煤炭部代表，印度煤炭公司负责安全和救护的副总裁担任秘书长。董事会讨论安全状况、制定政策并指导改进印度煤炭公司的安全标准。

（7）煤矿安全委员会。该委员会由煤炭部部长担任负责人，负责制定安全政策，并检查煤炭公司的安全状况。

（8）矿山安全大会。劳工部每4年召开一次矿山安全大会，对整个矿山的安全进行全面回顾。大会要对矿山安全标准提出改进建议，有些建议以后要加进有关法规中。

3. 重视安全培训

印度政府和煤矿都很重视安全培训。1966 年，印度专门制定了《矿山职工培训条例》。条例规定，新矿工和在职矿工必须经过矿山安全技术培训。根据这一规定，矿山安全监察总局要求各煤矿公司建立健全矿山安全培训中心。新矿工下井采煤或采矿前必须在培训中心接受为期 24 天的安全培训，其中安全理论课 12 天，实际作业培训 12 天。培训内容主要有安全注意事项、开采方法、输送机和矿车的操作、顶板支护以及通风照明等。与此同时还开设炸药使用、爆破和瓦斯检测等技术培训。培训中心还要为技术工人和在职非技术人员开设安全技术培训课程。技术工人的培训期为 18 天，在职非技术工人培训期 12 天。安全理论和实际作业培训时间各占一半。矿工每 5 年接受一次安全技术进修培训。

4. 露天开采比重大

加大露天开采比重是印度煤矿事故死亡人数下降的主要原因之一。印度大部分煤炭资源的地质构造比较简单，现采的煤层多为厚煤层，且赋存较浅，适宜露天开采，如印度贾里亚矿区的露天矿开采深度一般在 60~160 米。印度煤炭公司是印度最大的国有煤炭公司，其产量占全国煤炭总产量近 90%。1973 年，印度煤炭公司露天产量 18Mt，1980 年增至 39.9Mt，占其总产量的 39.6%；1990 年露天产量达到 133Mt，露天比重迅速增至 70.4%，1980~1990 年露天产量比重净增长 30.8 个百分点。2002 年印度煤炭公司露天产量比重仍保持在 70%以上。辛格雷尼煤炭公司的露天开采比重也超过井下煤炭。奈维利是印度最大的褐煤矿区，全部用露天方式开采。

5. 安全救护

印度煤炭公司安全部在每个子公司都设立了独立的救护机构。每个子公司设一个救护中心。救护中心配有先进装备，由一名总经理级别的官员负责。除救护队队员外，矿上还有大量的经过培训的注册救护队员。每个救护中心下的矿区还设有一些救护站和重新培训基地，这样一旦召唤，救护队员可以在半小时内到达煤矿。安全救护部门还通过培训中心对工人进行假期培训和重复培训，并为工人定期体检。

6. 职业健康

印度煤炭公司一直非常重视职业病防治。为减少粉尘对工人的危害，1978 年印度政府专门修改了 1955 年颁布的《矿山法》，要求定期对工人进行体检。1989 年，印度煤炭公司专门成立了国家粉尘防护委员会，预防和监察粉尘防护情况。1990 年还对 1957 年颁布的《煤矿法》进行了修改，要求工人连续工作 8 小时的作业场所必须进行抽样检查空气粉尘含量，如果指标超过 3，那么这个地方就不适于工人工作。

六、南非煤矿安全管理经验

南非是世界著名的矿业大国，采矿业是南非经济的支柱产业，采矿技术和设备都非常先进。但南非的采矿业仍是劳动密集型产业，是南非雇用劳动力最多的生产部门之一，其中不少是来自非洲其他国家的临时性劳动工人。在南非所有矿工中，绝大多数为半熟练和非熟练工人。尽管如此南非矿山事故死亡率却逐年在降低，1995 年时，千人死亡率为 1.02，2000 年下降到 0.72，2001 年南非煤矿伤亡率达到历史最低点，全国煤矿企业死亡人数仅为 17 人；目前年死亡率为 0.69，百万吨煤事故死亡人数是 0.3，相对而言是比较低的。

南非煤矿安全管理的主要经验有：

1. 健全法规，建立安全管理机构

南非矿山安全形势比较好的主要原因，是国家相关法规健全且执行得力。南非 1996 年制定了《矿山健康与安全法》，并由政府能源矿业部、矿主、矿山雇员三方组成了“矿山健康和安全委员会”，雇员代表进入安全机构，这在世界矿业史上是一个创举，从而确保了《矿山健康和安全法》的执行。

另外，政府能源矿业部设有矿山安全监察局，设矿山安全监察司、矿山设备安全监察司、矿山职业卫生监察司和综合司四个职能司。在全国 9 个省设有矿山安全监察办事处，有几百名安全监察员。监察员可以不需任何理由或事先通知，在任何时候向企业的任何人询问与安全有关的事项。

2. 周全到位的救护措施

矿山救护也是南非非常重视的工作。目前，南非设有全国矿山救护中心，这是一个私营的非营利性机构，主要是为矿山救护队员提供培训服务，并为矿山提供救护服务和咨询。中心在全国建有矿山救护网并进行管理，所有矿山企业都可成为全国矿山救护网成员单位。南非《矿山安全法》规定：有 100 名以上的井下矿工的矿要设一支矿山救护队，一般有 5 名救护队员；有 700 名以上矿工的矿山要设两支矿山救护队。救护中心也是全国矿山救护网的管理机构，设立理事会和管理委员会，理事会成员由大企业代表和矿山救护中心总经理组成，管理委员会主席由矿山救护中心总经理担任。

救护中心负责救护队员培训，课程包括初、高级救护队员培训和高级救护队员特种技能培训以及救护队员耐热测试和工作负荷测试。除了中心的少数管理人员和技术培训人员外，所有救护队员都是从各矿区挑选出来的兼职人员，他们不领取工资。“拯救生命、关爱工友”的使命感和光荣感是矿山救护队员的精神支柱。

3. 赔付妥善，处罚严厉

在南非，安全监察员对企业违反安全管理的行为，有权要求企业进行纠正，并可对其罚款。企业应执行监察员的指示，凡对监察员的监察工作的任何干扰和妨碍都属违法行为，将受到罚款或最高两年的监禁。与此同时，为了保证安全监察员公正行使权力，国家矿山安全监察局对安全监察员有专门的监督控制系统，同时发挥工会的监督作用。

南非矿业界一直严格实行矿山企业工伤保险制度，采取按发生事故风险大小实行差别费率，按有无发生事故实行浮动费率方法，由矿业主交纳保险费，矿山发生事故后，由工伤保险经办机构进行赔付，避免发生事故后矿主和伤亡人员家属间的直接接触，也保证了伤亡人员的及时赔付，同时也减轻了发生事故矿山企业的负担。政府对企业严格实行违法必究，“凡造成人员伤亡的事故，政府首先对有关企业处以 20 万兰特（1 美元现约合 6 兰特）的经济处罚，重大事故的罚金则更高。

七、各国煤矿绿色安全经验总结

综合上述六个主要产煤国家的安全管理经验，可以看出，目前国外在煤矿绿色安全管理方面主要侧重三大方面：法律、教育和技术（见表 3–1）。

表 3–1 美国、日本、澳大利亚、德国、印度、南非六国煤矿安全管理经验归纳分析

国家	法律法规	教育、培训	技术、设备
美 国	《矿山法》；每年修订一次各种现行的行政法规	支持煤矿安全和健康科研项目；进行强制性的安全培训	重视加强技术装备；主要资金用于生产环节的机械化
日 本	《矿山健康与安全法》，并由政府能源矿业部、矿主、矿山雇员三方组成“矿山健康和安全委员会”	制定采矿工业教育和培训标准	采矿技术和设备都非常先进——HS 防瓦斯事故自动抑爆屏障系统、新鲜空气站、救援通信系统等；但仍是劳工密集型产业
澳大利亚	除执行矿山法外，还执行印度相关的联合法规，包括电力法	专门制定了《矿山职工培训条例》	在一些煤矿引进了支架、锚杆支护等
德 国	安全监督实行双轨制	统一标准化的培训模式	矿井装备的自动化程度高
印 度	严格执法，每一项措施都有法律制约；潜在事故报告制度	确认的培训，有各州的职业健康与安全机构进行考核	生产采用综合机械化采掘
南 非	《矿山安全法》；以法律形式规定了矿山安全监督人员的权力、职责	管理课、指导课、矿山课、煤炭课、石油保安课和矿害防治课	坚持技术进步是搞好安全生产的基础

1. 法律法规

法律法规主要包括政府对法律的制定、完善、执行，安全管理机构的设置以及工人的法律保护意识等。以上各个国家不仅制定了严格的煤矿安全法规，而且还建立了严格的监察机制。比如印度，设立矿山安全总局，通过对矿工安全生产教育、培训及采取聘用矿工监察员、设立矿山安全委员会和用“三方检查”方式使矿工积极参与矿山安全管理。全国划分5大矿区，每个矿区设有3~4个分区安全监察办事处。矿区由一名副总监负责，每个分区由总局授权的专人负责。全国共有21个分区安全监察办事处。除分区安全监察办事处外，在重要的矿区还设有地区安全监察办公室，全国共有6个，也由总局授权的专人负责。

2. 教育培训

教育培训主要指对员工的生产知识、生产技能、安全规章、操作流程等方面的培训等，相当一部分国家还以立法的形式确立了培训制度，以保证安全培训不会流于形式。“培训”是实现煤矿安全生产的重要环节，也是被许多人忽视的环节。在美国，对煤矿工人和矿主的培训主要由矿业安全与卫生监察局下属的全国矿业卫生与安全学会负责，这个学会在每年都举办短期的集中安全讲学班，各课程一般为期几天，针对的是联邦安全监察人员、各州监察人员以及矿主、矿业公司人员等。除了集中培训，矿业安全与卫生监察局还在各州举办巡回性质的安全课程，主要向矿业工人讲授安全生产标准、技术设备操作等。煤矿工人参加培训是免费的，经费从劳工部的培训费中出。此外，矿业安全与卫生监察局还充分利用网络，在网上提供免费的交互式培训课程，开放网上图书馆，将矿难调查报告、安全分析等资料和档案在网上公布。

3. 技术设备

技术设备主要包括先进的机械装备和技术的应用等。大多数国家不仅非常重视对煤矿安全生产的投入，使用先进的设备和技术进行生产，而且还注重引进其他国家的先进管理技术。1995年，印度为提高矿山生产效率和进一步改善矿山安全状况，与澳大利亚签订合同，由澳大利亚国际矿山安全培训公司（AIMSTC）帮助印度实施矿山安全管理计划。新技术的推广和采用大幅度降低了煤矿生产安全事故，这已被美国煤矿业近30年来的实践所证明。

美国矿业协会认为，新技术在安全方面的贡献主要有几个方面：一是信息化技术的广泛采用，增强了煤矿开采的计划性和对事故隐患的预见性，计算机模拟、虚拟现实等新技术，可以大幅度减少煤矿挖掘中的意外险情，也可以帮助制订救险预案；二是机械化和自动化采掘，提高了工作效率，减少了下井工人数量，也就减少了易于遇险的人群，实际上美国煤矿工人的总数已经下降到不足10万，他们中绝大多数是操作设备的技术工人；三是推广安全性较高的“长墙法”，取代传统形式的坑道采掘；四是推广新型通风设备、坑道加固材料、电气设备，从而提高了安全指标。而政府主要是通过技术认证这一方式来批准煤矿用设备。矿业安全与卫生监察局下属的技术认证中心对煤矿设备进行质量检查和认证，对通过技术认证的产品，每月都在网上的产品目录中更新公布。

第四章 可持续发展下绿色开采技术的发展

第一节 煤矿开采技术的发展

一、采煤技术发展历程

1. 世界煤炭行业的发展历程、现状和趋势

距今2000多年前，古希腊开始开采和利用煤炭，而中国则是在3000多年前就开始以煤炭作为燃料的。但是，煤炭的真正被广泛用做能源是17世纪以后的事了。进入17世纪后，由于手工业的蓬勃发展，木柴作为燃料越来越不能满足人类的需要，于是煤炭便取代了木柴成为世界的主要能源。

最早完成煤炭开发从手工生产向机械化生产过渡的是从18世纪60年代英国的产业革命开始的。蒸汽机的发明，更巩固了煤炭在能源中的地位。从此开始，煤炭成了世界工业化的动力基础，也成了世界主要能源之一。

第二次世界大战前，煤炭生产集中在美、英、德和苏联，合占总产量的3/4。第二次世界大战后，特别是20世纪70年代以来，中国、印度、澳大利亚和南非发展迅速，相继跃居世界前列，成为生产大国。

从19世纪中期以来，煤炭产量增长迅速。按产量增长变化可分为四大阶段。

（1）1860~1913年，世界煤炭生产大发展时期。这个时期是世界煤炭生产大发展时期，此时在英国英格兰中部、德国鲁尔区、美国阿巴拉契亚区、沙俄乌克兰等地，形成了以煤炭为基础的大工业基地。

（2）1914~1950年，稳定增长时期。这个时期，世界煤炭生产稳定增长，1950年世界煤炭产量比1913年增长39.8%，达18.18亿吨，占世界能源消费的62.3%。

（3）1951~1974年，煤炭生产萧条时期。从19世纪20年代开始，世界能源

结构逐渐由煤炭转向石油和天然气，煤产量增长缓慢。1950 年世界总产量为 18.20 亿吨。1951~1974 年，煤炭产量只增加 12.2%。

(4) 1974~1990 年，转为缓增时期。1973 年第一次石油危机以后，世界各国为摆脱石油危机，寄希望于煤炭。煤炭重新受到重视，生产和利用都有很大发展。以微电子技术为先导的世界新技术革命的成果，迅速渗透到煤炭领域，使这一古老的传统产业发生巨大的变革。在从根本上改变了煤炭工业的面貌，劳动生产率成倍提高，生产成本明显下降，安全状况大为改善。洁净煤技术的研究开发将使煤炭成为干净、高效和廉价的能源。在高技术领先的美国尤为突出。

2. 采煤技术发展

地下采煤生产的发展，推动了采煤技术的进步。18 世纪以来，地下采煤技术经历过两个发展阶段：第一个发展阶段，18 世纪肇始于英国，使采煤从手工生产过渡到单一生产工序的机械化生产。第二个发展阶段，采掘工作面从单一生产工序的机械化，发展为全部工序的综合机械化及露天采煤。20 世纪 40 年代后期至 50 年代，英国、前苏联分别研制出用于地下长壁工作面的联合采煤机，可同时完成落煤、装煤两道繁重工序的作业。

3. 采煤技术基础理论

岩石力学和地压控制理论均是指导采煤生产的重要理论基础。随着开采引起的围岩岩体中应力重新分布，围岩、煤体和各种人工支撑物产生变形、塌落、破坏、地表发生沉降等力学现象产生，直接影响井下巷道和地表建筑物的稳定与作业安全。

同时，系统工程学在煤矿开采应用方面的研究也取得了显著进展。

矿山地压及其控制、系统工程在采煤中的应用以及其他有关学科理论研究上的进展，已促使煤矿设计、生产管理更好地和现代科学技术相结合，采煤学科的内容和体系进入了大幅度更新期。

4. 采煤技术展望

煤矿的开采技术，无论露天或地下，在已达到的高度机械化基础上，正朝着生产过程的遥控、自动化方向发展。通过改进综采设备的设计、选型、材质、制造工艺、检验方法和维修制度，将提高其生产能力和设备利用率。同时，在矿井提升、运输、排水、通风、瓦斯监控等许多环节，将实现自动化、遥控。地下和露天煤矿都将实现电子计算机集中自动管理监控。有的国家已将机器人试用于井下回采工作面。绿色采煤法如能在资源回收、煤泥处理、辅助运输、通风系统等技术环节上进一步改进和完善，也将是一种有发展前途的开采技术。

二、中国采煤技术方法沿革

中国是亚太地区煤炭储量最大的国家，也是仅次于美国和俄罗斯的世界第三大煤炭资源国，已知含煤区域面积55万多平方千米，绝大多数省、市、自治区（含台湾省）都赋存有不同数量的煤炭资源。截至2005年底，全国煤炭查明资源储量为1.0345万亿吨，比上年净增62.51亿吨，增长0.61%。

我国煤炭资源赋存的主要特点是煤炭形成的地质年代长，从早古生代至第四纪，均有煤炭沉积。

我国是发展中国家，幅员辽阔，人口多，底子薄，各地区技术、经济发展不平衡。结合资源特点，应用了多种采煤方法。据不完全统计，我国现采用的采煤方法达50余种，是世界上采煤方法最多的国家之一。这些采煤方法的形成经历了漫长的岁月，特别是新中国成立后，经过改革、发展、完善，积累了丰富的经验，形成了具有我国特点的采煤方法体系。

1. 中国采煤方法的发展

我国不仅是当今世界上煤炭产量最多的国家，也是世界上最早开发利用煤炭的国家，早在六七千年以前就已开始开发、利用煤炭，有着悠久历史。

1840年鸦片战争之后，沦为半封建半殖民地的我国煤矿，采煤方法落后，采用原始的穿峒式、残柱式、高落式等采煤方法，采掘等主要作业依靠工人繁重的体力劳动。

1895年以后，日、英、德帝国主义相继在我国开矿。20世纪30年代，日本帝国主义占领了我国东北，把掠夺中国煤炭资源作为其穷兵黩武的重要资源。采煤方法更向着富有掠夺性的方向发展，滥采乱挖开采的煤炭资源损失率高达70%~80%以上；矿工的劳动条件极端恶劣，煤矿的安全状况极差，伤亡事故严重。

1945年抗日战争胜利后，大部分煤矿为国民党政权接管，采煤方法基本没有改变。

（1）对采煤方法的改造（1949~1957年）。新中国成立后，立即对采煤方法进行改革。首先从改革采煤方法开始，把落后的穿峒式、高落式、残柱式等旧采煤方法，改为新的长壁式采煤方法，以提高煤炭资源回收率，保护国家资源。强调在安全的原则下进行生产，改善矿井通风，改善工人的劳动环境和安全生产条件，通过了《关于全国煤矿全面推行新的采煤方法的决定》，强调指出“采煤方法的改革是煤炭工业的一次革命”。工人的劳动环境和安全生产条件得到了明显改善。

（2）长壁式采煤方法的巩固与发展（1957~1974年）。我国长壁式采煤方法的巩固与发展，是在不断改善顶板管理和提高采煤机械化程度的过程中实现的。

在顶板管理方面改变了旧采煤方法无支护的状况，采煤工作面从采用各种形式的木支架到推广应用金属摩擦支柱和铰接顶梁。

在缓倾斜、倾斜厚及特厚煤层，主要是推行和完善倾斜分层下行垮落采煤法，改进人工假顶的铺设，采用竹笆假顶、荆条假顶、金属网假顶等以代替木板假顶，发展了以金属网为主要假顶材料的铺网工艺；推行黄泥灌浆等措施以形成稳定的顶板；在缓倾斜特厚煤层中，推行了倾斜分层上行水砂充填采煤方法。

对急倾斜薄及中厚煤层开采，先后推广应用了风镐落煤的倒台阶采煤法及爆破落煤的单一长壁采煤法。对急倾斜厚煤层，主要推行水平分层和斜切分层采煤法。在试用掩护支架采煤方法的基础上，创新了伪斜柔性掩护支架采煤法，大大丰富了急倾斜采煤方法的内容。与此同时，对工作面无支护的急倾斜煤层采煤方法如伪斜条带式仓储采煤方法、伪斜走向长壁仓储式采煤方法、小阶段爆破采煤方法、巷道长壁采煤法及钢绳锯采煤法等，都进行了试验和应用，取得了一定效果。

在推行长壁式采煤方法的过程中，我国十分重视发展机械化采煤，以进一步减轻工人的繁重体力劳动。一系列的举措都使长壁式采煤方法得到了巩固和发展。

（3）长壁式采煤方法多种采煤工艺的发展及采煤方法的现状（1974~1990年）。为了进一步发展长壁式采煤方法，我国参照国外发展采煤机械化的经验，进行了综合机械化采煤设备的研制与试验。1974 年，第一批自行设计、制造的综采设备，在井下进行试验。与此同时，成套引进了国外的综采设备，消化、吸收国外的经验，以便更快、更好地发展我国的综合机械化采煤。

1979 年初，原煤炭工业部召集了有关专家，系统研究和制定了我国第一个较全面的《煤炭工业技术政策》，并于同年 9 月颁发执行，明确了综合机械化采煤方向。

随着改革开放的发展，先后从国外引进了 100 多套综采设备，并与国外进行了广泛的技术交流，加速了我国综采设备的攻关和研制工作。我国已经能够自行设计、制造缓倾斜薄及中厚煤层和厚煤层倾斜分层工作面的综采设备以及缓倾斜厚煤层的综采设备。从而使我国的综合机械化采煤有了较大的发展，并推动了采煤方法的进一步完善。

为了适应煤炭工业发展的需要，1987 年又修订和颁布了新的《煤炭工业技术政策》，进一步指出要加快发展综合机械化采煤。

在发展综采的同时，注意提高普通机械化采煤设备的能力和可靠性。先是研制成功了单体液压支柱代替金属摩擦支柱，后来完成了第三代普通机械化采煤的确设备配套，在应用中取得了更加良好的技术经济效果。

在此期间，长壁式采煤工作面的炮采工艺也得到了较大的发展，采用了毫秒军雷管爆破、配套的防炮崩单体液压支柱和双速大功率刮板输送机，在爆破装煤的采煤工艺试验中取得了成功，并获得良好的技术经济效果，现在已在适合条件

的煤矿逐步推广。

在不断完善长壁采煤工艺的过程中，对综采煤方法进行了探索，获得较好效果。其单产、工效、安全和其他技术经济指标，较传统的水平分层、斜切分层、掩护支架、斜坡陷落等采煤方法好。

为简化采区生产系统，从20世纪70年代起，在倾角较小的煤层，推广采用了倾斜长壁采煤法。这种采煤方法减少了生产环节及巷道工程量，经济效益显著。目前，采用这种采煤方法的产量约占统配煤矿产量的12%，并有进一步发展的趋势。

20世纪70年代末期开始，我国试验和推广了无煤柱护巷，沿空掘巷和沿空留巷技术都有较大进展，特别是沿空留巷巷旁充填技术试验获得成功，为无煤柱护巷的发展开辟了更加广阔的前景，也为采用前进式开采创造了条件。此外，成功地应用了跨上山、跨石门回采，改善了巷道维护条件，增加了工作面推进方向的长度，减少了煤炭损失，也进一步完善了长壁式采煤方法。

后来，我国从美国引进了一批连续采煤机，在鸡西、大同、西山等矿务局和部分地方煤矿进行连续采煤机房柱式采煤方法的试验，在煤层赋存条件适合的煤矿取得了一定的效果。

我国水力采煤开始于20世纪50年代，20世纪60年代实现了落煤水压由初期的5~6MPa提高到12~14MPa，进入20世纪70年代我国试验成功了20Mpa高压大射流水力落煤技术。后来落煤的水射流压力已普通过渡到10MPa以上，采用漏斗式和小阶段式水力采煤方法开采过倾角8°~15°以上、厚度为0.7~14m的各类煤层，以及不稳定煤层、岩浆岩侵入、煤尘大等一些特殊条件的煤层。在水力复采残煤技术方面，也积累了一定的经验。而且对金属掩护网下水采、特厚煤层倾斜分层综采配以水射流放顶煤，以及高压细射流机水结合落煤工艺等都进行了探索和试验。

总之，这一阶段随着综合机械化、普通机械化采煤和炮采的发展，长壁式采煤方法逐步完善，急倾斜煤层的各种采煤方法以及水力采煤方法也都有不同程度的提高，形成了以长壁式采煤方法为主的多种采煤方法并存的现状。

我国露天采煤的产量比重较小，其发展可分为三个时期。“一五”期间为第一个时期，新建和改建了海州、抚顺、新邱等露天矿；20世纪60年代为发展露天煤矿的第二个时期，建设了一批主要装备立足于国内的露天矿；20世纪80年代为第三个时期，采用了轮斗挖掘机——胶带输送机连续开采工艺，单斗铲——上车开采工艺及半连续开采，露天开采工艺和技术装备均有较大发展。

2. *采煤方法发展的途径及主要经验*

采煤方法发展涉及多种因素，这些因素既有互相制约的方面，又有相互促进的方面。若能处理好这些因素的关系，就能促进采煤方法的发展。总结40年来这方面工作的经验，对今后采煤方法的发展有重要的指导意义。

(1) 采煤机械化水平的提高是采煤方法发展中最重要的因素。

(2) 采准巷道布置及系统的改革为采煤工艺进一步发展和完善创造了条件。

(3) 围岩控制及支护技术的改进是采煤方法改革的重要内容。

(4) 安全技术水平的提高是推动采煤方法发展的重要保障。

(5) 科学管理是巩固采煤方法改革和发展的重要手段。

3. 中国采煤方法的发展方向

我国煤田地质条件类型多种多样，地区技术经济发展不平衡，煤矿管理体制不同。我国采煤方法和工艺要在现有的基础上，结合具体情况，多层次地向前发展，主要有以下八方面。

(1) 继续把综采作为机械化采煤的发展方向。

(2) 积极发展普通机械化采煤，加快更新和完善普采设备。

(3) 炮采工作面要积极推广毫秒雷管爆破、防炮崩单体液压支柱、大功率双速刮板输送机配套的新工艺。

(4) 根据煤层地质条件，因地制宜地发展水力采煤。

(5) 积极稳妥地探索、研究和试验新的采煤工艺。

(6) 采区巷道布置应进一步向简化、集中和无煤柱护巷的方向发展。

(7) 要加快发展露天采煤。

(8) 加快绿色开采技术的研究与应用。

第二节 煤矿绿色开采技术

煤炭开采对环境的影响具有工业污染型和生态破坏型的双重特征。大规模的煤炭开采造成了产煤区的土地和地下水资源的巨大破坏及环境污染。煤炭开采中比较突出的环境问题主要表现在地表沉陷（露天矿挖损）、地下水资源破坏、煤矸石堆存占地和自燃等。随着国民经济的发展，煤炭需求总量不断增加，资源、环境和安全压力进一步加大。根据煤炭工业“十一五”发展规划，以煤炭整合、有序开发为重点，完善体制、创新机制，强化管理、保障安全，改小建大、优化结构，依靠科技、促进升级，深度加工、洁净利用，节约资源、保护环境，构建与社会主义市场经济体制相适应的新型煤炭工业体系的发展方针，使煤炭产业结构逐渐优化，煤矿绿色开采势在必行。

绿色开采技术是现代采矿技术的重要组成部分。在资源枯竭、能源短缺和环境污染的“3E”问题已经成为人类社会共同面对的难题时，实现对矿产的绿色开采已经成为一国或人类社会可持续发展的重要的内容和手段。鉴于此，绿色开采的概念应运而生，即立足于煤炭开采的源头，通过采煤方法、岩层控制及相关技术、研究试验平台等的研究和建设，改变传统采煤工艺造成的生态与环境问题，实现煤炭资源的环保、高效、高回收率和安全开采，从根本上解决煤炭开采产出率低与生态环境破坏等严重问题，实现采矿工业的可持续发展。

一、煤矿绿色开采技术的提出

党的十六大报告明确提出了“走出一条科技含量高，经济效益好，资源消耗低，环境污染少，人力资源优势得到充分发挥的新型工业化路子。”因此，必须充分考虑我国资源相对短缺，环境比较脆弱的基本特点，建立起适合我国国情的资源节约、环境友好的新型工业化发展道路。

“绿色工业”是广义的概念，由各个工业部门来实现，对矿业来说就是要实现“绿色矿业”。“绿色矿业”的核心内容之一就是要实现“绿色开采”。

矿区在开发建设之前与周围环境是协调一致的，而进行开发建设后，强烈的人为活动使环境发生了巨大的变化，由此形成了矿区独特的生态环境问题，如造成农田以及建筑物破坏，村庄迁徙，矸石堆积，河川径流量减少，地下水供水水源干枯，土地沙漠化，由于开采而使矿物内的有害物质流入地下水中等。

二、绿色开采技术的理论基础、内涵以及现状

1. 绿色开采技术的理论基础

矿山绿色开采技术，在基本概念上是从广义的资源角度去认识和对待煤、瓦斯、煤矸石等一切可以利用的各种资源。基本出发点是防止或尽可能减轻开采煤炭对环境和其他资源的不良影响，目标是取得最佳的经济效益和社会效益。矿山绿色开采与国外的“无废开采”、“清洁开采”等概念有共同之处。

绿色开采的重大基础理论依据有：①采矿后岩层内的“节理裂隙场”分布以及离层规律。②开采对岩层与地表移动的影响规律。③水与瓦斯在裂隙岩体中的渗流规律。④岩体应力场分布规律及岩层控制技术。近年来，为了解决上述与环境相关的理论问题，专家学者们提出了岩层控制的关键层理论，为煤炭资源绿色开采的研究提供了理论基础。

2. 绿色开采技术的内涵

绿色开采的内涵是减少采煤对环境的破坏，为此形成一种使资源与环境相互协调的开采技术。“绿色开采”的内涵是努力遵循循环经济中绿色工业的原则，

形成一种与环境协调一致、能够实现“低开采、高利用、低排放”的开采技术 。而绿色煤炭工业的核心是实现煤炭的绿色开采，扩展途径是大力发展综合利用与深加工技术。

3. 我国绿色开采的发展现状

我国绿色开采的生产力水平比较低下。目前的煤炭开采技术主要是新中国成立后发展起来的，虽然取得了很大进步，但是，由于我国科学研究水平起步比较晚，科学技术水平推广比较困难，安全生产、绿色生产的意识比较薄弱，企业追求经济利益，与绿色开采的要求相去甚远。“三废”污染严重影响到煤矿的生存环境，占用耕地、破坏水资源、污染大气。同样，产品的利用也不高，没有进一步加工而体现资源的价值，洗选工作不到位，初级消费又导致二次污染。另外，目前我国大部分煤矿企业还是采用传统的采煤方式，资源的回收利用水平比较低，对回采中产生的废气资源利用率低下，劳动作业环境恶劣。针对我国资源相对短缺，环境比较脆弱的基本特点，我国煤炭工业必须走新型工业化道路，尽快改变“高开采、低利用、高排放”粗放式经营的落后局面，率先实现“低开采、高利用、低废弃”集约化经营的行业可持续发展目标，建设绿色矿山开采工业体系。

三、绿色开采技术的技术框架、应用层次以及制约因素

1. 绿色开采的技术框架及适用条件

在如图 4-1 所示的煤矿绿色开采技术体系框架的基础上，下面对许厂煤矿在保水开采、煤与煤层气共采、减沉开采、矸石减排等各自的技术体系和适用条件开展了阐述。

（1）保水开采。保水开采就是在采煤的过程中对地下水资源进行保护并对矿井进行资源化利用。我国西北干旱缺水矿区应重视保水开采技术的研究，将保水开采技术作为矿区绿色开采的重点。

（2）煤与煤炭层共采。煤与煤炭层共采就是将煤炭和赋予煤炭层中的瓦斯都作为矿井的资源加以开采，实现两种资源的共同开采。我国高瓦斯地区应重视煤与瓦斯共采技术的研究，将煤与瓦斯共采作为矿山绿色开采的重点。煤层气开采方法分为煤层采前预抽与采动卸压轴采。

（3）减沉开采。减沉开采就是减少开采引起的地表沉陷，以保护土地资源和地面建筑。我国东部矿区及粮食与煤炭复合主产区应重视减沉开采技术的研究，将减沉开采技术作为矿区绿色开采的重点。减沉开采技术主要包括条带开采与充填开采。

（4）矸石减排。矸石减排就是减少煤矿矸石排放量、消除矸石山的堆积。另

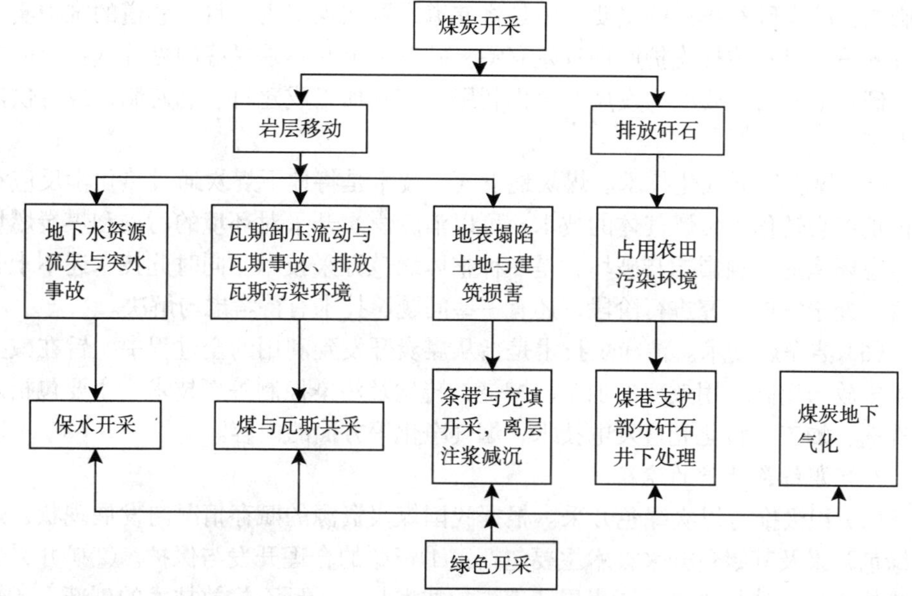

图 4–1　煤矿绿色开采技术体系框架

外还有对煤炭地下气化的研究，它是一种完整的绿色开采技术，目前在我国还处于试验阶段。

2. 绿色开采技术的主要研究方向

（1）“保水开采”技术。采煤时，随着关键层的破断，在该区域内地下水将形成下降漏斗。地下水位能否恢复，取决于随着工作面的推进，上覆岩层中是否有软弱岩层经重新压实导致裂隙闭合而形成的隔水带。把地下水视为资源，必须形成保水开采技术，即开采后地表水暂时形成的下降漏斗仍能恢复到原来状态。

（2）“三下”采煤与减沉技术。建筑物下采煤既保证具有较好的经济效益，同时又确保地面建筑物不受到损害，关键在于根据具体条件下覆岩结构与关键层特征来研究确定合理的减沉开采技术及参数。基于岩层控制的关键层理论，提出了条带充填控制开采沉陷的思路。仅充填部分采空区，只要保证未充填采空区的宽度小于覆岩主关键层的初次破断跨距，且充填条带能保持长期稳定，就可有效控制地表沉陷。

（3）“煤与瓦斯共采”技术。采矿时形成采煤和采瓦斯两个完整的系统，利用岩层运动的特点将煤层气高效开采出来，即形成“煤与瓦斯共采”技术。其关键层理论所给出的节理裂隙场分布、离层规律将对邻近层瓦斯动态涌出有不可分割的关系。

（4）煤层巷道支护技术与减少矸石排放技术。采矿引起的矸石排放对环境形成影响，减少矸石排放的主要措施是将巷道设置在煤层内。目前巷道的维护实行锚杆支护，煤巷锚杆支护原理日趋完整。矸石不上井不是最好的处理其排放的方法，矸石上井后，要大力发展回收再利用，使其加工成建材、制砖制瓦或者供热发电等。

（5）煤炭地下气化技术。煤炭地下气化技术是将地下煤炭通过热化学反应在原位把煤炭转化为可燃气体的技术。可以消除煤炭开采对环境的污染和煤炭燃烧对生态环境的不利影响与破坏，是一种整体绿色开采技术。同时此技术还不十分完善，处于发展研究进行阶段，还有一些问题、技术有待考虑与解决。

（6）洁净煤技术。洁净煤技术是指从煤炭开发到利用的全过程中，旨在减少污染排放与提高利用效率的加工、燃烧、转化及污染控制等新技术。主要包括煤炭洗选、加工、转化先进发电技术、烟气净化等方面的内容。

3. 实现绿色开采的途径

（1）积极推行煤炭绿色开采。根据我国煤炭资源的赋存情况与发展现状，煤炭绿色开采及其绿色开采技术主要包括：①资源的合理开发与保护。②矿井采煤方法的优化设计与改进。③煤层巷道支护技术与减少矸石排放技术的创新。④煤与瓦斯共采技术及煤炭地下气化技术的探索与实践。⑤采空塌陷区生态治理及环境恢复工程的研究与应用。

（2）加强煤炭及伴生资源的综合利用。煤层气的综合利用，瓦斯以用促抽、以抽保采、以抽保安的良性循环之路是解决煤矿安全生产及环境污染治理的根本之路。今后煤层气综合开发，一要加强低浓度瓦斯、煤矸石的综合利用。目前，煤矸石综合利用主要是：①建设煤矸石电厂，用煤矸石发电。②用煤矸石制作建筑材料。③煤矸石复垦及回填矿井采空区。④回收有益组份及制取化工产品，包括利用煤矸石生产硫酸铝、制取聚合氯化铝和白碳黑等化工产品，利用煤矸石生产铝系列、铁系列超细粉体等。⑤用煤矸石生产新型工业填料。以上工艺在资源转化的同时，伴随产生一些废水、废气造成二次污染。二要加强瓦斯制造工业炭黑、CDM（清洁发展机制）项目等的研究，拓展瓦斯综合利用新领域。

（3）大力发展清洁燃烧和产品深加工转化技术。发展洗选技术，提高煤炭洗选率。发展水煤浆技术，大力推行煤炭洁净燃烧。此外，型煤燃烧技术的日臻成熟，以及煤炭燃烧过程脱硫、脱磷、添加剂技术的迅速发展，也为煤炭的清洁燃烧提供了广阔的市场空间。

（4）加快科技进步，积极倡导绿色开采技术创新。由于绿色技术创新需要资金投入大，而企业直接经济收入相对偏低，导致社会效益、环境效益大于经济效益，技术创新动力明显不足。因此，国家应加大对煤炭科技进步的资金扶持力度，尽可能多地推广应用或引进吸收国内外先进适用的采煤方法，加大煤炭绿色

开采技术的科技含量。通过矿产资源税费调节、企业重大技术改造项目所得税减免等手段，对在环境保护方面进行技术研究开发的矿山，给予一定的税收优惠和费用支持。

四、绿色开采技术的未来发展趋势

(1) 绿色开采技术的法制化。绿色开采的社会支撑系统需要建立。绿色开采涉及的社会支撑系统首先是立法和行政规定问题。目前，这方面的法律和行政规定对绿色开采行为还不能形成有力的支持，对相反行为的惩罚力度不够。同时，政府应制定经济政策，用市场经济的机制对绿色开采实施导向。例如，制定有效的资源价格政策，利用经济手段对矿产资源的过度开采严加控制。

(2) 绿色开采技术的国际化。绿色开采的研究和应用将越来越体现全球化的特征和趋势。当今世界资源短缺和环境污染已成为人类社会发展所面临的共同难题。除了自然因素外，其主要原因有：①对矿产资源的过度开发超过了资源的合理的承载能力，造成资源的破坏和浪费。②在资源利用过程中向环境排放的污染物超过了环境容量，导致环境和生态破坏。矿山开采必然会排出废石、废水、废气等废料，如何合理利用资源减少废料的排放，保护生态环境，实现绿色开采已成为矿业可持续发展的最重要内容。

(3) 绿色开采技术的和谐化。安全高效的开采技术将在绿色开采中发挥重要作用。目前，我国的矿山安全生产问题比较突出，重大安全事故时有发生，在社会上造成了非常恶劣的影响，也成为我国建设和谐社会的不和谐的音符。解决这个问题的途径：①加强人们的安全防范意识。②加大安全投入，采用安全高效的开采技术，最终实现井下无人化生产，如美国矿业局开发的全自动连续采煤机已初步试验成功，英国开发的自动长壁工作面系统正进行示范，每班只需 1 名控制人员和 1 名检查人员。

不难看出，资源与环境协调的绿色开采是解决煤炭开采环境问题的根本出路。要实现绿色开采，需要综合研究和解决政策、经济、技术等诸多难题，需要花大力气开展相关技术和政策的研究和创新，使得其技术上可行、经济上合理。在政策方面，应研究适合不同矿区特点的绿色开采模式和经济评价体系及其与企业成本的关系，综合研究煤炭资源经济特点，为政府制定政策提供建议。在技术方面，应该将研究岩层运动对工作面的影响转为研究开采后岩层运动对岩体内形成空隙与地表沉陷的影响，以及研究采动岩体中气体、液体的渗流规律，为保水开采、煤与瓦斯共采、减沉开采、矸石减排等绿色开采技术的发展提供理论基础。

第五章 可持续发展下的煤炭产品结构调整

第一节 煤矿企业产业链的结构优化

随着全球产业链的延展，当代产业结构国际化的运行状态是：虽然一国产业结构的变动既与区域内周边国家（地区）的产业结构变动连为一体、互动演进，同时也受到区域外各国产业结构变动的影响。但由于与全球化浪潮并行的区域化浪潮和世界经济结构呈现“板块状”格局，往往使处在同一区域基于同一产业链的各国产业结构间存在着更为紧密的相互依存、互相连接的关系，形成了一个个动态的区域整体。

煤矿及其周边地区形成一个相互关联的区域。同国家的大产业结构相比，由于煤矿的多元化生产，内部延伸了多条产业链，同样涉及多种产业，因此形成了有特色的矿区产业结构。产业链条之间的链接关系不仅体现在其强度的持续增加和链接形式或纽带的日益多样化，更体现为链接拓扑结构的日趋复杂化，这导致了矿区产业结构的整体性演进以及产业结构的关联互动。

从可持续发展战略来看，煤矿产业结构的高度化要求煤矿企业必须走出以单纯煤炭资源消耗为基础的小圈子，必须逐渐走向高附加值和高加工度的发展方向，依靠其他资源资本来实现其资源、经济的可持续发展。显然，这种资源间的补偿、替代其实质就是产业接替的问题。结合调整煤矿发展战略和优化产业结构的实际，煤矿企业唯有大力发展非煤产业，才有望构筑长期发展的市场优势，实现煤矿企业的产业接替，才可能实现其经济、资源的可持续发展以及社会、环境全面协调的可持续发展。

一、煤矿产业链的含义及构成

产业链是围绕某类产品或服务，以各种产业联系为基础而形成的涉及多个产业环节的链式结构。从范围上讲，它不仅包含各参与企业的链接，而且还强调各参与企业所在行业之间的链接；从内涵上讲，它不仅包括经济全球化背景下，在产业中的生产、贸易和服务功能的一体化趋势，还深化到产业链上物料供应、信息流动、产业组织形式、技术创新、价值实现与利益分配等各个方面的内容。产业链较之于价值链、供应链等概念，涵盖的范围更广，内容更丰富，技术的创新与进步是产业链发展与演化的重要驱动力。

产业链的本质是描述一个具有某种内在联系的产业群，它的基本特征是存在大量的上下游关系。在一条产业链上，上游环节和下游环节之间存在交换关系，上游环节向下游环节输送产品（可以是有形的物质产品，也可以是技术和服务等特殊商品），下游环节向上游环节反馈价值。

具体到煤炭产业，凡属于下列三种情况之一的产业群就可以称为产业链：

第一，围绕满足煤炭企业生产过程（即勘探、测量、开采、运输、提升、通风、排水、产品加工分类、电力供应等一系列活动）的最终需求所涉及的一系列具有上下游关系的企业集合。

第二，满足煤炭生产过程的某一产品或服务从元器件到整机这一生产过程中所涉及的企业集合。

第三，围绕着某一产品或服务的研发设计、生产、销售及售后服务所涉及的企业集合。

因此，煤矿产业链是以原煤开采为基础，生产经营系列煤炭产品和与之相关联的下游产品或者从事相关的煤产品链条。根据国内外的经验，煤炭企业的产业链条构成如下：原煤及原煤经洗选加工成的多品种的系列煤炭产品；用动力煤及洗选加工产品等低热值燃料发电；建设大型坑口电站变输煤为送电；用炼焦精煤炼焦；煤焦油深加工生产煤化工产品及有机化工原料；煤炭气化、液化及开发煤基化工产品；用矿区电力发展高能耗产品；利用废渣及其他原料生产建筑材料；开采和利用共伴生矿物资源和煤层气。同时，还包括经营矿区铁路及专用线、公路、港口和航运，煤炭企业物流已经成长为降低成本提高效益的亮点。

二、煤矿产业链的构建模式

根据煤炭企业发展战略内容和产业链条分析，在确定煤炭企业发展战略时应将二者进行综合考虑，确定发展战略构成，即基于产业链的煤炭企业发展模式。该模式构建的宗旨即循环利用矿区内的各种资源，形成有机的煤矿产业链。

构建煤矿产业链模式要遵从可持续发展模式的特点，体现三个方向的优点：①要加大技术创新力度研究与开发适合本矿区地质条件的采掘工艺，提高工效，降低成本，构建产业链主导核心竞争力。②符合煤炭产业链延伸方向，即煤炭企业以煤为基础，煤和非煤相关产业并举的多个价值主链的综合高效型企业。③以煤炭资源为基础的价值链延伸方式符合矿区的发展模式。

煤矿产业链把产业系统视为生物圈的有机组成部分，在生态学、产业生态学等原理的指导下，按物质循环、生物和产业共生原理，通过对产业链横向、纵向的系统优化耦合而形成的高效率、低消耗、无（低）污染、经济增长与生态环境相协同，具有和谐的生态功能的网络型、进化型产业体系。煤矿产业链构建应根据矿区资源状况和矿井分布情况，通过产业间的物质集成、能量集成和信息集成，形成产业间的工业代谢和共生关系。

(1) 生态背景分析。生态背景分析主要指矿区经济结构与物流、能流、信息流情况的分析。在此基础上还要开展技术关联与耦合研究。否则，构建矿区资源循环利用产业链就失去了可靠的基础。

(2) 纵向主导产业链的构建。从现实情况来讲，煤矿区是以煤开采为主的区域，因此应以煤炭和煤系共伴生资源的开采加工作为纵向主导产业链。以煤炭资源为基础的产业链纵向延伸方式有以下七种：“煤炭—电力—市场”；“煤炭—电力—电解铝—市场”；“煤炭—气（液）化—市场”；“煤炭—气（液）化—化工—市场”；“煤炭—焦化—市场”；“煤炭—建材—市场”；“煤炭—电力—路（港、航）”综合开发模式。从长远来看，随着国民经济的发展和矿区产业结构调整及市场需求状况的变化，矿区可根据实际情况，进行科学预测和充分论证，最终确定具有经营特色和市场竞争力的主导产业群。

煤炭企业要加大科技投入，在自己的主价值链上形成核心技术；建立完善的现代市场营销体系，为价值链的延伸开拓更广泛的市场空间，把竞争的重点由国内转向国际，进行产业组合和价值链的优化，理顺物资、人才、资金、技术、信息流动渠道，使有限的资源得到有效配置，进而提升资源价值转化率；提高企业管理水平，使企业组织在不断学习中适应快速变化的外部市场环境。

(3) 横向耦合共生产业链的构建。在确定好主导产业链后，根据产业链的“加环”设计（生产环、增益环、减耗环、复合环）、产业链的“解链”设计、“加工环”设计等原理，使各种副产品、各种次级资源实现循环利用。矿区以煤炭和煤系共伴生资源的开采加工作为主导产业链，可横向耦合多条共生产业链。根据煤炭开采生产所排放的废物特征、矿区的资源条件和外部环境，有的矿区可在主导产业链的基础上，延伸出“煤矸石、煤泥—热电厂—热电”、“灰渣、矸石—建材厂—建材产品”、“煤矸石—充填复垦—土地资源”、“矿井水—水处理站—供水”等多条横向耦合共生产业链。

可以看出，通过产业的纵向、横向耦合，各种在业务上具有关联关系的产业链聚集在一起，一个生产过程产生的废物是另一生产过程的生产原料，这些生产过程或产业链依照顺序形成纵横交错、高效率的资源循环利用产业网状体系，既提高了经济效益又从根本上改善了生态环境。

三、煤矿产业链的拓展

在矿区中，矿业是核心产业，关联产业是由矿业废弃物派生出来，通常为废石料加工企业、尾砂综合利用企业，以及利用相关煤产品进一步深加工而形成的相关企业，并以此形成一个工业生态群落。

目前，许多煤炭企业都有自己简单的产业链条，这些简单的产业链条虽然在某种程度上延长了原煤价值链且增加了企业效益。但是，一方面由于链条短而单一，给企业带来的利润没有充分利用；另一方面简单产业链并没有减少排放废物对环境的影响。因此，矿区要实现经济的可持续发展，必须进行产业结构多元化的调整，同时要充分考虑并发挥技术创新的作用。矿区技术创新作用则集中体现在矿区进行产业链外延和内涵延伸的过程中，其实质是煤炭企业成功进行产业链的深化和价值链的升级过程。

1. 矿区外延式产业链延伸

矿区外延式产业链延伸是指在实现矿区产业多元化的过程中，涉入不同于矿区现有经济生产过程和产品以外的其他产业。但这些产业中，有些与矿区现有经济发展存在密切联系，有些产业相对于矿区的现有经济来说，则是全新的产业。我国矿区现有的经济结构显示，矿业经济结构过分侧重于经济的纵向联系，而横向联系则严重不足，造成矿区产业结构抵御市场风险的能力也就相应变得十分脆弱。矿区外延式产业链的延伸作用主要有两个：①通过发展与矿区现有经济存在联系的产业，可以有效地促进矿区现有经济的发展，加强矿区现有产业同其他产业的联系，尽可能地减少市场交易费用，使矿区在外部产业的有效配合下，扩大生产，实现规模效应。②通过这种产业链的延伸，矿区能够涉足新的产业，可以为矿区寻找和培育新的产业，以便使矿区在以矿为主的产业衰退时，这些产业能过渡成为替代产业或新的主导产业，从而为矿区经济的平稳过渡创造条件，实现矿区经济的可持续发展。

从我国矿区目前的实践来看，这种产业链的延伸主要是借助资本运营完成。矿区充分利用资本市场提供的便利条件，通过企业的收购、兼并、参股、入股等多种方式涉入新的产业。在矿区外延式产业链的延伸过程中，矿区技术创新的作用主要体现在其为矿区资本运营所起的基础作用上。矿区通过技术创新，提高了生产效率及产量，降低了生产成本，可以为矿区积累更多的用于资本运营的资本，进而从事资本市场的运营；节约了原有产业的人力资源，这也为矿区从事其他非矿产业创造了条件；提高了矿区的生产规模，相应地提高了矿区进行资本运

营的规模，也扩大外延式产业链的延伸规模。

2. 矿区内涵式产业链延伸

从矿区产品和矿区生产过程着手，延长产业链成为使矿区持续发展的另一重要途径，这种源于矿区原有经济生产的产业链延伸称为内涵式产业链延伸。内涵式产业链延伸，将原属于区外的生产过程合理地引入矿区或者通过技术创新增加矿区的生产过程，提高矿区产品的加工程度，既增加了原有产品的技术含量，也相应增加了产品的附加值，有助于提高和改善矿区经济效益。所以，如果说外延式产业链延伸是为了解决矿区产业链过窄的问题，是从横向解决矿区产业问题，那么内涵式产业链延伸则主要是从纵向着手，解决矿区产业链过短的问题，二者相辅相成。

目前，矿区的内涵式产业链延伸方向主要集中在煤的洁净利用和能源转化方面。矿区的洁净煤技术通过对煤实施筛分、洗选、型煤、配煤等加工过程，降低了煤燃烧时对环境造成的污染，而且也增加了煤产品的价值。矿区通过对原煤的洗选，去掉煤中的有害杂质，并生产出具有各种质量规格的煤炭产品，这样既可以保证煤炭的质量，适应用户的不同需求，经济有效地利用资源，又可以避免煤的无效运输，减少运力浪费。同时，煤矿区的洁净利用还包括利用与煤共伴生矿。加强煤系地层中共伴生矿产资源，如高岭土（岩）、膨润土、油母页岩、石膏等矿物的开发利用，合理地配置生产要素，发展共伴生资源的深加工，对于矿区开拓新的经济增长点、提高经济效益具有重要作用。矿区的能源转化主要集中在煤的焦化、气化和液化方面。煤使用形式的转化技术是目前煤的多用途利用突破的重点。煤气化是液化基础，目前的气化技术主要有三种，即固定床气化、流化床气化、气流床气化，然后再进行相应的液化。这些技术不仅提高了煤的使用价值，而且增加了煤的用途。

以南非的萨索尔公司为例，它是世界著名的煤炭液化和煤化企业，生产的产品包括煤炭、合成燃料和化学品如甲烷、乙烯、乙醇、氢和氮、硝酸和硝酸盐、石蜡等。据该公司测算，原煤经洗选后产值增加 1173 倍，经洗选再焦化后增值 4121 倍，经洗选、焦化、焦油加工后增值 5121 倍。而产品利润增值情况相应的为 113、9173、10157 倍之多。同时，萨索尔公司的实践表明，对煤炭的深加工是十分有利可图的。所以，矿区如果能够在原有矿产品上积极进行技术创新，不仅可以丰富矿区产品结构，而且可以提高矿区产品的附加值和整个矿区的经济效益，同时使矿区产业链得到延伸。

第二节 煤炭产品结构调整沿革

一、我国煤炭工业的现状

我国能源的特点是富煤贫油，这一资源特点决定了中国是以煤炭为主要能源的国家。自1989年中国产煤量突破10亿吨大关后，煤炭的产量和消耗量一直居世界首位。目前，中国煤炭消费主要向电力、建材、冶金和化工四个行业集中，而居民生活用煤量所占比重呈下降趋势。煤炭是一次性能源。由于煤炭生产的开采强度大，机械化程度高，资金投入大，成本高，而电力、冶金、化工等行业，将煤炭转变为二次能源或其他产品后，价格和效益便发生了变化，成为了盈利行业。

中国工业化社会架构的日臻完善，对能源的需求越来越高。专家估计，根据中国资源的特点，在2020年采油高峰过后，新的能源至少要到21世纪中叶才会出现，这期间煤炭作为中国第一能源的地位不会改变。新的世纪、新的形势向煤炭工业提出了新的要求：煤炭企业必须改变单一发展原煤生产的模式，根据市场和环保要求，开展综合开发，努力使煤炭资源能高效、经济、安全、优质、洁净的能源。同时，依托科技进步，开展煤炭的气化、液化，并采用水煤浆替代重油，减少石油进口，保障国家能源安全。

二、我国煤炭产品结构存在的问题

(1) 非煤产业小而分散，抗风险能力差。非煤产业涉及的行业多，投资分散，布点多，项目很难实现经济规模，大多数几乎没有盈利。在市场竞争日趋激烈，各产业集中化进程加快的今天，非煤产业竞争力较差，面临严峻挑战，项目符合国家及有关行业产业政策支持标准的很少。

(2) 产业结构单一，产业关联项目少。从国外实践看，许多大型煤炭企业已经建立前向与后向关联关系，从煤钢联营发展到煤电、煤化工一体化经营。尽管煤炭行业新上了一些坑口电厂、煤化工项目和建材项目，但这些项目还不足以对煤炭工业产业结构的改善和优化起到关键作用。这些项目也缺乏国家产业政策的鼓励和推动。

(3) 产品结构不合理。我国已进入由重工业化过程向高加工度化过程转变，加工度越深，附加值越大。煤炭工业内部结构的演化最终将落实到产品结构的不断升级上来。但是，长期以来煤炭产业追求数量，忽视煤炭质量，重视煤炭产品

结构升级不够。目前，我国原煤洗选比重为25%，大部分商品煤以原煤形式直销，产品结构不合理，产品质量低，对环境污染严重，不但煤炭企业损失严重，还造成外部不经济性。

煤炭工业在我国经济社会发展中居于特殊的地位，是重要的基础产业、传统产业、优势产业和经济支柱产业。煤炭工业在促进区域经济体系形成，带动冶金、机械、化工、电力、建材、交通运输、城市公用事业等的发展，以及为国家经济建设做出了巨大的贡献。

但是，煤炭毕竟不是再生资源，煤炭产业的发展需要以可持续发展为指导思想。因此，必须坚持实施“以经济结构调整为中心，以改革开放为动力，抓好五项创新，实现三个提高”的战略决策，坚持以市场需求为导向，以科技进步为支撑，以培育新的经济增长点为目标，以煤炭洗选加工为切入点，大力推进煤炭经济增长方式的根本转变。

三、调整煤炭产品的结构，实现煤炭产品的综合开发是煤炭企业培育新的经济增长点，推进煤炭经济增长方式的根本转变的基本途径

调整煤炭产品的结构，实现煤炭的综合开发主要包括以下内容：

(1) 原煤经洗选加工后，生产出多品种的系列洁净煤产品。对各生产矿井的洗选煤厂采用重介质选煤技术、高硫煤脱硫技术、自动测控技术等进行技术改造，加大原煤的洗选比例，生产出低灰、低硫的“绿色能源”，以满足市场和环保的要求。

(2) 开展煤炭深加工，如焦煤经洗选后生产炼焦、煤化产品。在今后若干年内，国际焦炭市场看好，需求量增大。而国内的炼焦工业主要集中在冶金工业，大多在大城市，受环境及煤炭资源约束，生产能力不可能大规模扩大。而在矿区发展炼焦和煤化工综合开发，有利于发挥矿区的资源优势，具有较强的竞争力。根据国内外的经验，从事炼焦和煤化工开发，规模越大越有利于综合利用，有利于产品质量的提高。

(3) 用动力煤、洗中煤、煤泥和煤矸石发电。煤炭发电，既是煤炭企业创造经济效益的一个途径，又是将一次能源转换为二次洁净能源的有效办法。

(4) 用矿区的电力，燃料及其他原料生产建材及其他产品。

(5) 采用高新技术，使煤炭气化、液化或转化为水煤浆。

(6) 开采与煤共伴生的矿物及煤层气。

世界主要产煤国家，如美国、德国、原苏联、澳大利亚等国，大都实行煤炭综合开发。比如美国的阿巴拉契亚矿区，20世纪以来曾实行单一煤炭生产，后来在廉价石油的冲击下，煤炭产量下降，矿区陷入困境。1965年，美国国会通

过了《阿巴拉契亚法案》，将该矿区煤炭产量的95%就地转化为电能和焦炭，从而使阿巴拉契亚矿区成为美国最大的煤电基地，取得了较好的经济效益。又如，德国鲁尔矿区，20世纪50~60年代受廉价石油的冲击后，煤矿倒闭、工人失业。政府采取保护煤炭工业的政策后，组成了鲁尔煤矿公司，引导煤炭企业综合开发电力、炼焦、煤化工、钢铁等产品，取得良好的经济效益，使该公司成为德国第四大企业。

煤炭综合开发可以利用煤矿生产原煤，产出的原煤全部入洗，精煤供炼焦，洗中煤供制气（煤气一部分供市民使用，另一部分生产化工产品，其煤化工产品可延伸到塑料、化纤、燃料、医药等各领域），煤矸石发电，电厂炉渣制造水泥等建材。通过煤炭综合开发的途径，既能够使产值增值，又促进生态环境的好转，取得了较好的经济和社会效益。

经验表明，实行煤炭综合开发，一般都能取得好的效益，其优势在于：①有利于矿区的统筹规划和合理布局，给矿区带来整体的经济、社会和环境效益。②有利于矿区资源的综合利用，增加产品附加值，改善经济增长方式。③有利于节支降耗，减少运输、节约运力、降低生产成本。

综上所述，可以看出，矿区煤炭综合开发并达到规模经营，可以使矿区的资源优势转化为经济优势。这是煤炭企业提高煤炭企业经济效益，促进企业可持续发展的一条必由之路。

第六章　可持续发展下的循环经济体系构建

20 世纪 90 年代后，随着环境革命和可持续发展战略成为世界潮流，将清洁生产、资源综合利用、生态设计和可持续消费等融为一体的循环经济战略思想成为环境与发展领域的主流思潮。世界范围内关于循环经济理论及其发展应用的研究也进入了一个新的阶段。

第一节　循环经济相关理论演进

循环经济的出现和发展，有其特定的背景及其不断演进的历程。从总体上看，循环经济的发展演进可分为萌芽阶段和认识阶段，进而至对其概念的界定与内涵的理解。在此基础之上，又进一步逐步展开对循环经济发展的三个层面以及发展过程中应遵循的原则的研究。

一、循环经济理论的演进历程

循环经济理论是经过多阶段的发展演进而来，至今在这方面的理论仍在不断的发展完善。

1. 循环经济的发展演进

为了讨论清楚循环经济理论的发展研究过程，首先需要讨论清楚循环经济本身的发展研究过程。循环经济的发展研究基本上有如下两个阶段：

(1) 萌芽阶段。循环经济的思想萌芽可以追溯到环境保护思潮兴起的时代。早在 20 世纪 60 年代，美国经济学家肯尼思·鲍尔丁就提出了“宇宙飞船理论”，指出地球上的资源不会取之不竭的，应重视循环利用。这个观点可以作为循环经济的早期代表。

循环经济的提出启发了 20 世纪 60 年代末开始的关于资源与环境的国际经济研究。1968 年 4 月，在意大利的“罗马俱乐部”，有人提出了人类经济增长的极限问题，并在研究总报告《增长的极限》中，专门写了《人均资源利用》一节，以说明资源循环问题。

20 世纪 70 年代，循环经济的思想更多地还是先行者的一种超前性理念，人们并没有积极地沿着这条线索发展下去，人们关心的问题仍然主要是末端治理方式，即污染物产生之后如何治理以减少其危害。总体说来，20 世纪七八十年代环境保护运动主要关注的是经济活动造成的生态后果，并没有对经济运行机制本身投入足够的关注。

（2）认识阶段。20 世纪 80 年代，人们注意到采用资源化的方式处理废弃物，思想上和政策上都有所升华。但对于污染物的产生是否合理这个根本性问题以及是否应该从生产和消费源头上防止污染产生，仍然缺少思想上的洞见和政策上的举措。

到了 90 年代，随着可持续发展理论的产生，人们认识到原有经济发展模式的不可持续性是一种以牺牲资源和环境为代价的经济发展，从而积极探索一种可持续发展的经济模式，即一种不降低环境质量和不破坏世界自然资源基础的经济发展。因此，环境整治活动以源头预防和全过程治理代替了末端治理。

人们在不断探索和总结的基础上，提出以资源利用最大化和污染排放最小化为主线，逐渐将清洁生产、资源综合利用、生态设计和可持续消费等融为一套系统的循环经济战略。

2. 循环经济概念的提出及其内涵

（1）循环经济概念的提出。循环经济一词首次正式出现在 1996 年德国颁布的《循环经济和废弃物管理法》（Krw/AbfG）。2000 年日本颁布了《循环型社会推进基本法》和若干专门法，采用了“循环型社会”概念。归结众多研究者的观点，主要是从以下三种角度认识循环经济的：人与自然关系的角度、生产的技术范式角度、经济形态的角度。

第一种角度仅仅是从环境保护、节约资源的一般性角度对循环经济的理解；第二种角度视循环经济为生产技术范式革命，应该说是对循环经济的理解深入了一步；第三种角度则进一步提升到经济形态的高度，认为循环经济既是一种调节人与自然关系的经济发展模式，也是一种生产关系的再调整。对循环经济理解的逐步深化，对于循环经济的理论研究和宏观政策导向都具有积极的作用。

本书认为，循环经济是对物质闭环流动型经济的简称，它是指在人、自然资源和科学技术所组成的大系统内，在资源投入、企业生产、产品消费及其废弃的全过程中，把传统的依赖资源消耗的线性增长的经济，转变为按照自然生态系统的模式设计，合理利用自然资源和环境容量，组织成一个“资源—产品—再生资源”的物质反复循环流动的过程。

（2）循环经济的内涵。①循环经济的基本理论：是把经济系统看成一个以生态系统为基础，以及从生态系统中获取自然资源来支持经济子系统、社会子系统、环境子系统的发展的系统，各系统之间相互作用、相互影响，取得动态平衡。如图 6–1 所示。②循环经济与传统经济的比较。循环经济与传统经济的流程区别，如图 6–2 所示。

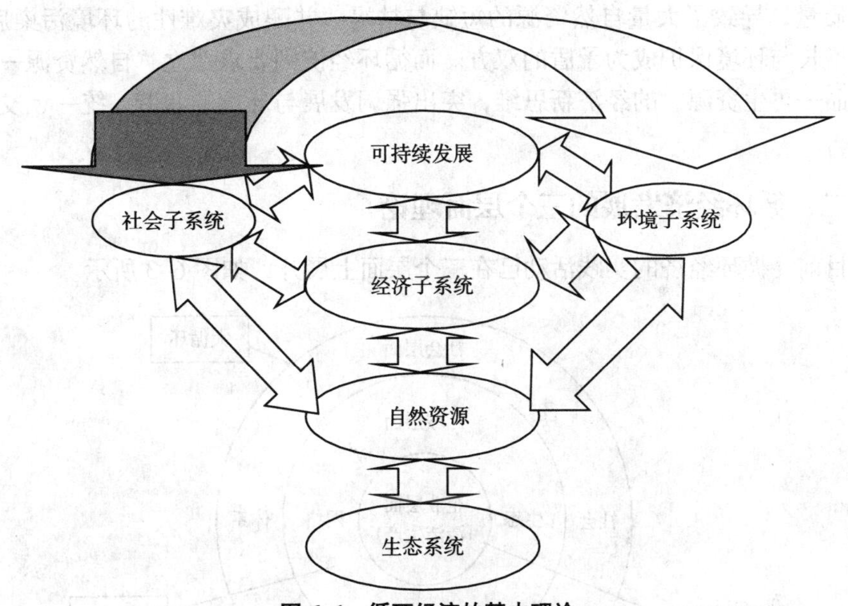

图 6–1　循环经济的基本理论

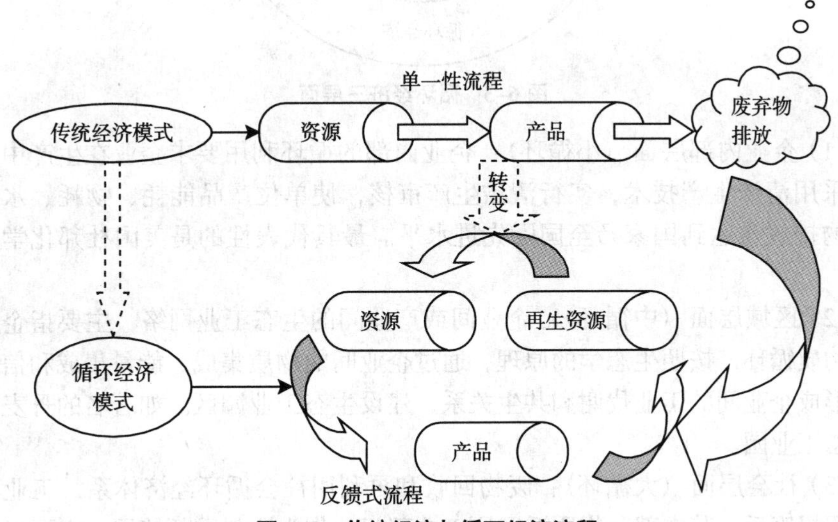

图 6–2　传统经济与循环经济流程

与传统的经济模式相比较，循环经济模式的不同之处在于：①传统经济是由“资源—产品—污染排放”所构成的物质单向流动型经济。而循环经济倡导的则是一种建立在物质不断循环利用基础上的经济发展模式，组织形成一个“资源—产品—再生资源”的物质反复循环流动的过程，是一个闭环流动型的结构。②传统经济通过把资源持续不断地变成废物来实现经济的数量型增长，而忽视了其增长的质量，导致了大量自然资源的短缺与枯竭，并酿成灾难性的环境污染后果，经济增长与环境保护成为矛盾的双方。而循环经济则要求建立“自然资源—产品和用品—再生资源”的经济新思维，突出强调发展与环境的和谐、统一、友好的关系。

二、循环经济发展的三个层面理论

目前，循环经济的实践活动已在三个层面上展开，如图 6-3 所示。

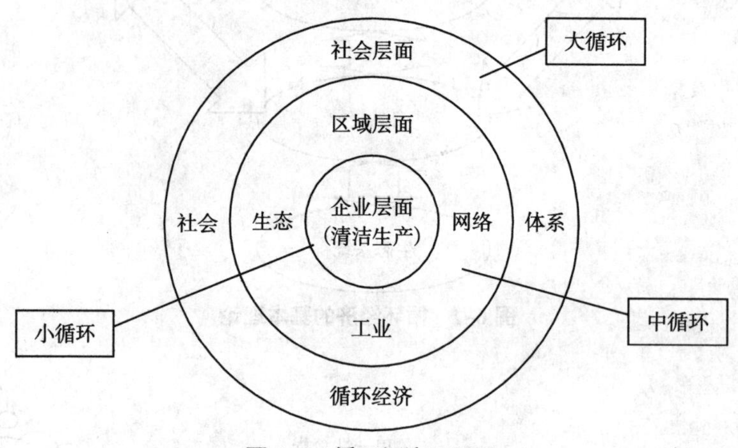

图 6-3 循环经济三层面

（1）企业内部层面（小循环）：企业内部的循环利用要求企业在生产中必须优先采用清洁生产技术，实行清洁生产审核，使单位产品能耗、物耗、水耗及污染物排放量达到国家乃至国际先进水平。最具代表性的是美国杜邦化学公司模式。

（2）区域层面（中循环）：企业间或产业间的生态工业网络，主要指企业之间的物质循环，按照生态学的原理，通过企业间的物质集成、能量集成和信息集成，形成企业间的工业代谢和共生关系，建设生态工业园区。如著名的丹麦卡伦堡生态工业园。

（3）社会层面（大循环）：废物回收和再利用社会循环经济体系，工业产品经使用报废后，其中部分物质返回原工业部门，作为原料重新使用，它可以最大限度地减少对资源过度消耗的依赖，保证对废物的正确处理和资源的回收利用。

三、循环经济发展中的原则

循环经济模式下的生产过程遵循减量化原则、再使用原则和再循环原则，即3R原则见表6-1。

表6-1　循环经济“3R”原则

3R原则	减量化（Reduce）	再使用（Reuse）	再循环（Recycle）
针对过程	针对输入端	属于过程性方法	属于输出端方法
目　的	减少进入生产和消费过程中的物质和能量；从源头节约、控制资源的使用和减少污染物的排放量。	延长产品和服务的时间长度，提高产品和服务的利用效率；产品和包装容器以初始形式多次使用，减少一次性用品的污染。	把废弃物再次变成资源以减少最终处理量，也就是废品回收利用和废物综合利用；再循环能够减少垃圾的产生，制成能源较少的新产品。

资料来源：吴春梅：《循环经济发展模式研究及评价体系探讨》，青岛：山东科技大学，硕士学位论文，2005。

第二节　可持续发展下的循环经济在我国煤炭矿区发展现状

将循环经济原理应用于煤炭企业，改变原有企业发展模式，转而按照循环经济理念来发展企业，有利于挖掘企业实施循环经济的潜力和寻找新的经济增长点，实现企业升级，帮助煤炭企业走上可持续发展道路。然而，在现实的发展过程中也不可避免地会遇到一些困难与阻力。

一、循环经济与煤炭矿区的可持续发展

1. 现阶段我国发展循环经济的必要性

在不同的发展阶段，面对的资源环境问题是不同的。人们普遍认为，我国已经进入重化工业时代。主要发达国家在重化工业时代都是以大量生产、大量消费、大量废弃为特征的，然而，我国已经丧失了用这种模式发展的条件：钢铁、铝、铜、石油等主要生产资料已经不能自给，又遭遇能源“瓶颈”制约，环境也呈现“局部好转、整体恶化”的态势。要在资源、环境约束下保持经济快速增长，必须转变经济增长方式，发展循环经济而成为必然选择。当前我国发展循环经济的首要目的是提高资源利用率，节约资源，缓解经济高速增长和原材料、能

源供给不足之间的矛盾。至于环境问题，是植根于社会经济运行方式的，由于在发展循环经济过程中要求最大限度地将废弃物转化为商品，降低废弃物的产生量和排放量，相应地会减少污染治理投入和环境监管成本，从而起到保护环境的作用。因此，现阶段循环经济首先是一种新的经济增长方式，其次是一种新的污染治理模式。众所周知，煤炭作为我国的基础能源，在国民经济发展中起着非常重要作用，但大量开发和利用煤炭已导致矿区环境容量逐渐缩小，城市及乡村大气污染日益加剧。虽然 20 世纪 70 年代以来，我国重视并加强了环保工作，但从总体上看，矿区环境综合治理进展缓慢。煤矿地表塌陷面积日益扩大，煤矸石堆积占地增加，部分矸石山自燃污染大气，矿区瓦斯排放量大，粉尘浓度高，生态环境恶化的势头没有得到有效遏制。由于煤炭利用不合理，全国平均煤炭利用效率仅为 22%，大气污染 80%以上来源于煤炭燃烧。造成上述状况的一个重要原因是，煤炭企业没有摆脱传统经济思维方式。

2. 循环经济是一种社会经济可持续发展的模式

所谓循环经济社会，是指为了保持一定的生产力水平，需要控制适度的消费，生产所需的资源大部分是可循环的或可再生的。在此模式下，社会不但可以持续地保持大量的生产，而且仅消耗较少量的资源，产生少量的废弃物。因此，循环经济是一种善待生态环境的经济可持续发展模式。

（1）发展循环经济，有助于煤炭企业经营方式由粗放型向集约型转变。①循环经济要求遵守减量化、再利用、再循环三原则，是从一个煤炭企业或一个区域的角度系统地考虑内部资源闭路流动，把相关的资源“投入—产出”看做一个链条的各个环节，用一系列生产加工设计串联起来，成为有经济竞争力的产业链或者产品链，是一系统工程。②循环经济作为一种经济模式，要在遵循自然生态规律的条件下全力追求最大经济效益。③循环经济要求在规划时就考虑资源的循环利用，从源头抓起。

（2）发展循环经济，有助于煤炭企业实现环境与效益目标的“互促互赢”。循环经济就是要让宝贵的自然资源流动起来。通过发展循环经济，把生产中每个阶段的物质资源都尽量做到物尽其用、物尽其能，充分、有效地利用资源，实现资源的优化配置和资源效益的最大化，同时把传统的环境保护从生产的末端向前推进到生产的源头和生产的全过程，实现从原材料到产品全生命周期的有效环境管理，做到用经济活动的形式从事环境保护，提高环境保护的经济效益。

（3）发展循环经济，顺应自然生态运行规律，有助于可持续发展思路的有效拓宽。与传统经济发展模式相比，循环经济的特点是物质资源的循环利用，以物质的闭环流动为特征，运用生态规律把经济活动重构组织成一个“资源—产品—再生资源”的反馈流程，形成对环境资源和自然资源“低度开采，高度利用，低量排放”的两低一高循环利用模式，使经济系统中的资源和能源利用和谐有序地纳入到自然生态系统的物质循环过程之中，从而实现经济活动的生态化。

3. 循环经济是煤炭企业实现可持续发展的必然选择

传统煤炭经济发展模式存在很大的缺陷，仅仅实现了煤炭资源开发利用的第一步，获得了有限的煤炭开采价值，而把比此大得多的煤炭深度开发和使用价值拱手转让给了下游用户，从而使自己一直处于基础的、粗放低效经营的状况和相对从属的、被动的社会及经济地位。发展循环经济，构建新型的煤炭矿区经济结构与模式，走可持续发展之路，是煤矿经济增长方式实现根本转变的有效途径。

（1）煤炭企业具有发展循环经济的现实优势：煤炭企业站在资源开发生产的源头，具有相对自主的资源优势；同时拥有矿产资源、土地资源和水资源的综合资源优势；国家的政策和资金支持；结构调整带来的机遇和人力、场地、基础设施等优势。从循环经济的角度来看，煤炭采掘和洗选加工仅仅是产业链和产品链的起点。煤炭的多种共伴生矿物，乃至受开采损害的土地都是资源，存在着巨大的潜在经济价值。如何变粗放、高投入、高消耗、低产出、重污染的经济发展模式为高效率、集约化的经济发展模式，调整产业与产品结构，是煤矿发展循环经济的内在要求和重要保证。

（2）发展循环经济将为煤炭企业开辟新的经济增长空间。煤炭企业将产业链和产品链适宜延伸，能够带来生产所需资源和能源供给的内部化，污染物的减少，新产业的兴起和就业机会的增加等，都会增强企业的经济实力，提高企业的市场竞争力。

4. 煤炭矿区可持续发展面临的问题

煤炭是不可再生的资源。以开采煤炭而兴起的煤矿企业及矿区，往往会随着煤炭资源的不断开发，由兴起到鼎盛再到衰落，这是客观规律。因此，煤炭矿区可持续发展面临着更多的困难和问题。

（1）资源枯竭，矿区转产困难。长期以来，大部分煤炭企业靠国家财政补贴维持生产及职工生活，没有资金积累，资源枯竭煤矿自身难以退出或进行结构调整，实现产业转移。

（2）绝大多数煤矿处于经济不发达地区，且远离城市，富余人员就业困难，影响社会稳定。

（3）矿区环境综合治理进展缓慢。煤矿地表塌陷面积日益扩大，煤矸石堆积占地增加，矿区瓦斯排放量大，粉尘浓度高，生态恶化的势头没有得到有效遏制。

5. 煤炭矿区发展循环经济的途径

（1）在资源开采环节，坚持洁净生产，提高资源回收率。矿区回收率低是近年来各类煤矿普遍存在的问题。在国有煤矿中，有些矿井片面追求高效率，不顾资源回收情况对厚煤层采取中间掏心式开采，将顶底的煤炭资源放弃不采；还有一些矿井借口设备不配套，对 1.3 m 以下的煤层放弃不采。许多乡镇煤矿没有正规开采设计，采用“高落式”的原始采矿方法，以煤柱代替人工支护，甚至有的以掘进代替回采，资源浪费非常严重。造成现阶段国有重点煤矿、国有地方煤矿、乡镇煤矿的矿井回收率分别为 50%、30%和低于 15%。国家鼓励大型煤炭企业通过收购、控股等方式，兼并中小煤矿企业，通过优化设计，对矿区资源优化配置；通过高新技术和先进适用技术，对矿区落后技术矿井进行技术改造，建设一批高效安全矿井，提高煤矿采掘机械化水平，在提高工作面单产能力的同时，加大边角煤、薄煤层的开采力度；开发矿区内的共生、伴生的铝土、石膏等资源。严格控制生产过程中的废弃物排放。煤炭生产的主要废弃物是矸石和矿井水。在原煤生产过程中，努力杜绝割顶、割底现象，积极采取煤矸分流措施，从生产源头减少矸石割出量；采用煤矸石井下充填技术，减少煤矸石流向地面的数量。推广应用矿井水复用技术，实现矿井水井下的循环利用，最大限度地减少资源开采中的浪费。

(2) 在资源利用环节，采用煤炭综合利用技术，提高资源利用率。长期以来矿区煤炭企业实行单一发展原煤生产，把发电、炼焦及煤化工产品、经营铁路等划归其他行业经营，煤炭行业只能困守在生产煤炭初级产品的阵地，洗煤加工程度也很低。其结果是资源利用率低，产品附加值低。煤炭企业可通过与电力、冶金、建材企业合资合作，发挥煤矿资源优势，发展煤电、煤焦化工、煤电铝联营；积极推进洁净煤技术产业化，鼓励煤矿企业发展煤炭洗选加工、型煤、水煤浆、煤炭液化、气化等产业；大力发展劣质煤发电、煤矸石建材等矿山环保产业。通过合理延伸煤炭产业链，变污染源为新资源，在矿区内进行资源综合开发，达到优化煤炭产业与产品结构，提高行业整体竞争力的目标，实现煤炭资源洁净利用。

(3) 在废物利用和处理环节，强化废弃物无害化处理，改善矿区生态环境。煤矸石是煤炭生产和加工过程中产生的固体废弃物，煤矸石的排放量每年为 1.3 亿~1.5 亿吨，我国煤矸石累计堆存超过 40 亿吨，部分矸石山自燃严重污染了环境。煤炭开采排放的甲烷量约占人类活动排放甲烷总量的 10%。甲烷既是一种高质量燃料又是温室效应气体。我国煤炭工业的甲烷排放量占世界煤炭开采排放甲烷总量的 1/3~1/4。煤矿每年排入大气的甲烷达 80 亿~100 亿立方米。煤炭开采每年排放矿井水 22 亿立方米，已使大量地下水系和河流受到不同程度的污染。煤炭企业可以通过煤矸石发电、煤矸石生产建材制品以及复垦回填等方式，大批量消化煤矸石，减少土地压占，改善环境质量；通过对矿井水的处理，为当地居民、选煤厂、电厂提供生活和工业用水；通过对矿井瓦斯的回收利用，既可以为居民提高洁净能源，减轻甲烷排放造成的温室效应，又可以减少矿井安全威胁。

6. 煤炭企业发展循环经济应注意的问题

(1) 循环技术能否在实践中使用，受到理论、技术和经济可行性等诸项条件的制约。一项循环方案，即使在理论和技术上可行，如果在经济上不合理，即它的成本—效益指标不如非循环方案，那么，在实践中也难以采用或至少难以大规模地采用。这在我国和在世界各国已不乏其例。

(2) 我国已经出台了一系列与发展循环经济相关的生态环境保护、资源保护和综合利用、清洁生产等法律法规和税收减免优惠政策。这为发展循环经济提供了良好的制度环境和条件，煤炭企业应充分利用这些政策促进矿区发展循环经济。

(3) 应当指出的是，发展循环经济是一个十分漫长、系统的过程。西方发达国家以其现有的综合实力，尚且无法建立堪称理想的发展循环经济、建立循环型社会的各项制度，对于还处于发展之中的中国而言，发展循环经济、建设循环型社会，还有很长的路要走。但发展循环经济，建立循环型社会，并不是一个遥不可及的目标。这需要许厂煤矿改变观念，树立资源不断循环利用的循环经济理念；需要彻底转变单纯追求 GDP 的政策目标，建立绿色国民经济核算制度；需要加强政府引导和市场推进作用，建立消费拉动、政府采购、政策激励的循环经济发展政策体系；需要建立循环经济的绿色技术支撑体系等。

二、可持续发展下我国煤炭矿区循环经济理论研究

为破解发展“瓶颈”，煤炭企业将可持续发展作为重要规划，而发展循环经济恰当地对此作了阐释。煤炭企业为了解除经济发展与环境保护的“过结”，实现真正健康协调的可持续发展，作了诸多有益的尝试。

1. 煤炭企业发展循环经济的优势与指导思想

煤炭企业发展循环经济有着自身先天优势，明确发展循环经济的指导思想，发挥煤炭企业特长，循环经济的开展就有了坚实的基础。

(1) 煤炭企业发展循环经济的优势。煤炭企业发展循环经济的优势主要体现在以下三方面：①煤炭企业同时拥有相对自主的资源优势，拥有矿产资源、土地资源和水资源的使用权，具有综合资源优势。煤炭的多种共伴生矿物以及煤炭生产加工中排放的矸石、煤泥、矿井水等，甚至受开采损害的土地都是资源，存在着巨大的潜在经济价值。这种优势是其他行业不可比拟的，它为煤炭企业推行循环经济发展模式提供了资源条件。②煤炭企业处于资源开发生产的源头，具有发展循环经济的行业优势。煤炭工业以煤炭资源开发和初级加工为主业，煤炭采掘、洗选和加工仅仅是产业链和产品链的起点。从循环经济的角度看，煤炭企业可以结合其资源优势，综合利用其领导优势和经验财富，合理延长产业链，获得

新的经济增长点。③国家对企业发展循环经济有着迫切的要求，并给予政策和资金支持，产业结构的调整也带来了新的机遇和人力、场地、基础设施等优势。

(2) 煤炭企业发展循环经济的指导思想。煤炭企业必须树立科学的发展观，以构建生态型工业链为主线，将清洁生产、资源综合利用和废物循环利用等环境无害化技术融合起来，以生态工业园为载体，本着社会、经济和生态和谐发展的目标，努力探索煤炭工业新型的工业化模式，转向生态化、集约型的经济增长模式，走出一条煤炭企业可持续健康发展的道路。

结合煤炭工业实际，可以把煤炭工业实施循环经济总体指导思路概括为，以经济效益、环境效益和社会效益三维整合为目标，以“3R”原则及煤炭工业配套三原则（“就近循环原则”、“高质量循环原则”及“能力配套原则”）为手段，以技术创新、组织创新、管理创新和强有力的政策为支撑，充分发挥市场机制的作用，彻底改变煤炭工业粗放的增长方式，精心设计安排循环经济发展模式和战略规划，使煤炭工业走上健康、稳定、可持续发展的道路。

2. 煤炭企业发展循环经济产业链分析

循环经济产业链设计是运用循环经济原理，模仿自然生态系统，对企业内部产生的污染物进行综合利用，实现物质的闭路循环和能量的梯级利用，以增加资源的生态效率，提高环境效益的企业行为。设计循环经济产业链应从技术、经济和环境三方面进行考虑，技术上尽可能采用先进的技术，经济上企业有利可图，环境上避免企业的外部不经济性，提高企业的环境效益。

产业链的分析和设计主要从产品—企业—园区这三个层次考虑：①园区内的企业是根据产品生命周期分析和环境标志产品要求来开发和生产低能耗、低污染、可循环利用和安全处置的产品。②园区内的企业应通过环境管理体系认证，实现清洁生产和污染零排放。③园区建设要结合地区经济结构特点和园区发展方向，建立高水平、高起点的管理模式。

煤炭工业企业设计和延长产业链，对煤炭资源进行深加工，增加其附加值，获取了经济效益；实现废物的减量化、再利用、资源化和循环，达成环境效益。依托洗精煤，以焦炭作为生态系统中的主要种群，以焦化厂作为产业链中的主要环节，把废物综合利用作为主线，把发电厂作为各个环节能量流动的纽带，设计循环经济产业链，形成了焦炭、甲醇、炭黑、化肥等多种产品结构和以电能、热能发展企业的循环经济产业链体系。其典型构成如图 6-4 所示。

3. 煤炭企业发展循环经济的有效途径

煤炭企业要发展循环经济就要寻找到合适的突破口，而清洁生产是其开展循环经济的有效途径。

(1) 煤炭企业发展循环经济应当从开展清洁生产入手。推行清洁生产是实现

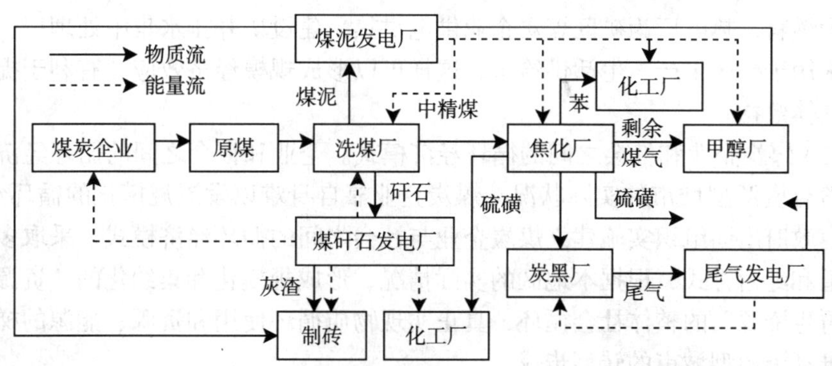

图 6–4 煤炭生产企业典型产业链结构图

资料来源：林积泉、王伯铎、马俊杰等：《煤炭工业企业循环经济产业链设计与环境效益研究》，《环境保护》2005 年第 4 期，第 55~58 页。

循环经济的基本形式，也是发展循环经济的必要条件，它是一种以“源削减和污染预防”为主要特征的环境战略，是环境保护由被动反应变为主动控制的一种根本转变。

清洁生产是一个系统工程，推行清洁生产本身也是一个持续完善的过程，需要不断改进问题，不断提出更新的目标，以达到更高的清洁生产水平。为此，发展循环经济必须从推行清洁生产入手，否则发展循环经济便是一句空话。

（2）在清洁生产的基础上建立循环经济体系。在推行清洁生产的前提下，结合企业自身情况，研究建立企业、区域、社会三个层面上的循环经济模式，需要确定循环经济的主要任务及其所要解决的主要问题。要做到煤炭资源、水资源综合利用及循环利用；废弃物、副产品及余能在循环经济体系中各产业之间的综合利用；减少物质资源、能源的浪费，减少废弃物的直接排放。这些都是煤炭企业开展循环经济的基本要求和重点。

根据煤炭开采生产所有排放的废物特征、矿区的资源条件和外部环境。煤炭生产可以在企业、企业群体和社会三个层面上采取不同的形式来发展循环经济。

（1）煤炭企业的内部循环经济模式。这种方式属于微观层次上的循环经济模式，是厂区内各工艺之间的物料循环。工业场地内配套建设热电厂和建材生产线，矿井开采排放矸石、煤泥等固体废物可以用做电厂的燃料，电厂产生的灰渣作为生产建材的原料，井下排水经过处理后作为供水水源供给矿井和电厂，以达到少排放甚至零排放的环境保护目标。

（2）煤炭企业之间的循环经济模式。这种方式属于中等程度的循环，根据矿井分布情况合理集中布置一定规模的热电厂、建材厂等各种废物综合利用企业，形成共享资源和互换副产品的产业共生组合。矿区内的矸石、煤泥集中供给热电厂作为燃料，热电厂为矿区煤炭企业供电供热，建设矿井排水集中处理厂，处理后出水用于矿区生产、生活供给水，这样可以形成规模经济效应，有利于提高矿区的整体效益。

（3）煤炭企业和社会之间的循环经济模式。企业和社会之间的循环经济模式比较符合资源型城市的实际状况。煤炭企业靠自身难以发展规模化的循环经济，可以由政府出面组织实施建立煤炭企业与社会之间的循环经济模式，采取多种融资渠道和经营方式，根据本地区的实际情况，形成规模化和集约化的“资源—产品—再生资源”的整体社会循环，真正实现物质循环使用和资源、能源的梯级利用，推动资源型城市的转型步伐。

4. 典型的煤炭生产循环经济发展模式

按照循环经济的理论，煤炭开采和原煤洗选加工只是循环经济产业链和产品链的起点。作为煤炭加工过程中排放的煤矸石、煤泥、矿井废水以及开采破坏的土地是可利用的资源，存在着潜在的经济价值。典型的煤炭生产循环经济发展模式如图 6–5 所示。

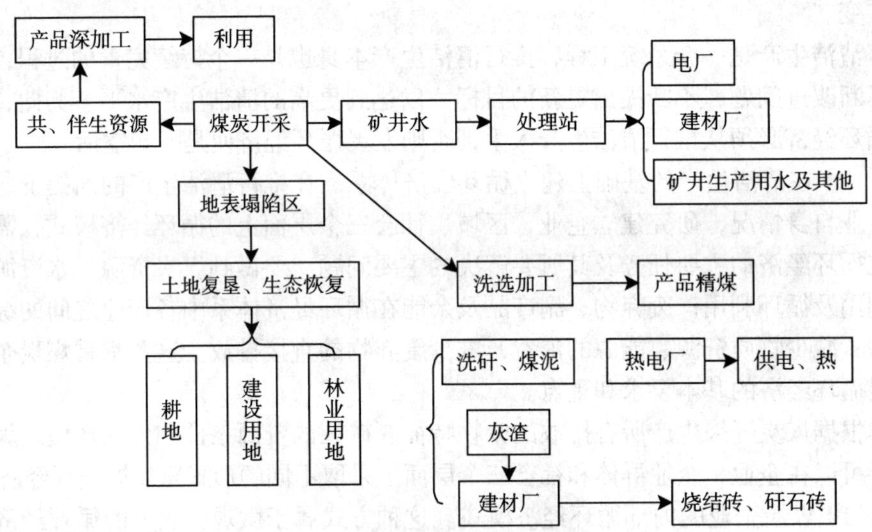

图 6–5 煤炭生产循环经济发展模式

资料来源：贾晓东：《浅谈循环经济在煤炭工业中的发展模式》，《山西能源与节能》2005 年第 2 期，第 28~29 页。

在上述模式中，主导产业链是煤炭和煤系共伴生资源的开采加工。在此基础上，延伸出“煤矸石、煤泥—热电”、“煤矸石—充填、复垦—土地资源”、“灰渣、矸石—建材厂—建材产品”、“矿井水—水处理站—供水”四条产业链。通过各产业链的循环耦合运行，不仅使煤炭生产过程中产生的各种废弃资源得到了再利用，而且还通过资源和能源的梯级利用，在有效地提高企业经济效益的同时改善了环境效益。

三、循环经济在煤炭企业发展中存在问题

发展的过程就是不断地发现问题、解决问题的过程，煤炭企业在尝试循环经济发展模式过程中同样会遇到各式各样的问题。作为解决问题的前提，如何依据循环经济原理挖掘现有实践存在的问题也就显得尤为重要。

为了改变传统煤炭产业的发展模式，解决煤炭开发利用过程中所产生的一系列环境和社会问题，许多矿区都进行了发展循环经济的积极探索。主要体现在以下四个方面：

（1）综合开采，是指开采煤炭资源的同时，将与煤共伴生的矿产品、煤层气、矿井水等多种资源及废弃物统筹规划，综合开采，加工利用。

（2）深度加工，是指对不同煤种、品质的煤炭进行粗加工、深加工或精加工，把煤炭加工成高附加值产品。

（3）高效利用，是指将煤炭开采和洗选过程中产生的废弃物，如煤矸石、矿井水、煤泥、瓦斯和焦化气等进行综合利用，创造出较高的经济效益、环保效益和社会效益。

（4）循环发展，是指对资源低开采、高利用、低排放、高收益，从而提高环境资源的配置效率。

煤炭资源的综合开采、深度加工、高效利用、循环发展是相互依存、相互促进优化配置的过程。从根本上摆脱传统煤炭工业以大量消耗资源、牺牲环境为代价的发展模式，做到煤矿生产经营与矿区人口、资源、环境的协调发展。

煤矿区作为以煤炭开采为主导产业的社区，目前必须以循环经济理念为指导，紧紧围绕资源循环综合利用这个核心，发展矿区循环经济。通过构建基于煤、与煤共伴生资源，以及开发过程中的次级资源的循环利用产业网状链（产业链），才有可能从根本上把握和理解循环经济的发展脉络、指导思想和实现途径；才能更有效地制定出推进循环经济发展的政策、措施和规划；才能带动矿井清洁生产，推进矿区循环经济生态工业园区的形成，逐步走向循环经济之路，实现矿区可持续发展。

第二部分

许厂煤矿可持续发展管理与技术支撑体系实践研究

第七章 许厂煤矿企业发展演进概况

第一节 企业所在地概况

许厂煤矿是淄博矿务局在济（宁）北矿区建设的第一个现代化矿井，因井口最初的设计在矿区内西北方位的许厂附近，故矿名定为许厂煤矿。

许厂煤矿位于济宁煤田的东北部。矿井边界东及东北部以孙氏店断层及煤层露头为界，西及西北部至八里铺断层与岱庄煤矿及何岗煤矿相邻，南到兖新铁路与济宁二号煤矿相连，南北长约10公里，东西宽约6公里，开采范围圈定的面积56.58平方公里，地理坐标为东经116度36分~116度43分，北纬35度24分~35度31分。

许厂井田位于冲积、湖积平原上，地形平坦，地势东北高西南低，地面标高+35.20~+41.44米，自然地形坡度0.04%。辖区内土质肥沃，以褐色土为主。

许厂井田地面河流稀少，水系不很发育，只有两条河流：一条为洸㳮河，位于该区的西部，由北向南流入南阳湖；另一条是其支流杨家河，都属于季节性人工河流。小㳮河位于矿工业广场的北面，是季节性人工挖掘的泄洪沟，水流入杨家河。汛期洸㳮河的最高洪水位标高+39.30米，最大流量400方/秒（1964年9月1日），枯水季节河水减少甚至断流，对矿井威胁较小。该区中心南距南阳湖20公里，最高湖水位标高+36.86米（1957年7月15日）。

许厂煤矿属温带季风区海洋、大陆性气候，气候温和，平均气温13.5℃，最低平均气温月为1月，最高平均气温月为7月。年平均降雨量701.1毫米，降雨多集中于每年的7、8月份。一般春季雨量少，时有春旱。春夏两季多东及东南风，冬季多西北风。详见表7-1许厂煤矿1998~2006年降雨量统计表。

许厂煤矿距济宁市8公里，交通方便，铁路、公路及水路运输都很发达。京沪、京九两大铁路干线分别从矿区的东部和西部经过，新（乡）—菏（泽）—兖（州）—石（臼港）铁路从矿区南侧通过。济（宁）北矿区铁路专用线从矿区中

表 7–1 许厂煤矿 1998~2006 年降雨量统计表

年份	1998	1999	2000	2001	2002	2003	2004	2005	2006
降雨量（毫米）	941.4	601	894.2	304.6	230.7	1110.5	796.7	856.4	764.6

部通过，与兖州西站接轨后直通日照港。矿区东部有京福高速公路和 104 国道经过，北部有日东高速公路经过，105 国道在矿区从矿区西部经过，327 国道从南部通过。京杭大运河由北向南流经济宁市，构成重要的水上运输要通道。此外，还有济北矿区直达淄博老区的客车，方便职工歇班回家，22 路公交车从矿门口直通济宁市区。许厂煤矿交通位置图如图 7–1 所示。

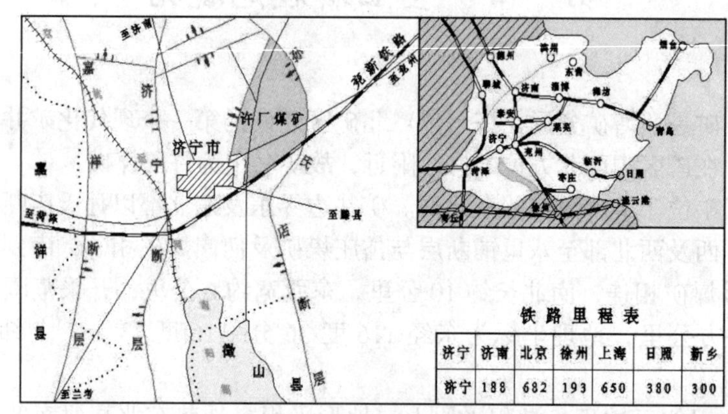

图 7–1 许厂煤矿交通位置

第二节 企业的发展演进

淄矿集团许厂煤矿是经国家计委批准由淄矿集团有限公司建设的目前国内立井开采设计年生产能力较大的一座现代化新型矿井。矿井位于山东省济宁郊区，设计年生产力 150 万吨，现核定生产能力为年产 320 万吨，是集煤、电为一体的现代化大型井工煤矿。

许厂煤矿位于山东省济宁市高新区柳行办事处南营村北首，周边地势平坦，交通便利，公路、铁路、水路运输四通八达。矿区毗邻儒家文化的发源地——孔孟故里，西南距济宁市区 8 公里。矿井属于济宁煤田的一部分，南北长约 10 公里，东西长约 6 公里，井田面积 56.58 平方公里。主要可采煤层为 $3_{下}$、$16_{上}$、17

煤层，煤种以气肥煤为主，具有低灰、低硫、特低磷、高挥发分、高发热量、高灰熔点的特点，主要用做炼焦配煤和动力煤。2006 年探明地质储量 29315.74 万吨，可采储量 9280.6 万吨。

济北矿区许厂矿井原为济宁一号井，1991 年由兖州矿务局转交淄博矿务局作为接替矿井。原国家煤炭工业部南京设计研究院承担了矿井的全部勘察设计工作。矿井由于地质条件变化等因素，多次进行设计修改、方案优化和概算调整工作。

1992 年经国家计委立项后，矿井开始进入筹备时期，但由于日本能源贷款没能尽快启动，工程进展缓慢，4 年时间只完成了矿井工厂征地和部分地面零星工程。1995 年 8 月，淄博矿务局领导班子调整后，把济北矿区作为全局的救命工程来抓。1995 年底第三批日本能源贷款正式启动，国家开发银行开始配备国内资金，全局干部职工和离退休人员又集资 4000 万元，加快了济北矿区建设。

1996 年，许厂矿井以风井开工为标志，进入全面建设时期，到 1997 年底，风井、副井、主井三个井筒全部到底，为井巷工程施工创造了条件。同时，从淄博老矿区抽调人员，组成了以劳务输出为主要用工形式的职工队伍，从日本和德国分别引进综掘、综采机组，抓紧人员培训、设备安装等基础工作，到 1998 年 9 月底，形成提升、通风、供电、排水、运输等系统，首个采煤工作面 1301 面试运转一次成功。10 月 10 日，许厂矿井正式移交生产管理。

许厂矿井原设计能力 150 万吨，同期建设的还有选煤厂和运煤铁路专用线。投产后，围绕实现高产高效目标，重点对主、副井及选煤厂进行提升、运输、洗煤等环节改造，提高了生产及加工能力。2002 年原煤产量突破 300 万吨，2004 年达到 355 万吨，创出历史最高水平。2005 年，经山东省煤炭工业局评估，核定生产能力 320 万吨。1999 年至 2006 年共生产原煤 2252 万吨，入洗原煤 867.13 万吨。

许厂煤矿生产全部采用机械化，采掘大型设备共有 30 台套。自试产应用综采机组起，不断调整生产组织，完善回采工艺，充分发挥设备运转效能，完成了提产目标。2004 年，根据 430 采区地质条件变化，应用一次性采全高支架，原煤生产效率达到 15.60 吨/工，原煤回收率达到 87%以上，高产高效矿井得到持续发展。2006 年，改变工作思路，力求稳产高效，按照综采施工标准，加强现场管理，优化布局，大小面合理配采，生产实现集约化。同时，增加掘进力量，改进施工装备，加强设备维修，实施快速掘进技术。到 2006 年底，530 采区两条主要大巷基本完成，330 采区由两条下山施工转入平巷开拓，-400 水平形成通风、运输系统和临时排水、供电系统。

许厂煤矿在实现稳产高效的同时，不断推进节能减排工作，先后对井上、下皮带运输系统进行变频改造，并淘汰高耗能变压器，应用无功补偿装置，采用新技术建成矿井水深度处理设施，处理后的矿井水用于降尘、绿化等及井下生产环节，矿井水资源得到合理开发利用。建下条采保护煤柱用矸石置换式开采，既减轻矸石地面污染，又解放出建筑下部分压煤，矿区清洁、节约发展水平进一步提升。

矿井投产以来，认真贯彻落实国家、省、集团公司安全指示精神，深化“双基”建设，开发利用信息技术和科技成果，推行安全教育五项制度、“三违”比率考核、四个时段小分队查岗制度和安全积分制考核，实施安全、质量、生产任务“四三三”结构工资，从根本上改变了重生产轻安全的观念。现场不断加强顶板、运输、机电、通防等安全重点管理，把预防火灾当做安全工作的重中之重，制定实施一系列防火措施，防止煤炭自燃，巩固了安全工作稳定发展的良好局面。

在企业管理方面，建立和完善了区队、部室及各工种岗位人员责任制，成立审计机构，重点加强财务、工资、供应、运销和后勤等部门管理。实施物资超市管理、IC 卡提煤、材料标准成本管理，堵塞了管理漏洞；出台工资管理规定，改革分配制度；完善用工体制，调动了职工的工作积极性，经济效益连年攀升。

许厂煤矿构建基础通信设施，加快了信息化建设。先后建立和完善调度指挥中心、机电监测监控中心和通防监测监控中心，建设远程监控信息网络，增强了对各类突发问题和事件的应急处理能力。2006 年，建设以 1000M 西门子工业以太网环网为传输平台的地面底层控制网，将 110 千伏变电所监控，主副井提升、提风机监测等七个子系统集成一体，监管自动化工作取得新进展。

按照“投产之际就是非煤上项之始”的要求，1999~2000 年，先后建立起了综合加工厂、矸石热电厂和煤化工中试项目，非煤发展初具规模。热电厂两台机组投入运行后，通过加强内部管理。截止到 2006 年底，共发电 42480 万度，实现利润 2146.62 万元。

2001 年，矿设专人负责外事协作工作，2002 年初，外事协作办公室成立，通过超前做工作，把地企之间出现的各种问题消灭在萌芽状态。对因开采造成的房屋斑裂、地面塌陷、河道治理等具体事项，按照上级规定，经过协商及时给予补偿；对涉及侵害企业利益的重大问题，运用法律手段予以解决；企业还尽最大努力支援了当地农村建设及教育事业发展，融洽了地企关系。

经过全矿上下的共同努力，从 2000~2003 年先后通过 ISO9001 质量管理体系认证、ISO14001 环境管理体系认证和 OHSMS18001 国际职业安全健康管理体系认证，形成了运用先进模式全面管理的整体构架。

建矿以来，中国共产党的组织及工会、共青团、女工等群众组织不断发展壮大。1998 年 10 月，全矿共有党员 79 名，工会会员 89 名，团员 21 名，女工 8

人。到 2006 年，矿党委下设 21 个支部委员会，党员 264 名；矿工会下设 22 个车间工会，会员 1291 名；矿团委下设 19 个团支部，团员 268 名；矿女工委员会共管理女工 68 人。

全矿各级党组织紧紧围绕党的路线、方针和政策，加强自身建设，开展先进性教育，全面落实科学发展观，促进了矿区和谐、稳定、持续、健康发展。从 2002 年起，矿党委以“铸魂、立标、固本、塑型”为主题，将企业文化建设推进到新的发展阶段。全面推行以人为本的 REC 精细控制管理模式及强化员工行为，养成“6S”标准。2006 年成功承办了中煤企业文化淄矿行活动，许厂煤矿企业文化建设成效得到了中煤政研会及集团公司的高度肯定。建矿以来，编制一系列具有许厂煤矿特色的企业文化建设书目，推出了《打造特色文化力，建设高标准文明煤矿的探索与实践》等一批文化创新成果，提升了企业管理层次。

2000~2006 年，许厂煤矿共召开过 8 次职工代表大会，企业民主管理得到发展。工会组织每年开展文体娱乐活动和爱心捐款活动，到 2006 年共捐款 6.8 万元，让职工感受到了企业大家庭的温暖。共青团组织贴近基层，贴近实际，坚持思想引导和精神鼓励双措并举开展青工教育，其先进做法在 2006 年集团公司青工教育经验交流会上受到上级领导的充分肯定。女工组织认真落实计划生育政策，按时组织查体，维护了女工的合法权益。

许厂煤矿共有一对生产井口，辖机关部室 19 个，地面单位 7 个，井下生产区队 12 个。1998~2006 年吸纳技校以上学历的人员共 806 人参与到矿井生产建设中来，从管理层面到生产一线，人才梯队式发展形成规模。输送年轻有为的职工进入大专院校深造，支持职工业余自学，共有 116 人取得大学以上学历证书。2002 年在区队增设主管技术员一职，选聘学有所成的大中专生走上管理岗位，促进了人才快速成长；举办全员军训，创建学习型组织，实施技能提升工程，职工整体素质逐年提高，造就出一大批技能型人才。建矿以来，以承建制班组调往葛亭、唐口、亭南共 66 人，零星调往济北其他矿井 15 人，支持了兄弟矿井的发展。此外，许厂煤矿还向集团公司及济北等新矿区输送了一批优秀管理人才。

随着生产的发展，职工群众收入有了明显提高，1999 年人均工资 12597 元，2004 年人均工资比 1999 年提高 13049 元，2006 年人均工资达到 36923 元。矿井、部室和区队及员工个人靠一流的工作业绩，赢得了各种荣誉。许厂煤矿有 30 次获省部级以上荣誉称号，13 个部室及区队 44 次受到上级的表彰，有 1 人次获全国“五一”劳动奖章，5 人次被评为全国煤炭优秀矿（厂、队）长。

建矿以来，每年都组织一次全员查体，做到有病早治，无病预防。自 2002 年开始，全员发放生日餐券。2005 年和 2006 年，在地面建设机械装料仓，在井下安设助行器、架空乘人器，减少了职工不必要的体力付出；改造职工浴室，安装保健设施，实行社会化服务，浴室面貌焕然一新；增加饭菜花样品种，保证质量，职工食堂管理和服务水平进一步提高；逐步优化居住条件，到2006年底，全矿住房总面积达到16235平方米，提供基本生活用具，实行公寓化管理，住宿环境有了明显改善。

从建矿开始，实施生态文明建设，逐年增加绿化面积，改换植被品种，至2006年矿区可绿化覆盖率达到100%，并配置篮球场，安设体育器械，修建石墙瀑布，建造假山喷泉及休憩小园林，营造了人与自然和谐发展的矿区环境。

第三节 可持续发展下的资源、环境条件

一、矿井的地质状况

1. 地质构造

许厂煤矿是国内第一个集煤、电为一体的现代化煤矿。煤矿投产初期的思路是要以煤炭开发为中心，形成煤、电厂、煤化工三大非煤战略支柱产业。2001年一期工程基本建成，完成电厂立项，电厂实现试运行。

许厂矿区位于南北向的济宁地堑构造内，孙氏店断层构成矿井的东部及东北部边界。由于受区域性构造的控制，致使区内发育一组走向北东、向南西倾伏的宽缓褶曲及走向近南北的西倾高角度正断层组，使煤系地层向西呈阶梯式下降，构造类型属中等，局部偏复杂或偏简单。

在矿井的中、南部，地层产状变化较小，其走向一般北东30度左右，孙氏店支2断层西侧则东倾，孙氏店支2断层以东则西倾，地层倾角一般2~8度。在矿井的北部，由于受次一级褶曲的影响，致使地层走向变化较大，即北东~南北~北西向，地层倾角变化较大，局部块段地层倾角达20~32度。

矿井内褶曲可分为两组，一组北东向褶曲，一组北西向褶曲。以北东向一组为主，该组褶曲延展距离长，是区内主要构造组，控制着本区的构造形态。北西向褶曲组主要发育在矿井北部，属次一级褶曲，延展距离短，对矿井构造影响较小。但在两组褶曲的负向叠加处便形成较深的轴陷，在正向叠加处便形成较高的轴垒，在两组褶曲的正向与负向叠加处则使地层产状发生急剧变化。

区域性大断裂对矿井内的断层起着明显的控制作用，矿井内断层不论是在方向上还是在形成时间、形成次序上均与区域断裂一致，具有区域断裂的特点。断层大致分为北东向、近南北向和北西向三组，北东向一组较早，近南北向次之，

北西向较晚。矿井内共查出落差大于 20 米的断层 27 条。

矿区尚未发现岩浆岩及岩溶陷落柱。

2. 可采煤层

矿井可采或局部可采煤层共 5 层：自上而下有 $3_{上}$煤层、$3_{下}$煤层、$15_{上}$煤层、$16_{上}$煤层、17 煤层。$3_{上}$煤层成煤时期为二叠纪，位于山西组的中上部，煤层厚为 0~1.60 米，全区平均厚 0.25 米，由于在原始沉积时成煤条件不利，致使区内大部分地区沉积缺失或不可采；$3_{下}$煤层成煤时期为二叠纪，位于山西组的下部，煤层厚度大，埋藏浅，储量丰富，是主采煤层，厚度 0~8.17 米，平均厚度 2.75 米；$15_{上}$煤层成煤时期为石炭纪，位于太原组的中部，煤层厚度 0~1.41 米，平均厚度 0.64 米，达到可采厚度的范围呈零星分布；$16_{上}$煤层成煤时期为石炭纪，位于太原组的下部，煤层厚度 0.42~2.52 米，平均厚度 1.40 米，结构较复杂，含夹石 0~3 层；17 煤层成煤时期为石炭纪，位于太原组下部，属稳定煤层，厚度 0.60~1.89 米，平均厚度 0.93 米，结构简单，含夹石 0~1 层（详见图 7–2）。

二、矿井的煤炭资源储量及变动状况

1. 煤炭资源储量

根据山东煤炭地质工程勘察研究院各勘探阶段地质资料统计，截至 1998 年 12 月底全矿井地质总储量 31222 万吨，其中工业储量 13513.30 万吨，可采储量 8263.40 万吨，全部为 $3_{下}$煤层储量（见表 7–2）。

截止到 2006 年底，许厂煤矿保有资源储量 26962.60 万吨，主要包括气煤 11589.20 万吨，气肥煤 15373.40 万吨。其中，基础储量 15318.70 万吨，资源量 11643.90 万吨（见表 7–3）。

2. 煤质

许厂煤矿主采 $3_{下}$煤层煤质优良，具有低灰、低硫、特低磷、高挥发分、高发热量、高灰熔点的特点，主要用做炼焦配煤和动力煤。配采的 $16_{上}$、17 煤层煤质具有特低灰、高硫、特低磷、高挥发份、高发热量、以低熔为主的低~高灰熔点的特点。可采煤层主要原煤指标如表 7–4 所示。

3. 煤层特征

许厂矿区下二迭统山西组共含 2 煤、$3_{上}$煤、$3_{下}$煤三层煤，其中 $3_{上}$为局部可采煤层，3 下为主要可采煤层，上石炭统太原组共含煤 22 层，其中 $16_{上}$、17 煤层为可采煤层，$15_{上}$煤层为局部可采煤层。可采煤层厚度、结构、稳定性及其控制情况如表 7–5 所示。

4. 煤炭利用及伴生资源

许厂矿井除了煤炭储量丰富外，还伴有附生矿层，其中奥陶系石灰岩可作为

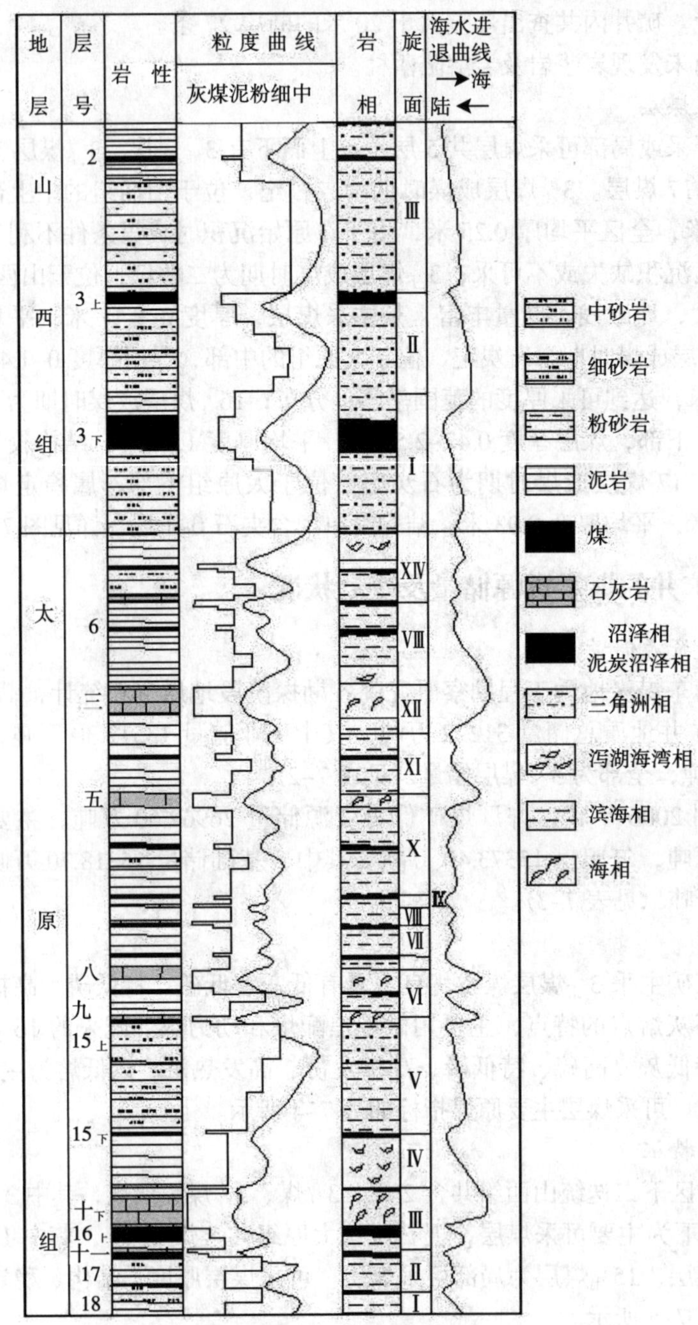

地层
层号
岩性
粒度曲线
灰煤泥粉细中
岩相
旋面
海水进退曲线
→海
陆←
山西组
太原组
2
3上
3下
6
三
五
八
九
15上
15下
十下
16上
十一
17
18
中砂岩
细砂岩
粉砂岩
泥岩
煤
石灰岩
沼泽相
泥炭沼泽相
三角洲相
泻湖海湾相
滨海相
海相

图 7-2 岩性岩相

表 7–2 1998 年末矿井储量汇总

单位：万吨

分区	水平	煤类	煤层	地质储量	能利用储量					暂不能利用储量				
					合计 A+B+C	工业储量				合计 A+B+C+D	A	B	C	D
						A	B	A+B	C					
全矿总计				31222.0	13513.3	4801.1	3871.1	8672.2	4841.1	17708.7	4841.7	4442.6	7890.5	533.9
全矿井	一水平	气煤	小计	14441.9	13513.3	4801.1	3871.1	8672.2	4841.1	928.6	—	—	616.5	312.1
			$3_{上}$	399.0	—	—	—	—	—	399.0	—	—	86.9	312.1
			$3_{下}$	14042.9	13513.3	4801.1	3871.1	8672.2	4841.1	529.6	—	—	529.6	—
	二水平	肥煤	小计	16780.6	—	—	—	—	—	16780.6	4841.7	4442.6	7274.0	221.8
			$15_{上}$	1541.8	—	—	—	—	—	1541.8			1320.0	221.8
			$16_{上}$	8795.4	—	—	—	—	—	8795.4	2693.6	2608.1	3493.7	—
			17	6442.9	—	—	—	—	—	6442.9	2148.1	1834.5	2460.3	—
	一水平	气煤	$3_{下}$	3552.7	3309.7	—	706.9	706.9	2602.8	243.0	—	—	243.0	—
	二水平	肥煤	小计	2456.8	—	—	—	—	—	2456.8	—	590.3	1866.5	—
			$15_{上}$	271.1	—	—	—	—	—	271.1	—	—	271.1	—
			$16_{上}$	1271.7	—	—	—	—	—	1271.7	—	293.5	978.2	—
			17	914.0	—	—	—	—	—	914.0	—	296.8	617.2	—

表 7-3 2006 年底许厂煤矿保有资源储量汇总

单位：万吨

煤层	煤类	储量				基础储量					资源量				总资源储量
		合计	111	121	122	合计	111b	121b	122b	2M11	合计	2S11	2S21	2S22	
3上	气煤	—	—	—	—	—	—	—	—	—	399.0	—	—	399.0	399.0
3下		3689.5	3689.5	—	—	5873.5	5424.9	—	—	448.6	5316.7	5316.7	—	—	11190.2
小计		3689.5	3689.5	—	—	5873.5	5424.9	—	—	448.6	5715.7	5316.7	—	399.0	11589.2
15上	气肥煤	—	—	—	—	—	—	—	—	—	1488.7	—	—	1488.7	1488.7
16上		3347.3	—	2472.7	874.6	5558.6	—	4225.5	1213.6	119.5	2517.2	575.8	11.8	1929.6	8075.8
17		2243.8	—	1871.8	372.0	3886.6	—	3175.8	617.2	93.6	1922.3	406.1	6.9	1509.3	5808.9
小计		5591.1	—	4344.5	1246.6	9445.2	—	7401.3	1830.8	213.1	5928.2	981.9	18.7	4927.6	15373.4
合计		9280.6	3689.5	4344.5	1246.6	15318.7	5424.9	7401.3	1830.8	661.7	11643.9	6298.6	18.7	5326.6	26962.6

表 7-4　可采煤层主要煤质指标

项目 \ 煤层		3上	3下	15上	16上	17
水分 Mad（%）	原煤	0.68~3.28	1.19~3.37	1.03~2.60	0.80~2.24	1.24~2.54
		2.46（12）	2.36（55）	1.93（35）	1.71（73）	1.88（58）
	精煤	1.85~2.92	1.48~3.04	1.35~2.70	1.07~2.44	1.18~2.69
		2.49（12）	2.44（55）	2.06（32）	1.78（74）	1.91（58）
灰分 Ad（%）	原煤	11.58~39.34	9.07~24.55	7.17~32.54	5.26~24.53	3.79~21.87
		22.72（12）	13.78（55）	13.88（34）	12.50（74）	10.07（57）
	精煤	5.95~9.80	4.29~8.55	3.38~8.58	2.48~8.74	1.93~5.69
		7.80（12）	5.98（55）	5.37（32）	4.50（74）	3.21（57）
挥发分 Vdaf（%）	原煤	37.92~48.11	32.14~40.96	39.82~45.07	40.05~47.72	41.91~46.22
		40.94（11）	36.53（51）	42.64（33）	43.70（72）	43.90（56）
	精煤	38.69~41.86	34.90~43.93	40.76~46.28	42.29~46.52	42.61~46.78
		40.38（12）	38.32（54）	43.32（32）	44.34（73）	44.48（58）
全硫 St，d（%）	原煤	0.61~1.70	0.36~0.96	1.92~7.61	2.52~6.91	2.26~7.20
		1.12（12）	0.53（54）	3.51（33）	3.64（69）	3.70（57）
	精煤	0.60~1.20	0.33~0.75	1.31~2.83	2.51~4.14	2.02~3.62
		0.92（10）	0.49（51）	1.83（31）	3.06（69）	2.67（57）
磷 Pd（%）	原煤	0.002~0.008	0.004~0.038	0.001~0.009	0.002~0.011	0.002~0.009
		0.004（5）	0.016（12）	0.003（10）	0.005（17）	0.004（10）
	精煤	0.001~0.003	0.001~0.022	0.001~0.003	0.001~0.004	0.001~0.006
		0.002（4）	0.06（24）	0.002（15）	0.002（23）	0.002（24）
发热量（MJ/kg）	Qb，ad	20.50~29.56	24.18~30.63	25.58~31.87	24.53~32.78	25.41~33.40
		25.88（9）	28.41（40）	29.40（26）	29.61（50）	30.83（40）
	Qgr，d	20.46~30.15	24.73~31.07	25.40~32.29	24.33~32.87	25.55~33.73
		26.40（9）	29.01（40）	29.63（26）	29.74（50）	31.04（40）
黏结指数 G_{RI}		67.8~88.4	43.5~86.3	71.1~95.7	90.4~103.0	91.9~99.9
		76.7（8）	71.4（43）	88.0（23）	96.7（55）	96.8（45）
胶质层厚度 Y（mm）		11.0~17.0	8.5~16.0	14.5~31.0	22.0~36.0	21.0~34.0
		13.7（9）	12.4（52）	21.2（29）	27.8（69）	27.0（57）
焦油产率 Tar，d（%）		10.72~12.25	8.86~12.91	12.68~17.92	13.85~18.68	14.49~18.97
		11.48（2）	11.27（15）	15.64（8）	15.81（21）	16.62（20）
灰熔融性 ST（℃）		>1500（2）	1320~>1500	1085~1250	1065~1380	1060~1225
			>1443（17）	1142（7）	1230（21）	1151（16）

表 7–5 可采煤层一览

<table>
<tr><th colspan="2" rowspan="2">煤层名称</th><th colspan="6">煤层</th><th colspan="3">夹石</th></tr>
<tr><th>最小~最大
平均</th><th>煤厚变异系数（%）</th><th>可采性指数（%）</th><th>稳定性</th><th>结 构</th><th>层数</th><th>含夹矸的煤层（%）</th><th>主要岩性</th></tr>
<tr><td colspan="2">3 上</td><td>0~1.60
0.25</td><td>151.40</td><td>13.92</td><td>不稳定</td><td>简单</td><td>0~2</td><td>22</td><td>泥岩
炭质泥岩</td></tr>
<tr><td rowspan="2">3 下</td><td>全矿井</td><td>0~8.17
2.75</td><td>85.80</td><td>69.47</td><td>不稳定</td><td>较简单</td><td rowspan="2">0~3</td><td rowspan="2">30</td><td rowspan="2">粉砂岩
炭质泥岩</td></tr>
<tr><td>首采区</td><td>2.39~8.17
5.10</td><td>29.51</td><td>100.00</td><td>较稳定</td><td>较简单</td></tr>
<tr><td colspan="2">15 上</td><td>0~1.41
0.64</td><td>31.99</td><td>39.58</td><td>不稳定</td><td>简单</td><td>0~1</td><td>5</td><td>炭质泥岩
泥岩</td></tr>
<tr><td colspan="2">16 上</td><td>0.42~2.25
1.40</td><td>27.94</td><td>98.65</td><td>稳定</td><td>复杂</td><td>0~3</td><td>55</td><td>炭质砂岩
泥岩
黏土岩</td></tr>
<tr><td colspan="2">17</td><td>0.50~1.89
0.93</td><td>16.77</td><td>95.71</td><td>稳定</td><td>简单</td><td>0~1</td><td>25</td><td>粉砂岩
泥岩</td></tr>
</table>

冶金和水泥工业原料使用。由于煤灰中二氧化硅含量高，还可以从煤灰中提炼石英砂来制造水玻璃。铝土岩在本区内有少数钻孔发现，但厚度小，且多相变为泥岩。据岱庄煤矿资料，含铝量低，铝硅比均小于 1，无工业开采和使用价值。

从 1998 年 10 月到 2006 年底，矿井保有资源储量中，动用量共计 2359.11 万吨，开采量达 1790.58 万吨（详见表 7–6）。

表 7–6 1998~2006 年许厂煤矿保有资源储量汇总

单位：万吨

年份	1998	1999	2000	2001	2002	2003	2004	2005	2006	合计
动用量	6.22	96.6	228.6	273.5	288	390.7	419.52	365.37	290.6	2359.11
开采量	5	73.5	179.2	226.5	247.1	279.1	281.65	256.33	242.2	1790.58
损失量	1.22	23.1	49.4	47	40.9	111.6	137.87	109.04	48.4	568.53

第八章　可持续发展下的许厂煤矿企业环境保护状况

第一节　企业生产状况及环保运行机制

许厂煤矿位于济宁煤田的东北部，属山东省济宁市任城区所辖。许厂煤矿与周边的济宁、邹城、兖州、曲阜和滕州都有便捷的公路相连接，并且上述几个城市也都通过京沪、京九铁路与外界连接起来。另外，许厂煤矿同这几个城市又保持了一定的距离，并没有位于靠近市区的位置。因此，许厂煤矿所在地比较远离人口密集的城市居民区，从企业对市区正常的生活影响来看，在一定程度上降低了生产过程中有可能产生的废气、废物等对周边居民和环境造成的不良影响。

许厂煤矿的煤炭品种为优质气肥煤，具有低灰、低硫、低磷、高发热量、高挥发分等特点，是优质炼焦配煤和动力煤。

许厂煤矿的主要生产设备均由国外引进，技术和装备属世界一流，矿井采煤综合机械化程度达100%。生产系统设计上主要特点有：井下主要运输巷道沿煤层倾斜方向布置在煤层中，采用采区前进式、工作面后退式开采；生产工艺采用分层开采和综采放顶煤开采工艺；采用走向长壁综采单轮间隔放顶煤一次采全高，全部垮落采煤法。

许厂煤矿的煤炭品种属气肥煤煤种，具有低灰、低硫、低磷、高发热量等特点，灰分可控制在6%以下，适用于大型发电厂的动力煤以及用于冶金生产的炼焦配煤。目前，许厂煤矿主要产品1号精煤、纯精煤、4号精煤、块煤、原煤、中煤的质量规格如表8-1所示。

许厂煤矿矿井井下排水的特点是矿化物高、悬浮物多、化学需氧量高，以无机煤粉和岩粉污染为主，属无机、无毒、污染轻微的废水，经一般混凝沉淀处理即可达到《污水综合排放标准》中的二级标准值和《南四湖水污染物排放标准》一级标准值，可用于工业生产用水，能够做到矿井水治理与资源化相结合。井下

表 8-1 许厂煤矿煤炭质量规格

类别	硫分（%）	灰分（%）	热值（兆焦/千克）	是否经洗选	主要用途
1 号精煤	0.5	12，平均 12	26~28，平均 26.58	是	发电用煤
纯精煤	0.5	8~9，平均 8.5	26~28，平均 26.8	是	炼焦
4 号精煤	0.5	17~20，平均 18	24~26，平均 25.3	是	电力
块煤	0.5	8~10，平均 9	24~26，平均 25.5	是	电力
原煤	0.55	21~34，平均 28.15	24~26，平均 21.0	否	电力
中煤	0.58	30~45，平均 38	18~22，平均 20.1	是	电力

资料来源：许厂煤矿统计资料。

排水水质成分见表 8-2。

表 8-2 许厂煤矿井下水水质（mg/L）

项目	pH	BOD_5	COD	氨氮	硫化物	SS	六价铬	油类
指标	8.8	15.4	115	0.35	0.01	110	0.003	0.44

资料来源：许厂煤矿统计资料。

矿井矸石种类主要包括井下掘进矸石和选煤厂水洗矸石以及部分拣矸。

许厂煤矿建井期间矸石的排放量约为 50 万吨，生产期间每年排出矸石量约为 39.4 万吨。其矸石的主要成分可参见表 8-3。

表 8-3 煤矸石主要化学成分

矸石成分	SiO_2	$A1_2O_3$	Fe_2O_3	CaO	SO_2
大槽煤（$3_下$）掘矸	58.25	15.29	1.68	1.08	0.83
大槽煤（$3_下$）拣矸	60.97	19.54	0.69	0.15	0.26
大槽煤（$3_上$、$3_下$）洗选矸	58.70	20.14	0.37	0.77	0.46
小槽煤（16、17）掘矸	57.16	20.34	1.93	1.15	0.96
小槽煤（16、17）洗选矸	61.59	19.77	1.07	0.84	0.61

资料来源：许厂矿统计资料。

1998 年 9 月，许厂煤矿成立环保工作领导小组。2005 年 11 月，成立了资源节约工作领导小组，由矿长任组长，其他班子成员为副组长，机电矿长具体分管资源节约、环境保护工作，并成立了环境保护、资源节约办公室，由机电科专人负责具体节能减排工作，定期协调、监督、检查各单位清洁生产、节能降耗工作情况。能源和环保统计工作分别由技术中心、机电科负责，并向地方部门呈送上报相关报表，形成了规范的管理运行机制。

根据上级能源管理、环境保护政策法规，以及矿与济宁市政府签订的节能目标责任书和环保任务要求，结合矿实际，制定了《用电管理考核规定》、《节能管理办法》、《环境保护管理办法》、《关于积极推进清洁生产的实施计划方案》、《关于垃圾分类及垃圾箱使用管理规定》、《油脂管理办法（试行）》、《回采率考核奖惩制度》、《资源节约考核制度》等文件，严格按照制度规定奖惩。相关单位根据各自的节能指标、环保任务要求，分解细化指标任务，将责任落实到班组和个人，严明奖惩，保证了节能减排指标的完成及工作的全面实施。

第二节　许厂煤矿煤矸石等废物利用开发与节约规划

根据综合利用、化害为利的原则，矿井建设期间排出的矸石主要用于回填工业场地和作为场外公路、铁路的路基材料，生产期间的矸石，首先从其中选出其可燃部分破碎为低质燃料，供矿电厂沸腾炉发电，以广开能源；对不可燃部分用作充填井下置换开采巷道，剩余部分充填矿井开采形成的塌陷区，复地造田和植树绿化。矿井工业场地的锅炉灰渣和其他工业固废可同矸石一同处理。

根据井下排水水质特征及复用水的用途构想，设计采用机械加速澄清池作为处理井下排水的主要构筑物，矿井水处理站的处理规模为 1 万立方米/天。矿井水经井底水仓沉淀后，由排水泵排至地面量水池，经初沉淀池、调节水池进入处理站。

许厂煤矿井安装了 2 套相对独立的矿井水处理系统，矿井正常涌水时一套系统运行，另一套系统备用。当矿井出现特大涌水时 2 套系统并列运行，提高了矿井抗灾、防灾能力。井下排水处理工艺流程如图 8–1 所示。

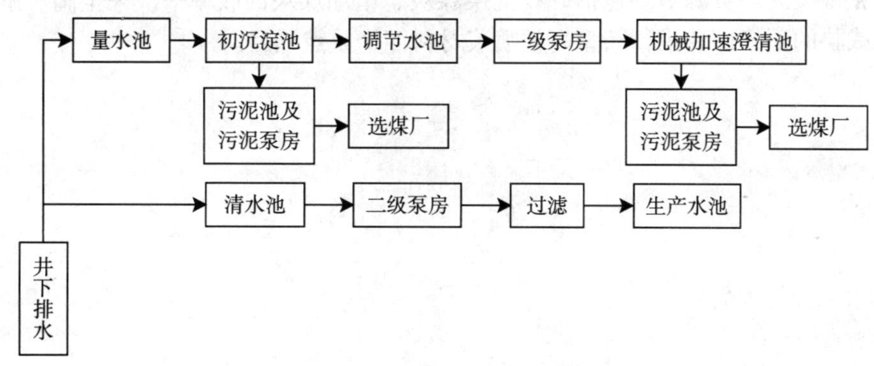

图 8–1　井下排水处理工艺流程

处理站设在工业场地内，处理后的矿井水经过滤后进入生产水池，用于地面生产、消防和井下生产及防火注浆，多余部分外排。处理站产生的污泥由污泥泵排入选煤厂浓缩压滤车间进行处理。

许厂煤矿在研究制定和持续实施企业发展战略过程中，以将企业做强、做大和实现可持续发展为目标，致力于煤炭的节约、环保和综合利用。在企业整体发展战略的布局上，突出建设以煤炭开采为基础的工业旅游型矿区实践，走一条科技含量高、经济效益好、与资源环境和谐相处的可持续发展道路。

2005 年 11 月，矿制定实施《关于建设节约型企业的实施意见》，提出了到 2010 年完成的目标任务：综采工作面、条采工作面回采率分别达到 85%和 46%，煤炭资源回收率达到 70%；原煤生产综合能耗、电耗分别控制在 110 吨标煤/万吨、35 千瓦时/吨以内；矿井水、煤矸石和炉渣粉煤灰综合利用率分别达到 40%、55%和 100%；工业重复用水率达到 95%，生产系统吨煤材料费不超过 31 元/吨；建成具有较高资源利用率较低污染排放率的清洁生产企业；建成符合循环经济发展模式的资源节约型企业，形成资源消耗低、环境污染小、经济效益好的循环型矿区；全矿总办公费用在 2006 年基础上降低 5%。主要措施有：在压煤区实行条采、串采技术工艺，组织边角煤开采，减少资源浪费；改进洗煤工艺，提高洗煤过程资源回收率。严格执行节电制度，提倡采用节能新技术、新设备，实现用电减量化。推广一水多用、重复利用、分质利用办法，应用节水器具，强化节水监督考核，减少水资源浪费。推行油品定量使用制度，实现油脂循环利用，降低油脂总耗量。炉渣和粉煤灰用于井下采空区充填，矸石用于置换开采，矿井水深度处理后实现综合利用。应用自动化设备，减少人力投入。严格执行办公用品管理制度，推行无纸化办公，减少办公费用。

对资源节约指标、重点项目及考核也做出了相关规定，以 2005 年 1~10 月资源消耗量为基数，制定 9 大类 17 项考核指标，按月度或季度，实行量化考核，及时兑现奖惩。资源节约包括矸石置换煤炭、增加煤炭回收率一次采全高、解放受水威胁的下组煤和推行新型高效喷浆材料四个重点项目。

第三节 许厂煤矿构建可持续发展现代化矿区的实践成效

一、许厂煤矿构建现代化矿区总体成效

许厂煤矿在建设发展中，始终积极突出环境意识，坚持“创建绿色生态型矿井”这一环境理念，优化立体环境形象建设，注重环境标准化建设，大力实施绿色矿区工程。

当前，整个矿区已形成碧水环绕、绿树掩映的综合形象框架，实现了“无落地煤、无污染”的绿色目标，传统意义上的矿区具有了碧水秀丽、独具特色的园林式风格，充分展示了美观亮丽的现代化生态型煤矿形象。

(1) 建成独具特色的高效、洁净煤矿，形成煤、电一体化经营体系。发展综采放顶煤技术培育矿井核心竞争能力，加快实现煤炭全入洗，发展洁净煤技术；加大环境治理力度，促使矿井煤炭生产与环境保护同步发展。完善选煤厂生产工艺并进行技术环节改造，增强入洗能力。

(2) 建成先进技术与设备推广应用的科学试验基地。保持持续快速发展，坚持加快科技创新，积极采用新技术、新工艺，推动进口设备国产化的研究与开发、引进与消化、吸收与利用，把矿井建成先进技术与设备推广应用的科学试验基地，通过不断的尝试与创新，改进与调整，实现先进技术的生产力转化，提高企业的现代化运营程度。

(3) 建立现代化科学管理体系。注重深化和完善层次负责、运行高效的专业化管理；注重建立质量管理、环境管理、职业卫生管理相结合的管理体系并与国际相接轨，不断完善提升体系的科学性；完善科学的用人机制和激励约束机制，形成以理性、量化、科学的用人机制为基础的人才资源开发体系，最终建立管理方式专业化、管理内容全面一体化、管理队伍精干化的现代化科学管理体系。

(4) 建立现代化企业经营文化体系。通过企业精神建设、企业制度建设、企业形象的树立，有力推进企业文化建设，形成用共同的理想去激励职工，用文化的手段去管理，用有效的传媒去树立形象的浓厚文化氛围，进而建立适应并推动经济发展的现代化企业经营文化体系。

(5) 建成园区式煤矿独特形象框架。根据矿井工业广场的地形，加快绿化工程建设，全面形成碧水环绕格局；对矿井整体形象不断细化、优化，大力兴建人文景观，为矿井形象注入文化内涵，全面形成园区式煤矿的独特形象框架。

二、许厂煤矿现代化矿区环保成效

许厂煤矿全面贯彻科学发展观要求，不断加大减排节能工作力度，在环境保护和节约能耗方面取得了重大成效。

1. 大气污染治理（许厂煤矿大气污染物主要是烟尘和二氧化硫）

（1）燃煤灶具及茶水炉烟气治理。建矿后，许厂煤矿一直使用燃煤灶具及茶水炉。2002 年 3 月，为减少烟气污染，矿投资 15.5 万元将食堂燃煤灶具改造成电炉灶，燃煤茶水炉改造为电茶水炉，矿生活区大气污染得到有效治理。

（2）工厂锅炉烟气治理。许厂煤矿工厂配有 10 吨蒸汽锅炉 2 台，6 吨热气锅炉 1 台，用于洗浴和供暖，排放的烟气黑度、烟尘浓度、SO_2 浓度仅符合《锅炉大气污染物排放标准》中的二类区标准。2003 年 8 月，矿投资 208 万元，对供暖系统进行改造，新敷设电厂至矿区供暖管路，在锅炉房安装 3 台高效能换热器，把电厂多余的蒸汽引到锅炉房进行“汽—水”交换用于全矿的供暖、洗浴，锅炉房 3 台锅炉停止了运行，矿内烟尘污染问题得到根治。

（3）电厂锅炉烟气治理。电厂投入运行后的 2 台循环硫化床锅炉配有静电除尘器，除尘效率达 99%以上。2004 年 4 月，采用国内先进的炉内干法脱硫技术，建成炉内脱硫及在线监测系统。烟气在线监测能真实反映烟气连续排放状况，同年 7 月顺利通过了济宁环保局的验收。8 月，济宁市在许厂矿召开烟气脱硫与在线监测现场会，肯定和推广了许厂煤矿的先进做法。热电厂高压静电除尘器参数如表 8–4 所示。

表 8–4 热电厂高压静电除尘器参数

电除尘器型号	1FAA3×35M–1×44–70	
制造厂家	浙江菲达环保科技股份有限公司	
序号	1#	2#
投用日期	2001 年 8 月	2002 年 8 月
有效电场截面积	30.8 平方米	
设计效率	99.2%	
本体漏风率	<5%	
本体阻力	<250 帕	
同极间距	400 毫米	
电场数	3	
噪声	<85 分贝	

2. 废水治理（主要包括矿井水和电厂废水处理）

2006年，许厂煤矿投资800万元，新建一套矿井水深度处理及综合利用系统。经监测处理后的矿井水COD≤20毫克/升，矿井水浊度、色度达到饮用水标准。为实现水质的在线监控，2006年12月，矿又投资39.9万元安装水质自动监测系统，与济宁市环保局联网，实现了废水的实时监控。投资70万元建成洗浴用水三循环系统，净化处理池浴用水，新鲜用水由原来的每天4池降为1池，减少了地下水使用量。

电厂废水主要有化学处理水、循环水排水、设备冷却水、生活污水等，采用分散处理方式。化水车间产生的酸碱废水，全部排入2×150立方米的中和水池进行中和，水质满足排放要求，再排入雨水沟。循环水排水及设备冷却水，因水质较好，可直接作为除尘器放灰的加湿用水利用。生活污水经过化粪池处理后，进入污水处理系统，达到排放标准后排放。

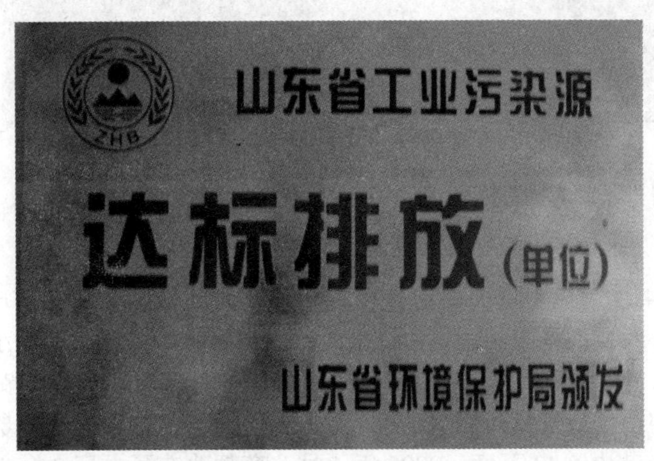

3. 固体污染物利用

2006年以前，煤矸石主要用于电厂发电、工矿回填、修路筑基。主洗车间产生的水洗矸石作为热电厂燃料或地销处理。电厂产生的炉渣、粉煤灰，完全用于井下注浆和充填。2006年以后，矿成功实施置换开采技术，在建下物条采煤柱用煤矸石置换煤炭，既解决了矸石风化造成的粉尘飞扬问题，又杜绝了矸石渗漏造成的水土污染。2006年3月~2006年底，共置换煤炭13.1万吨，充填矸石9.7万立方米，经济效益和环保实现了“双赢”。

4. 噪声治理

噪声污染主要有提风机、洗煤车间及电厂发电机组。矿内提风机采用消音器、扩散塔、隔音门等降噪措施；洗煤车间采用消音、隔音、阻尼等综合降噪措施；热电厂噪声污染主要的噪声源，如鼓风机、引风机、水泵电机等加隔声罩，鼓风机进出风口装设消声器，锅炉排气管加消声器。机房及集中控制室安装吸声结构，设隔声门窗，以保证控制室内噪声不超标。在厂区总体布置上注意防噪声间距，加强绿化，形成噪声隔声带。

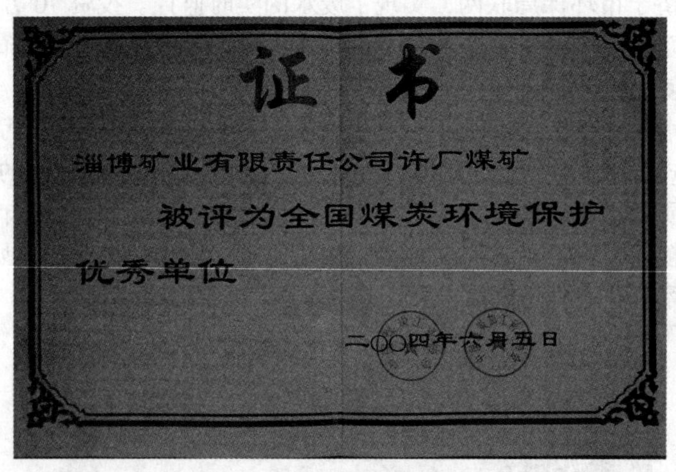
证书

淄博矿业有限责任公司许厂煤矿

被评为全国煤炭环境保护

优秀单位

二〇〇四年六月五日

三、许厂煤矿现代化矿区环保节能实绩

1. 节电

2004 年 4 月，主井箕斗由原外动力卸载改为曲轨卸载，年节电 7.92 万度；将主井底箕斗及置换开采给煤机由往复式改为皮带式，大电机变为小电机，年节电 10.8 万度。2006 年 7 月，在 1160 轨道下山安装变频绞车，年节电 126.72 万度。地面各照明场口安设光控、声控节能设施，增设 2 台照明节电器，采用绿色照明灯具，年节电 8.42 万度。2006 年 4 月，变频改造了电厂 2 台 250 千瓦引风机，年节电 49 万度；安装 8 台变频器，改造选煤厂及井下运输线上的皮带，年节电 27.48 万度。热电厂 2 台 1000 千伏安变压器于 2006 年 4 月分别增设无功补偿装置，年节电 38 万度。2006 年 9 月，全矿共淘汰 9 台高耗能变压器，更换总容量 2530 千伏安，年节电 14.2 万度。此外，还更换了 3 台低效率的水泵，使节能设备达到了国家法律法规的要求。

2. 节油

按照油品的种类、使用情况，矿井油脂化验室将回收的废油过滤、化验，合格后用于对油脂要求不高的场口，如主副井液压站淘汰的 46# 抗磨液压油、齿轮油，用于选煤厂压滤机、主副井口操车液压站、井上下皮带减速箱、25 吨龙门吊减速箱，矸石山液压站，年可利用废油 5048 公斤。

第四节 许厂煤矿构建企业文化的主要做法

近年来，许厂煤矿以科学发展观为指导，牢牢坚持以人为本的管理理念，始终把职工和企业协调发展当做一切工作的出发点和落脚点，按照“四坚持”的工作思路，从抓软硬环境建设入手，千方百计为职工创造良好的工作生活环境，着力打造高素质职工队伍，设身处地为职工办实事解难题，努力提高职工工作和生活质量，营造和谐稳定的矿区发展环境，增强了企业的亲和力，激发了广大职工潜能，调动了工作积极性和劳动热情，推动了各项工作持续健康协调发展。

1. 坚持用文明的环境塑造人

环境是企业文化内涵的外在体现，文明的环境不仅可以提升矿井形象，引导职工的价值取向，而且也能加深职工对企业的依恋感和归属感，对改善职工的心智模式起着潜移默化的作用。因此，许厂煤矿本着“投资少、品位高、实用性强”的原则，实施了“三大”工程，着力对井上下环境进行美化亮化，营造了浓厚的企业文化氛围，增强了环境的感染力。

（1）实施文化理念宣传工程。为增强理念渗透效果，充分利用声、光、电等先进手段，在矿区主要建筑物上安设了大型喷塑牌板和霓虹灯，如在工业广场安装了 REC 精细控制管理大型宣传牌板等，夜晚在霓虹灯的烘托下，呈现出了火树银花不夜天的亮丽风景，既美化了矿区环境，又收到了良好的宣传效应。同时，在职工上下井沿途安装了安全嘱托语音装置，打造了井口文化长廊、井下安全宣传大巷。在采掘工作面设置了安全警言警句宣传灯箱、牌板，将安全教育辐射到工作现场。形成了井上、下纵横交错遥相呼应的全方位、立体化宣传网络，营造了良好的文化环境，收到了入脑、入耳、入心的效果，为进一步改善职工的心智模式起到了有力促进作用。

（2）实施地面环境美化工程。按照人与自然和谐相处的目标，对矿区生态环境进行了优化布局，着力打造人文环境。安装了各类健身器材，种植了花草树木，矿区处处呈现出花草丛生、绿树成荫、枝繁叶茂的美丽景观。在井口附近，建造了小园林，叠泉、瀑布相互交织涌流，形成了一道赏心悦目的人文景观，使职工带着轻松愉悦的心情，奔赴工作岗位。充分利用矿区空间，精心设计了西花园，种植了名竹，建造了假山、喷泉，鱼翔浅底，伴随着潺潺的流水，给人以清新惬意的感觉。每至夜晚，工作了一天的职工三五成群漫步在矿区，欣赏着美丽如画的夜景，享受着劳动给自己带来的快乐，憧憬着企业美好未来，既解除了一天的疲劳，又陶冶了情操，增加了对矿井的依存感和自我成就感。

（3）实施井下环境优化工程。良好的环境是塑造文明行为的最直观最有效的手段。为此，开展了创建精品片区活动，着重对井下环境进行了优化。主要巷道全部进行喷白处理，腰线以下用蓝水泥找平，腰线用反光漆喷刷；增加了照明灯，保证了巷道灯光充足；排水、供风、供水等管路分色喷刷，吊挂整齐划一；对水沟重新进行了整修，统一了盖板；高压电缆全部进电缆沟，低压电缆进桥架；避灾路线牌板按标准悬挂，整洁醒目；在巷道转弯处安装了语音报警装置，起到提醒警示作用；主要大巷设置了红外线自动喷雾装置，净化了空气；使用了自动风门，杜绝了风流短路，消除了手动开闭碰伤人员等安全隐患；配齐了垃圾箱，为职工的文明行为提供了便利；定期对井下环境开展专项整治活动，彻底消除跑、冒、滴、漏现象，巷道环境面貌焕然一新。环境的改善，熏陶和改变了职工旧的思维方式和行为方式，规范了职工的操作行为，促进了行为养成，为建设安全、高效、文明的现代化矿井奠定了良好基础。

2. 坚持用精细的管理培养人

每一名职工都蕴藏着一定的智慧和能量，都希望通过自己的劳动奉献实现自身价值，取得公众的认可。因此，许厂煤矿始终坚持把开发员工的智慧和潜能作为人本管理的关键，以 REC 精细控制管理为载体，以提升“三力”为切入点，全方位培育高素质职工队伍。

（1）提升学习力。在全矿开展了创建学习型组织活动，号召全员学习，终身学习，以不断提升素质，适应矿井发展需求。积极创造良好的学习环境，新建了多功能培训教室，采用多媒体高科技手段，提高了办学质量。统一装修了区队学习室，配备了投影仪等现代化教学设备，购置了各种专业书籍，满足了日常培训学习的需要。按照安全培训由地面向井下实物转移的思路，建立了井下模拟综采工作面培训基地，配齐了四种综采支架、刮板运输机、电气设备等，由工人机师和生产骨干讲解操作维修原理，学员现场排除故障，实现了理论与实践的有机结合，增强了培训的针对性和实效性，有效地提高了职工操作水平。努力为岗位成才搭建平台，采取和高校在矿联合办学的方式，满足了职工对知识的渴求；先后选派 50 余名有志青年赴各专业院校深造，为矿井长远发展做好了人才储备。

（2）提升创新力。创新添活力，创新增效益。只有不断创新，发展才能永不停步。为增强全员创新意识，营造浓厚的创新氛围，大力开展科技兴煤、科技兴安活动。从矿井可持续发展的战略高度出发，矿井防灭火技术研究等五项成果达到了国内先进水平；从珍惜煤炭资源、提高回收率出发，研制了矸石充填、置换开采方法，释放了煤量。现整个矿井的科技含量逐年提高，被煤炭工业技术委员会评为煤炭工业科技创新型矿井。同时，在全矿大力倡导“小改小革”活动，并

以发明人命名，先后命名了“梁荣弟风水联动雾化装置”、“李慎泉电缆钩”等一大批创新成果，对深入开展科技创新活动起到了有力的促进作用。大力推进管理创新，以人性化思想指导安全管理，积极探索行之有效的安全管理新模式，创造性地推行了安全积分制考核，违章职工可自由选择交罚款、提供担保人、参加一天安全培训等帮教方式，使安全教育更具灵活性和实效性。彻底克服了过去以罚代教易引起逆反心理的弊端，达到了以思想转变带动行为转变、消除不安全行为的目的。

(3) 提升执行力。卓越的执行力是推动企业持续发展的内在驱动力，执行力直接关系到各项工作目标的顺利实现。为此，许厂煤矿在各个层面推行绩效考核，健全了考核标准，建立了奖惩机制。各单位部门每天自下而上进行工作述职，由考核小组根据个人表现对照标准进行打分，得分结果与工资挂钩，实行奖优罚劣，对连续三个月工作无起色的给予诫勉，形成了“有作为，给地位；无作为，丢岗位”的良好氛围，调动了工作积极性，提高了整体执行力。为强化质量标准化意识，全面推行了安全质量承诺制，职工在上岗前集体宣誓，做出“此项工作我承担，出了问题我负责”的郑重承诺，使上标准岗干标准活成为全矿上下的共识和自觉行动，推动了质量标准化建设的健康发展。

3. 坚持用亲情的关爱凝聚人

人力资源是企业取之不尽、用之不竭的宝贵财富，只要挖掘得好，就能为矿井发展提供持久动力。因此，许厂煤矿始终将维护职工的根本利益、提高职工工作生活质量作为一件大事。时刻挂在心上，抓在手上，全心全意为职工办实事办好事，努力使职工顺心满意。在“三改善”上用心用力，营造了尊重人、关心人、爱护人的良好氛围。最大限度地开发人力资源潜能，激发了职工工作积极性、主动性和创造性，形成了干事创业的巨大合力，增强了企业的核心竞争力，为创建和谐矿区奠定了基础。

(1) 改善福利待遇。紧紧抓住职工都希望企业安全好、生产好、效益好、收入高这一特点，因势利导。根据阶段安全生产经营情况，适当调整工资收入水平，使职工感受到个人的利益与矿井安全、高效的紧密联系性。从而把建设“安全、高效、文明”矿井变为共同追求目标，实现了企业与个人的共赢。在全矿大力营造“没有干不了的事，只有不想干的人”的浓厚氛围。打破用工界线，为各类人才实现自身价值提供舞台，先后有十几名在本职岗位上有所作为的农民工被提拔重用，形成了人尽其才的发展格局。对各类技术拔尖人才、班组长、工人机师实行岗位补贴，调动了学技术、学业务的积极性。全面推行了职技工资分配法，形成了岗位靠竞争、薪酬靠奉献的良好局面，在全矿掀起了新一轮比、学、赶、超活动热潮。

(2) 改善工作条件。由于历史的原因，长期以来煤矿职工养成了许多不良嗜好，黑乱脏臭现象随处可见。过去社会上流传着“远看像讨饭的，近看是挖炭的”顺口溜，就是对煤矿工人形象的真实写照。为此，矿决心从改变职工的日常行为入手，着力改善工作环境，树立矿工新形象。实施“6S”行为养成，推行了准军事化管理，倡导文明行为20条，成立了督查队，发现不文明行为及时制止，促进了文明行为的养成。为从根本上减轻职工劳动强度，建设了地面机械装车大料仓，彻底解决了人工装车费时费力问题；在井下安设了架空乘人器、斜巷助行器，采掘巷道应用了卡轨车、梭车等设施，减少了职工不必要的体力付出；新建了洗衣机房，为每位职工发放两身工作服，上井后由专人提供洗衣、烘干、存放一条龙服务，保证职工每天穿上干净舒适的衣服。通过工作条件的改善，职工的精神面貌发生了质的改变，过去的不文明行为不见了，追求健康文明时尚的生活方式成为职工的共同目标。

(3) 改善生活质量。为给职工创造舒适的洗浴条件，新建了配套设施齐全的多功能洗浴中心，除设置淋浴、浴池外，增添了冲浪浴、桑拿房、玉石房、光波浴等健身洗浴设施，配备了中央空调、音响、吊篮更衣箱和浮动盘管换热设备，设立了吸烟室和健身活动室。同时，积极探索后勤公司、物业管理市场化的新路子，将工厂绿化、洗浴中心管理、灭蚊蝇等工作，委托给社会上有专业水平的服务部门管理，提升了运营质量，得到了职工群众的普遍欢迎。为了使职工能够安居乐业，通过各种渠道，为职工联系团购商品房，尽最大努力减少职工购房支出，已经有140余户家庭选购了称心如意的商品房；现正在积极洽谈二次购房事宜，力争让每一名职工都拥有自己满意的住房。针对井下水大的实际，每天安排专人将姜汤、辣汤和药品送到每个工作地点，为职工祛寒祛湿，让每一位职工时刻感受到企业的关爱。每逢重大节日，矿主管领导亲自到井口发放慰问品，鼓舞了士气，激发了斗志。在南门外打造了宽敞平整的平安路，两侧进行了绿化，安设了路灯，提升了矿井形象，为职工安全出行提供了便利。建立了职业病防治体系，定期为职工查体，选送部分职工赴各地疗养院进行疗养，保证了身体健康。生活质量的改善，进一步调动了职工的工作积极性，增强了企业的凝聚力和向心力。

4. 坚持用安全的体系规范人

(1) 提炼先进的安全文化理念。实践中许厂煤矿认识到：企业文化是企业发展的灵魂，是企业管理的最高境界，安全文化是企业文化的根本，是煤矿企业文化的浓缩、升华，更是一种蕴藏着巨大能量的先进生产力。基于这种认识，许厂煤矿提出了“安全第一，生产第二”的核心安全观，确定了“消除人的不安全行为、物的不安全状态和环境的不安全因素，打造精品矿区，建设全国一流本质安

全现代化矿井”的安全愿景和“上标准岗、干标准活，做本质安全人”的安全作业观，以“年年实现安全生产”为目标，形成了“以人为本、珍惜生命”、“安全为我、我要安全”等理念为内容的许厂煤矿的安全文化理念体系。在理念提出过程中，由于受传统理念思维惯性的制约，个别管理人员对理念的认识存有偏差。有的把“安全第一、生产第二”，片面理解习惯思维，致使对理念所阐述的安全目的还存在着模糊认识，认为“煤矿的最终目的就是出煤，安全再好不出煤也没有用”等。对此，许厂煤矿明确坚持以平常心态抓安全，不搞突击生产，不搞任务创水平活动，从采场布局、生产计划、工资分配、教育培训、科技投入等方面，坚持以安全为中心，一切服从于安全，一切服务于安全，一切为了安全，一切安全优先，一切保证安全。在此基础上，许厂煤矿采取走出去、请进来的形式，多次组织人员到先进单位学习经验。2004 年，集团公司企业文化推进会在许厂煤矿召开，使许厂煤矿进一步解放了思想，更新了观念，特别是使一些安全管理的新思想、新观念在干部职工中逐步确立。许厂煤矿充分认识到矿井要实现安全周期的持续延长，实现本质安全，迫切需要安全文化力的打造。

（2）构建安全文化新平台。长期以来，许厂煤矿不断从事安全管理方面的探索和实践，但以前每一项安全管理制度都是安全管理中的一个分支或是一个侧面，是一个个支离破碎的点，始终没有形成一套系统的、科学的、逻辑严密的体系。每一项制度的出台都是因势因时而出，时效性很强，过一段时间就没有用了，出了新问题又要再定新制度，结果造成在不断重复一些低级的、简单的问题或管理模式。有些制度管理范围交叉，责任不明，分工不科学，管理人员在运行这些制度的时候，表现出了较大程度的机械性。基于这样的考虑，许厂煤矿在不断分析自身原因的基础上，接受新思想，引进新观念，对现行的制度综合分析，辩证否定，形成了许厂煤矿以安全管理积分体系为主要内容的人性化安全管理模式，并使之成为煤矿安全文化建设的平台。在安全管理积分体系贯彻执行过程中，党政领导一致高度重视，各生产经营单位及各职能部室按照方案要求，抓体系的系统学习，抓流程的规范操作，在使现场工作得到提升的同时，也使该方案的科学性、完整性不断增强。

许厂煤矿主要从以下四方面抓起。①抓培训。矿安监处先后到 12 个采掘及辅助单位讲课达 20 多场次，由矿长亲自组织并主持了由全矿各单位和部门主要负责人参加的积分体系方案培训班。在培训班上，矿长明确提出，安全管理积分体系考核方案是各单位、部门的“一把手”工程，必须强力推进。党委书记利用每周一政工例会时间，多次组织积分体系考核方案学习讨论会，加强了学习效果。②抓督导。成立了方案推行督导小组，对各单位推行情况进行剖析式检查，每天分三个时段由安监处组织人员下井督察，严格责任追究，督导情况在早会上通报。③抓重点。安全管理的重点在岗位，岗位的主体是职工。职工岗位隐患排查是该方案的基础，是难点，是本方案推行过程中的“瓶颈”。鉴于职工队伍的现状和特点，要让职工排查本岗位的问题及隐患，是很棘手的问题，许厂煤矿正在多角度考虑和解决这一问题。目前，许厂煤矿重新界定了岗位排查的范围，确定了岗位排查的形式及方法，使这项工作能够初步顺利地开展起来。④抓完善。积分体系方案是新生事物，难免会出现不足之处，煤矿针对推行中出现的问题，把每一个问题都作为新的课题来研究，及时整理制定了《许厂煤矿关于贯彻执行安全管理积分体系的补充规定》，做了五项具体规定。该规定特别要求各级管理人员充分认识到积分体系是煤矿当前和今后抓安全管理的唯一途径，要把积分体系的推行工作作为一项长期性的、系统性的、基础性的工作来抓；要排除一切困难和畏难情绪；要力克避重就轻的片面做法；要戒除运行过程中的“人情风”，防止出现追究不到位。《补充规定》同时加大了对违规管理人员的处罚力度。目前，安全管理积分体系在煤矿深入推行，收到了很好的效果。

推行安全积分体系效果明显。班长现场安全生产第一责任人的职能地位找到了真正意义上的落脚点：在积分体系体系中，班长必须对本班生产实行全过程监控，如果监控不到位就会被严肃追究，迫使班长必须按体系要求开展工作，改变了以往班长仅仅是“工头”的传统做法。各级管理人员的职能发挥实现了自动自发：在该体系之中，不存在不被追究的管理人员，改变了个别管理人员工作的随意性和“良心活”观念，下井就有压力，只有干好了才能不被追究。安全管理人员数量的全员化：在该体系之下，人人需要查处问题及隐患，人人有责任查处问题及隐患，安全管理的职能以制度的形式固化在每一个管理人员工作内容中。这一做法达到了部分管理人员从纯业务管理向“业务管理+安全管理”的转型，改变了安全管理由安全管理专职部门（安监处）单枪匹马闹革命的局面，具备了全员抓安全管理的雏形。实现了问题及隐患解决的即时化：问题及隐患一经查出，立即确定整改人和整改时间，整改时间具体到了北京时间。只要到点完不成就要被追究。这样大大地缩短了问题及隐患从产生到解决的时间，对现场安全生产起到了本质的促进作用。由于各级管理人员人人参与安全管理，人人对现场物的不安全状态和人的不安全行为进行责任追究，人人又都有因工作不到位而被其他管理人员责任追究的可能，从而增强了各级管理人员现场检查的责任心和使命感，提高了安全保障水平。

积分体系的推行，在许厂煤矿确确实实已成了文化。矿井口等候室的电子显示屏每天对全矿干部、职工的个人积分情况循环流动播出，职工关注个人的安全积分数，管理人员关注本单位员工的积分上线率，查询本人目前的安全积分成了职工每天投入工作之前的第一要务。安全积分就像一柄达摩克斯之剑，高悬在每一名员工心头之上，要求每个人必须兢兢业业工作、安安全全活动。安全积分体系对全矿干部职工的影响是空前的，其作用和效果都是以前任何一种制度无与伦比的。许厂煤矿已把对安全管理积分的考核作为其他各项考核的一项固定指标，从而进一步拓展了安全积分体系的影响范围，并使之成为一种文化植根于每个员工的工作与生活之中。

（3）安全文化运行保障有力。许厂煤矿在实践中不断完善并创新安全管理机制，建立了严格的安全生产责任体系，将加强人的管理贯穿于企业安全文化建设的全过程，规范运作，为安全文化的健康运行提供有力的制度保障。①安全风险押金制度。许厂煤矿率先实行管理人员安全风险抵押金制度，把安全管理和个人利益挂钩，增强了各级安全管理的责任心。②安全拉网检查制度。安监处以“文明执法、律己律人”为自我安全理念基础，加大安全检查的力度，建立安全检查盲区排查制度，实行纵到底、横到边和盯住式的检查办法，不留死角，使安全生产的各项制度得以真正落实。③安全隐患排查制度。许厂煤矿以安全隐患的治理为重点，把着眼点和立足点放在事故的超前防范上，健全完善安全隐患排查、治理制度，对排查出的安全隐患实行跟踪制，落实人员、落实时间进行整改。④安全信息公示制度。许厂煤矿严格安全信息管理，推行安全信息卡公示制度，开展“三无”（无三违、无事故、无隐患）班组和“三反”（反松懈、反麻痹、反违章）等安全整治活动，对事故、“三违”及重大安全隐患等情况严格考核，兑现奖惩，用经济杠杆调动了广大干部职工遵章作业、按章指挥的责任心，最大限度地减少了人的不安全行为。⑤安全生产联责制度。严格执行职级管理、干部工人双向监督、安监部门主管和生产技术科室业务保安等责任制的落实，做到管理到现场、措施落实到现场、解决问题到现场。⑥安全生产检查制度。结合许厂煤矿实际情况，制定了“安全生产检查制度”，充分发挥安监员、专业技术人员、党政工团齐抓共管保安全的作用，对井下各生产头面、边远岗点进行不定期的巡回检查，做到各类检查时时有、不断线。⑦区队干部盯班制度。根据制度要求，区队管理人员切实把100%的精力和100%的时间放在抓现场安全生产上，做到职工四班倒、班班见领导。⑧工程质量挂牌制度。在工程质量上，严把工程质量关，推行工程质量终身负责制、质量事故行政追究制、工程质量留名挂牌制、工程质量验收监督制等多项安全质量管理制度，真正做到“凡事有章可循，凡事有人管理，凡事有监督考核，凡事有奖有罚”。

（4）安全教育培训富有成效。安全文化的完善、升华在于职工素质的进一步提升，而搞好技能训练是提升职工素质最为重要的环节，也是搞好安全的基础。许厂煤矿始终坚持“素质在培养，技能在训练”的思路，采取短期培训与脱产学习相结合、专业培训与全员培训相结合、理论培训和实物培训相结合、外聘请专家培训和到先进单位学习交流的方法，不断加强对职工的安全技能和安全知识的系统培训。①全面落实技能素质攀升“1123”计划。针对许厂煤矿职工素质参差不齐，技能现状与现代化集约生产要求不适应的实际情况，在全员培训的基础上，认真开展职工“技能素质金字塔”攀升活动，制订了详细的技能攀升计划，对职工的技能状况进行详细的摸底，记入职工技能档案，实施跟踪“三对比”(培训前后技能让同事对比、让班组对比、让技能鉴定小组对比)，定期划分技能等级，确定职工在本队和全矿素质金字塔结构中的位置，并据此每年评定矿级星级员工、骨干员工和首席员工。②开发网络教育新模式。长期以来，传统的老师讲、职工听的灌输式培训模式，不仅效果差，而且越来越不适应职工多样化的培训需求。为此，许厂煤矿在学习借鉴先进培训单位经验的基础上，从信息化管理入手，利用现代科技手段，采取移植、整合、创新等方式，与山东网能大学联合办学。2006 年 8 月被批准为山东网能大学联合办学第一批试点单位，逐步在安全教育技术培训网站的基础上，升格为山东网能大学的会员单位，搭建了网络培训新模式。网络大学是一个功能强大的网络培训系统，它栏目多、内容全、试题新，能够随时反映教培动态。各基层单位根据各自内部培训需求，利用视频教学系统，自由选择使用 Flash 动画课件、幻灯片课件、三维动画课件、视频课件等声图并茂，情景交融，增加了培训的趣味性、创新性和吸引力，丰富了形象化培训的基础资料，提升形象化培训档次，为各基层单位安全教育、技术培训提供了丰富的培训资源，使安全教育、技术培训工作不仅具有针对性、实效性，而且更具实用性和吸引力。③注重全员培训效果。许厂煤矿本着“干啥、学啥、会啥”的原则，努力使职工达到精一门、会两门、学三门的实际效果。

许厂煤矿在“严”、“实”、“活”上狠下工夫。“严”即培训制度严。矿成立了由党政主要领导任组长的技能工程提升领导小组，建立健全了《职工培训规划》、《岗位技能标准》、《职工技能攀升档案制度》、《职工技能培训管理规定》、《技术比武活动意见》、《职工再教育奖励制度》、《多证加薪制度》等。坚持每期培训班都必须做到培训教材、学员花名册、教员考勤表、学员考勤表、培训情况通知单及试卷六齐全。“实”即培训内容实。为打破课堂培训的传统模式，许厂煤矿井下建起了拥有综采支架的井下实物基地，在机厂改建了拥有系列小型设施集中的地面实物实践基地，初步形成了基本覆盖煤矿大小生产机电设备具有互补性的井上、下培训实体。通过对现有待修设备的实际维修过程，观摩实物拆装维修。通过面对面、手把手的悉心指导，上井学理论、下井学操作、阶段性考试、技能鉴定等程序，达到对相关工种分期分批进行岗位标准、操作技能培训的目的。“活”即培训方式活。为增强培训的针对性，达到专业对口，许厂煤矿按照谁授课谁编写教材的要求，规范教案，充分发挥多媒体课件的作用，本着先特殊工种

后其他、先理论学习后实物讲解、先基层区队自培后安培中心统培、强培以及以师带徒和新老职工结对子相结合的多级培训原则，对专业突出的送出去外培和到兄弟单位挂职锻炼。同时建立了外出学习—结业考核—跟踪考察—复试检验的闭合考核体系。通过启发式、提问式、讨论式、参观式、看录像等多种形式，增强培训的吸引力。

许厂煤矿经过长期的研究与实践，把企业现行的规章制度与“管理、装备、培训”并重并举方针紧密结合、有机整合，形成了许厂煤矿独具特色的企业文化体系。通过企业文化潜移默化的作用，矿井进一步巩固了安全生产秩序，呈现出了生产势头旺、安全形势稳、改革步伐快、精神面貌新、整体状态好的良好发展态势。

第五节　许厂煤矿打造本质安全型矿井的特色安全文化构建

自1999年10月投产以来，许厂煤矿始终坚持以人为本，科学发展，按照“文化引领，管理创新，着力建设本质安全型矿井”的工作思路，突出强化特色安全文化建设，注重培育本质安全型员工，大力实施科技兴安战略，提高了矿井的安全保障水平，实现了又好又快安全发展。

一、建塑特色安全文化，为打造本质安全型矿井提供思想基础

许厂煤矿把建塑本质型安全文化作为打造本质安全型矿井的“营养工程”来抓，用文化理念引领企业管理，用文化力提升安全保障能力，促进了本质安全型矿井的建设。

(1) 强化理念培育。近年来，许厂煤矿按照集团公司企业文化建设总体要求，自下而上总结提炼班组精神、企业理念，逐步确立了“以人为本、安全为天”的核心理念。培育了以人为本的安全文化理念，引导职工由被动抓安全向自觉抓安全的方向转变。自2003年就确立了“消除人的不安全行为、物的不安全状态和环境的不安全因素，打造精品工程，创建精品矿区，建设全国一流本质安全型矿井”的安全共同愿景，并于2005年进一步整合提炼形成了“人人争做本安人，年年实现安全年”的安全共同愿景，相继确立了“自己安全自己管，搞好安全为自己”、“安全为我，我要安全”、“快乐学习，安全工作”等安全理念，并最终确立了“安全第一，生产第二”的核心安全观，进一步丰富了本安文化底

蕴。在此基础上，多次到安全文化建设先进单位学习取经，使一些文化管理的前沿理论和理念逐步渗透进干部职工的思想深处。从管理层到职工，对“职工最基本的权利是生存权，最根本的利益是自身的生命健康安全”、“煤矿事故可防可控，事故隐患可以杜绝”、“安全是职工最大的福利”等理念有了进一步的认识和思考。

（2）强化拓展训练。许厂煤矿坚持抓安全从抓心灵再造开始，从抓安全心智模式的改变抓起，以创建学习型组织为载体，借脑借智，聘请北京明德经纶管理研究院专家来矿指导。自 2007 年 7 月以来，利用半年的时间，先后分 12 期，每期 5 天对全矿班组骨干和中层以上管理人员 800 余人进行了以“改善心智模式，建立安全共同愿景，增强责任意识，提高执行力”为主要内容的全封闭强化拓展培训。同时，从优秀学员中选拔并培养建立了自己的培训师队伍。从 2008 年开始对职工进行全员内训，现已经成功举办 26 期，培训员工 1656 人。累计办班 38 期，轮训员工 2446 人，基本达到了全员培训。在培训中结合安全生产实际，围绕解决现场管理和安全生产中存在的问题，将创建学习型组织中的“深度汇谈”、“大墙会议”、“课题工作法”、“六边工作法”等多项管理工具运用到实际工作中。广泛开展找差、询差、比差、消差、补差活动，进一步提高了全员的安全认知水平和安全技术措施的落实执行力。

（3）强化安全约束。融入以人为本科学发展观，研究推行了以改变重罚严惩、以罚代教的传统模式为着力点的安全积分制管理，依据岗位“5E”标准、安全积分考核管理标准，将职工“三违”和各级管理人员在现场查出的问题按照比例转化为积分，以积分形式反映岗位员工安全保障能力的强弱，并依据积分超限情况，采取给予警示、停止工作、强制帮教、解除合同等不同档次的处罚；利用各种手段向职工灌输“个人安全防护装备、乘坐提升运输设备、行走站立”等 10 种常规安全行为养成，并由此向以“预知、预报、预测、预警、预防、预备”为主要内容的安全“六预”管理、以自我岗位描述和岗位操作要领为主要内容的“手指口述”的深化，提高了安全管理的实效性，为本安矿井的打造提供了充足的“营养保障”，奠定了牢固的思想基础。

二、培育本质安全型职工，为打造本安型矿井提供素质基础

许厂煤矿从矿井长远发展出发，扎扎实实从基础工作做起，不断增强职工的安全意识，提高职工的安全技能水平，着力培养优秀的本质安全型员工。

1. 教育塑造人

健全和规范运作班前教育体系、亲情教育体系和警示教育体系，不同管理层选取不同的安全教育侧重点。职工层面主要依托以“一三五安全教育”，“三违”

帮教，事故案例教育，党员安全责任区，青年、群众安全监督岗为主要内容的安全教育“五项制度”，逐级建立完善的班前安全教育体系、班前礼仪和安全宣誓程序，通过开展易队授课、案例评选、有奖竞答等活动，增强了教育的针对性和实效性；管理层以宣传煤矿安全形势为主要内容，坚持每月开好三个会，即安全办公会、安全活动分析会和隐患排查会，利用各种会议和集体学习时间对中层管理干部进行安全法律法规教育。有针对性地建立、完善了警示教育体系，形成了案例展牌警示、案例视播警示、薄弱人物排查警示、薄弱时间小分队检查警示、薄弱地点挂牌警示。同时，定期开展事故案例集中教育和不定期“三违”现身说法等，发挥了警示教育的应有作用。

2. 氛围感染人

许厂煤矿充分发挥音频声效、光电图文的视觉冲击作用，在井上、井下建起了安全文化长廊，及时更换了各类安全理念灯箱和喷绘牌板；在井口等候室、副井罐笼以及井下主要大巷打造了安全文化长廊、安全文化大巷，安全警语、漫画、安全背景音乐；在餐厅、井口等候室等地点安装了电子显示屏；在区队建起了桌面安全文化和亲情教育园地，着力搞好渗透安全理念的亲情教育，让职工每天下井前在全家福前默诵亲人的叮咛，增强了职工的安全意识；出现严重“三违”的，让职工家属到矿面对面帮教，让违章者从内心感到内疚；每逢重大节日，为职工过生日，设宴祝贺，“关注安全，关爱生命”的寄语，使职工在浓浓的亲情中感受到了生命安全的重要性。导入创建学习型组织“体验式”、“互动式”、“竞赛式”授课形式，通过互动和积分激励，鼓励职工回答问题，使被动教育变为主动教育，职工从不愿意接受教育转变为全身心投入安全教育，增强了教育的趣味性和吸引力。

3. 培训提高人

许厂煤矿坚持以人为本，把培训作为保障安全的基础工作，大力倡导“抓不好安全培训的干部不是好干部”、“职工技能素质低，就是干部培训抓得不到位”、“培训不合格就是隐患”、“技能是创造价值的基本保证”等理念，扎实开展技能攀升工程、“1123 技能攀升计划”和岗位争星晋级活动，通过多媒体电教、实物教学、模拟演示、网能大学等现代教育手段，实行教师培训包班责任制和“教考分离”制度，采取以考促学、以考验学、工资倾斜激励等措施。2008 年以来，共举办特殊工种培训、全员培训和一般工种培训班以及管理人员外委培训班 42 期，培训人数 2913 人次，培训合格率达到了 100%，并有 70 个革新创意项目被命名并受到表彰。在给予物质奖励的同时，许厂煤矿还注重精神激励，每个季度，组织优秀革新创意能手携妻带子外出参观旅游，在职工中引起了强烈反响，进一步激发了职工学技术搞创新的热情。

三、提升矿井安全管控水平，为打造本安型矿井夯实管理基础

许厂煤矿始终用先进的安全文化引领安全管理，提升安全管理，创新安全管理，促进了安全文化理念在安全管理过程中的落地生根。

1. 提升保障能力

许厂煤矿严格按劳动定额制订作业计划，综合分析现场地质构造、运输环节因素，下达任务指标，创造均衡生产的环境和条件；鼓励做好安全质量工作，反对超强度、超能力生产，取缔“掘进上纲要，生产创水平”等奖励活动；突出工程质量创建“精品工程”，进而扩大到“精品片区”创建，实现了由点到面的涵盖和扩展；为减轻职工劳动强度，推行“四六”工作制和集中休班，实现三班生产一班检修，做到了集约化生产。有效的制度创新，保障了“安全第一”理念的落实。随着员工“三违”数量的逐步降低、设备运转质量和工作效率的较大提高，各类事故明显减少。

2. 构建强力支撑

许厂煤矿始终坚持把科技创新作为实现安全生产的重要支撑，大力推广应用新技术、新工艺、新成果，加快信息网络化、综合自动化建设步伐，努力提高科技对矿井的安全支撑。实施数字化打造，建设数字矿山，先后建立完善了以调度指挥为主，机电和通防为辅的三个远程检测监控中心，实现了对煤炭生产、设备运行、生产调度、安全监测监控等实时远程监控和数据自动采集。近年来，通过大搞科技创新活动，破解了一系列重大技术难题和制约安全生产的“瓶颈”问题，取得了多项科技管理创新成果。先后获得国家专利 21 项、省行业级以上科技创新成果 79 项。

3. 推进管理创新

许厂煤矿在系统实施 REC 精细控制管理基础上，不断改进机制丰富内涵，在普及编码、定置、看板、标志等管理模式同时，遵循 5E 标准要求，不断对现行的安全质量标准化进行调整提升，并建立定期对标、调标、贯标、兑标、升标的闭合流程，深化了精细控制管理。同时，在全矿推行了岗位价值精细管理、安全文化系统推进和以精细、精准、精确、精益、精美为内容的“五精”管理。特别是在全矿实施“手指口述”工作法，搭建了新的管理平台，逐步实现了以精准化替代标准化，依靠精益的管理，全面夯实安全生产基础。先后推行了以标准成本核算、设备租赁和物料集中配送为主的内部市场化体系，拓展了管理路径，提升了本质安全管理水平，为打造本安矿井提供了动力和保障。

第六节　许厂煤矿基于安全生产理念的学习型组织创建

许厂煤矿坚持以人为本，科学发展，依靠文化引领，走可持续发展之路；坚持以打造“平安富美，五精双高”现代化煤矿为共同愿景，在管理上求创新，求突破；适时导入学习型组织创建，下大力气培育学习型员工，促进了职工队伍素质和矿井管理水平的不断提升，安全生产根基更加牢固。自2004年以来，矿井连年保持了安全程度A级，工程质量水平保持在集团公司前茅，已实现连续安全生产2162天。

一、分析现状，探索提升管理突破口

建矿以来，许厂煤矿始终坚持“人本管理，科学发展”思路，在实践中不断寻找促进企业发展的新方法、新途径。特别是在安全上，创新推行了安全积分制管理；在管理上始终坚持文化引领，开发了以人为本的“REC”精细控制管理模式，延伸实践了岗位价值精细管理；在职工素质培育上，全员实施“1123”技能素质攀升工程和“争星晋级”活动等，有力地促进了矿井管理水平的提高，树立了良好的企业形象。近几年来，随着煤炭形势的进一步好转，煤矿企业遇到了前所未有的发展机遇，呈现了竞相发展的态势，企业也更加注重以人为本，和谐发展。对此，许厂煤矿深深认识到，只有充分审视企业发展中存在的“瓶颈”问题，采取针对性措施才能推动企业发展；企业要始终处于强势发展状态，保持竞争优势，就必须始终坚持以人为本并在管理上探索新突破，寻求新路径，依靠职工素质提高和管理创新赢得新的发展机遇。对此，许厂煤矿在分析现状，查找症结，寻找智障过程中发现，单位制度可以说应有尽有，但在落实过程中，往往是抓紧了见效，抓松了无效，工作缺少主动性，“肠梗阻”现象时有发生；有的职工主动参与管理的意识较强，但又往往找不到展示自我的平台；有的单位间、管理者之间缺少应有的协调和沟通等问题，制约了企业的发展。为克服以上症结，许厂煤矿多次组织座谈讨论、外出学习、参观交流、聘请专家授课，探索寻求提升管理的突破口。

在探寻过程中，矿主要领导偶尔参加了兄弟单位组织的学习型组织创建强化培训班，对于这一前沿的现代管理理论从感性认识到理性认识有了质的飞跃，时间虽短，但思想上受到了很大震动，切实体会到了这一前沿理论是解决企业智

障，改变人的观念，提升职工素质，增强团队精神的有效管理工具。基于此，许厂煤矿主动与北京明德经纶管理科学研究院专家取得联系并得到指导的前提下，精心选拔了20名不同层面的管理人员，再次到兄弟单位全程参与封闭式培训，彻底接受了一次思想上的洗礼。有的管理人员培训时在感悟中写道：短短几天的培训，使我对生活、对工作、对人生有了新的认识，真正理解了工作是快乐的，活出生命的意义的真正内涵，学会了感恩企业，感恩父母，初步领悟了学习型组织的真谛。有的在培训班结业座谈会上说，培训使我脱胎换骨，如果十年前能够有机会参加这样的培训，也许我的人生轨迹将会重写。座谈交流再一次震撼了各级管理人员，也更加坚定了许厂煤矿导入学习型组织的信心和决心，党政一班人达成了创建学习型组织，探索管理新模式，寻求管理新突破的共识，并迅速启动，为全面推行创建工作奠定了坚实的思想基础。

二、把握重点，力促创建工作有序推进

1. 导入理念，培训入手

理念是行为的先导。创建学习型组织是一个从点到面、从简单到系统、从感性到理性又从理性到感性的渐进过程。为确保学习型组织扎实有效地推进，许厂煤矿把培训作为创建学习型组织切入点，聘请北京明德经纶管理科学研究院王院长、金院长等专家，自2007年7月，在生产任务重、安全压力大的情况下，矿领导下了很大决心，分六期脱产五天，每期由一名矿领导带队，对全矿班组长及中层以上管理干部480人举办了全封闭式学习型组织强化培训班。通过理论培训，各级管理人员，进一步提高了认识，达成了共识，都能够充分认识到，创建学习型组织是一种前沿的管理理论，是促进许厂煤矿管理水平再提高的有效工具。同时，许厂煤矿立即在全矿选聘内部培训师，经过层层严格选拔和明德专家培训，组建了由9人组成的专业培训师队伍，在各单位人员紧张的情况下，持续坚持对全员进行每期70人的全封闭培训。截至目前，许厂煤矿已投入155万元，举办内部培训班35期，培训员工2106人，并应邀到兄弟单位进行培训；投入26万元，建立了素质拓展训练基地，对参加培训人员进行拓展训练。有的职工培训后说："感恩教育，使我认识到，是父母给了我生命，是企业给了我岗位，我应该好好珍惜，干好工作，回报企业。"有的职工自愿用休息时间参加培训，有的区队积极争取增加每期培训的名额，呈现了竞相报名培训的局面。"培训是最大的福利，学习是最大的奖赏"理念已渗透人心，为学习型组织创建奠定了坚实的队伍基础。

2. 选定试点，稳妥推进

学习型组织是当今最前沿的管理理论，但创建工作却没有固定的模式和统一

的方法。因此，许厂煤矿结合企业自身实际，以试点先行，选定了基础比较好的四个单位进行试点，研究下发了《创建学习型区队、班组试点工作指导意见》，各单位制订了切合本单位实际的创建方案和实施步骤，迅速找出本单位的创建切入点。许厂煤矿边创建边总结、边积累边推广，定期召开推介会、恳谈会、找差会等，在实践中摸索推进。推行中，机电队从消除皮带运输故障入手，创出了高低技能维修人员搭配维修皮带管理法，在培养维修工的同时，也保障了井下所有主运输皮带的正常运行，皮带故障从原来每月影响9小时降到了每月6小时。综掘一队从“标杆”管理和质量管理入手，推出了人本的“标杆”管理法和“四检”工程质量管理法，使工程质量始终保持精品工程。运搬队从发挥职工自身优势出发，推出了“玉俭式自选三级岗位”卓越管理法，调动了职工的积极性，充分挖掘了人力资源。综采一队从采煤设备优化工艺为主，对主要设备采煤机进行设备优化，创出了更换行走轮由8个小时降到1个小时的纪录，为生产争得了主动。试点单位的典型经验为创建学习型组织工作由点到面，系统推进，全面展开提供了经验，奠定了基础。

3. 建立机制，保障运行

自启动创建学习型组织以来，在专家的指导下，许厂煤矿确定了创建工作的实施步骤，逐步制定完善了愿景、学习、创新、保障、绩效五大体系。下发了《学习型区队、班组考核标准》、《创新成果评选、奖励考核规定》、《职工自学成才奖励办法》等。2008年3月，许厂煤矿又诚邀北京明德经纶管理科学研究院专家进行了为期三天的全封闭愿景导航训练，确立了各单位、各科室、各班组和每名职工的个人愿景和全矿的共同愿景，并实施了愿景发布。在广泛征求意见、讨论酝酿、整合提炼基础上，确立了建设“平安富美，五精双高”现代化煤矿的共同愿景和企业愿景体系。五大运行体系的建立保障了创建工作向纵深发展。

4. 依托载体，融入管理

在创建中许厂煤矿注重抓基层运行，重点以创建学习型区队和学习型班组、争当知识型员工为载体，依靠“REC”精细控制管理为手段，实施星级员工晋升和素质金字塔攀升工程，七路“英雄行动”，打造“三基九力团队”。各基层单位运用“六边”工作法和“课题”学习法等，培育自己的创建载体，例如，综采一队的“84515”学习法，即利用每天8次班前班后会，在4个班组内，抽出5分钟时间进行安全宣誓，最后利用5分钟的时间进行集中总结学习。再如，综掘一队的班组“自主”管理法；机电队的“制造故障”学习法、“首席技师”培训工作室；掘三队的“亲情”管理法等都已成为创建工作的有效载体，并得到推广。另外，许厂煤矿还实施了职工革新创意项目的表彰奖励制度，鼓励职工围绕安全生产和矿井发展，学技术、提技能，大搞革新创新。每季度评选表彰一次，获前

10 名的项目创意人表彰为革新创意能手，并且矿上出资组织他们携妻带子乘飞机外出旅游。有效的载体使创建与管理有机地融为一体，激活了争创学习型组织、争当知识型员工的生命力。

三、效果初显，推动创建工作向纵深发展

许厂煤矿创建和培育知识型员工工作虽然时间不长，但效果比较明显。主要体现在：

（1）队伍素质整体改善。学习型组织创建，逐步实现了工作学习化，学习工作化。如区队“每日一题，每班一问”抢答式学习、互动式学习、“课题工作法”、“六边工作法”、“见习班长法”、“首席技师培训法”等，增加了职工主动学习的热情，同时推动了矿开展的“1123”技能攀升和“争星晋级”工程的落实。近年来，全矿已有 40 人被评为拔尖人才；有 6 人被评为集团公司首席技师，有 2 名职工被评为山东省首席技师；有 183 人被聘为中高级工人技工。同时职工心智模式也得到较大改善。如有名曾经违过章的职工说：“原来认为自己违章只会给自己带来危害和损失，通过蝴蝶效应认识到，违章不仅害己而且害人，以后再也不违章了。”

（2）创新创意蔚成风气。许厂煤矿将学习型组织理论运用于实践，促进了员工思想的解放和观念的转变，推动了员工在安全生产、经营管理等方面的创新，使一些员工改掉了上班无所用心、下班无所事事而打牌喝酒的旧习惯，很多员工工作之余能够思考一些生产上、工作上暴露出的深层次问题，涌现出了一大批技术标兵和革新能手，职工中很多“老黄牛”变成了“智多星”，职工的创新创意成果丰硕。仅上报的革新创意成果就有 188 项，自 2007 年以来，取得省部级以上科技成果 4 项，申报国家专利 8 项，其中发明专利 3 项，实用新型专利 5 项，取得国家专利 3 项。其中，《矸石充填置换煤关键技术研究与应用》被评为中国煤炭工业十大科技成果，并获得国家科技部二等奖。“绿色开采”技术被有关专家教授称赞是煤炭开采技术上的一次革命，是一项惠及当代，造福子孙的“绿色生命工程”。

（3）团队精神明显增强。职工爱企业、爱岗位的思想有了明显改变。“只有完美的团队没有完美的个人”已经成为广大干部职工高度认可的共同理念。彻底改变了过去各司其职互不过问，遇到问题等、靠的现象。哪里有问题，哪里有困难，哪里就有克服问题、战胜困难的团队，协作意识、合作精神明显增强。很多员工自觉实践和运用学习型组织理论，在工作中自我超越，突破自我障碍。过去现场出现问题习惯找领导，现在能够主动去解决问题，能够抓细节抓薄弱环节，能够反思自己的工作和岗位，找到了工序与工序之间的内部联系和因果因素。同

时深度汇谈、大墙会议等已经成为许厂煤矿发挥群体智慧，人人参与管理，解决“瓶颈”问题的有效途径。

(4) 工作绩效显著提高。创建工作与生产经营工作的有机结合，使企业管理实现质的飞跃。各级管理人员每项决策都能系统思考，周密考虑。科学发展，和谐发展得到了充分体现，促进了企业与社会的和谐，企业管理已逐步由精细管理向“五精”管理迈进。矿井“精品工程，精品片区”不断打造；安全生产周期持续延长；环境刷新亮点纷呈；职工精神面貌明显改观，用团队力打造创造力，用知识推动矿井安全发展、科学发展、可持续发展的氛围越来越浓厚。

第七节　许厂煤矿特色企业文化建塑

近年来，许厂煤矿从理念导入、环境塑形、行为养成、管理创新入手，整体谋划，系统推进，重点突破。在企业文化建塑方面，进行了一系列有益的探索与实践，在淄矿集团企业文化建设中发挥了重要的“导向”和“领跑”作用。依托文化力促进生产力，打造企业核心竞争力，用文化引领企业又好又快发展，用文化催生文明之花，用文化培育文明之果。先后荣获煤炭工业科技进步“十佳矿井”、全省煤炭行业“十佳煤矿”、“职业道德建设十佳单位”、2007 年全省安全文化建设先进单位、“全国煤炭系统文明煤矿”、“全国煤炭工业企业文化示范矿”等荣誉称号。

一、以先进文化理念为引领，理清企业文化建塑思路

许厂煤矿是集团公司在济北矿区建设的第一座现代化矿井，1998 年 10 月建成移交生产，年设计产量 150 万吨，投产当年即达产，1999 年产量翻番，之后产量逐年递增。现核定生产能力为 320 万吨。曾连续四年名列全国高产高效矿井，矿井各项经济技术指标处于全国领先水平。但随着形势的发展，传统的管理模式与建设现代化矿井之间的矛盾日益突出，逐步成为束缚矿井向更高水平发展的主要矛盾。矿党政领导班子经过综合分析后认为，虽然许厂煤矿生产机械装备和配套设施现代化水平较高，但职工队伍的素质相对较低，管理思想和方式相对落后的问题仍然存在。要想保持矿井的高产高效，并向国际化现代化本质安全型矿井目标迈进，必须致力于管理创新，寻求与现代化矿井相匹配，支撑矿井可持续发展的管理模式。2003 年，集团公司将许厂煤矿确定为企业文化建设试点单位，为许厂煤矿加快管理创新步伐提供了契机和机遇。许厂煤矿先后组织人员到

开滦、阳泉、莱钢集团等企业文化建设先进单位学习“取经”，并在全矿围绕“为什么要建设企业文化”、“怎样建设企业文化”、“建设什么样的企业文化”进行专题研讨。在企业文化建设上逐步统一了思想，达成了共识，对“企业文化属于企业管理的范畴，文化管理是企业管理的高级阶段”有了更深刻的理解和认识。全矿职工一致认为，文化力是生产力的核心内容，是企业发展的强大原动力。只有建设好企业文化，才能持续提升企业的核心竞争能力，使企业在激烈的市场竞争中立于不败之地。一般来说，企业文化包括理念、制度、物质三个层面。理念层面即培育共同的价值观；物质层面即材料、设备和环境；制度层面即有形的规则和管理模式。抓住了制度层面的文化建设，理念渗透内化于心，环境刷新外化于形，也就抓住了企业文化建设的中枢。为此，许厂煤矿本着“适应时代要求、贯彻集团决策、体现许厂特色、符合员工意愿”的原则，博采众长，为我所用，把许厂煤矿的企业文化定位于“以人为本的科学管理文化”。明确了“三个层面文化建设系统推进，以管理文化创新重点突破”的建设思路。矿党政主要领导把企业文化建设，摆上事关许厂煤矿长远发展的战略位置，精心谋略，细致部署，狠抓落实。专门成立了企业文化建设研究小组，及时捕捉企业文化建设的动态和先进企业的经验，加强企业文化建设理论、规律、方法的研究，用于指导许厂煤矿企业文化建设。利用网站、电视、广播、宣传栏等阵地，采取网络教育、集中培训、知识竞赛、演讲比赛等多种形式，广泛宣传企业文化建设的目的意义和工作思路，激发了广大职工的参与积极性，在全矿逐步形成了建塑企业文化的浓厚氛围。

二、搭建实用实际实效平台，促进企业文化落地生根

在企业文化建设过程中，该矿本着实用“实际”实效的原则，坚持以理念为先导，以制度为枢纽，以管理创新为支点，搭建平台，系统推进，着力把企业文化由理念层向管理实践层推进。用先进文化理念为引领，育人塑形。对企业文化建设中理念渗透、行为养成、环境刷新等任务整体规划，层层落实责任，扎实推进落实。

（1）抓好理念宣灌。制作了大量宣传牌板、灯箱等，对企业歌曲、企业标志、标准字、标准色等识别系统进行大张旗鼓的宣传，把集团公司《企业文化手册》、《廉洁文化手册》、《安全文化手册》作为员工必读教材，利用班前班后会组织员工学习诵读，逐步实现由表及里、由浅入深的渗透。采取自下而上的方式，在全矿开展了区队精神、班组精神征集活动，整合提炼了区队、班组精神和职工格言、座右铭等，促进了理念的内化，丰富了企业文化的内涵。

（2）落实行为养成。细化实施了集团公司确立的“6S”17 项基本要素，全面

推行了常用8类30句文明用语，10种禁忌岗位行为，推行了职工职业道德岗位规范、升国旗、班后讲评、文明督察等。对班前会设定了七项礼仪程序，即点名、唱企业之歌、诵读理念、班前教育、班后讲评、分配任务、上岗宣誓等。集中对全矿干部职工进行了准军事化培训，改善了心智模式，提高了责任感和执行力。

(3) 实施环境刷新。一方面，着力打造井上硬件。对区队学习室、矿办公楼、矿灯房、“两堂一舍”、职工之家、安培中心、井口等候室等处进行硬件设施改造。在工业广场设置醒目的文化灯箱，兴建了东花园、西花园、假山、人工河等文化景观。并实施文明卫生整治，消灭卫生死角。形成了“地面是花园”的人文景观。另一方面，将重心向井下延伸。在井下主要大巷、采掘工作面的两条顺槽都设立了安全文化理念灯箱牌板等。同时，以“双基”建设为契机，积极改造井下现场生产条件，优化职工工作环境；不断深化质量标准化建设，广泛开展了以推进“工程质量精细化”为主要内容的动态“精品工程”、“精品片区”亮点创建活动，现场设备、材料、用具达到了标志明确，摆放有序，各类物料编码定置摆放，矿井的质量标准化水平得到了全面提升，形成了“井下是工场”的格局。井上、下环境刷新为职工创造了整洁、优美的生产、生活环境，使职工下井有了安全感，上井有了舒适感。“文明生产，体面劳动”得到了淋漓尽致的体现。

以REC精细管理模式，提升管理。以制度文化这个枢纽为突破口，学习借鉴兄弟单位经验，总结许厂煤矿乃至淄矿集团管理经验，结合现场实际，研究开发出了REC精细控制管理模式，扎扎实实进行了实施，并在全公司推广实施。①建立体系，搭建新平台。对全矿112个工种岗位按照精细化4E要求进行责任、操作、标准的细化量化，制定标准3592条，做到任何一项细小工作都有据可依。理顺建立了以班前教育、现场巡查、日清日结、班后讲评、考核公开五大要素为主要环节的运行流程，设计了ABC三卡、一本、一看板，明确了各个环节的职责，建立起了精细管理体系。②实施走动式管理，形成制约机制。按照“管理无盲区，走动零漏洞”的原则，明确巡查时间、区域和跨度，明确每名管理人员的走动式管理职责。通过层层落实走动管理回签，走动追究，实现了交叉监督的闭合管理制约机制，有效控制现场管理流程。③推行“三工并存，动态转换”，构建激励机制。对每个员工当班工作及时考核公开，评选最优最差员工，进行班后讲评，月度最优员工累计成绩予以奖励，最差的员工强化培训或转岗降薪。REC精细控制管理模式的建立和推行，进一步细化了企业的管理要素，从源头上改变了煤矿粗放管理的弊端，提高了管理的透明度和参与率，有效地激发了广大员工的工作学习积极性。

以多维整合提升文化力，促进发展。以REC模式为基础平台，对企业文化建设的构成要素进行多维整合，开发了具有许厂煤矿特色的企业文化体系，促进了企业文化建设的健康发展。①以企业理念作为文化引领系统，深入宣灌，不断开发，培育共同价值观，总结提炼出了“建设平安、富美、五精双高现代化煤矿”的共同愿景、“以人为本、安全为天”的安全核心理念、“安全第一、生产第二”的安全哲学观，以及“快乐学习、安全工作，安全为我，我要安全”等安全理念。②以行为养成、环境刷新、综合控制为支撑系统，不断增强执行力，提升企业形象和管理水平。③以建立全员全方位4E标准为基础系统，不断拓展精细化管理领域。④以编码管理、看板管理、定置管理、信息控制等现代管理工具为支持系统，不断提高管理的现代化水平。实践证明，多维整合既是思路上的整合，也是工作上的整合，更是企业各部门、各层面力量的整合。通过整合，理顺了关系，明晰了责任，形成了合力，将企业文化建设推进到一个新的层次。

三、借助管理创新拓展延伸，推动文化管理取得新突破

企业文化建设是一个不断创新的动态过程，其关键是变革与创新。对此，该矿紧密结合实际，积极探索和实践管理创新，将文化管理的模式，不断在各个领域拓展延伸，进一步促进了企业管理工作，为实现企业又好又快的发展奠定了坚实的基础。

1. 实施安全积分制考核

以“以人为本、珍惜生命”的安全理念为指引，利用精细化流程和人性化措施，对严管重罚的安全管理办法和强制性的“三违”帮教制度进行整合改造，研究制定了安全管理积分制实施细则。安全管理积分制考核，对每个岗位进行排查，建立全员安全档案，随时记录，全程监控。对每名职工的违章情况按次数和性质累计积分，积分电子档案设置报警系统，当员工积分达到一定数值时分别用不同信号自动报警，提示安监处对员工进行处理。职工初次违章可自行选择经济处罚、安全培训、责任担保等处罚方式，随积分增高不断加大处罚力度。自实施安全积分制考核以来，广大职工人人关注自己的安全积分，自主管理的积极性不断提高，“三违”人数呈现出逐月下降的趋势。

2. 实施岗位价值增值管理

实践证明，以精细管理为核心，加强企业文化建设必须做到岗位、现场、管理的每个流程。对此，以试点推行“岗位价值增值精细管理”为契机，遵循“投入精当、控制精细”的成本理念，不断强化职工“人人都是经营者、岗位就是利润源”的意识，以标准成本管理和岗位价值增值“双十策”为核心构架，推行了

内部市场化，成立了成本核算中心，制定了《材料节约奖励条例》，完善了以内部市场化、信息化和成本核算“三个基础平台”和矿、队、班组“三级成本管理控制体系”，形成了全员、全过程、全方位的“三全成本控制管理格局”，确保事前有预算、事中有控制、事后有分析，实现了对材料消耗的精细控制，极大地调动了干部员工增产节约、增收节支的积极性，使单位、工序、岗位之间形成了完全内部市场关系，2007 年减少各类支出 700 多万元，有效地促进了岗位价值增值工作，提高了企业的经济效益。

3. 实施创建学习型组织

随着企业文化建设的不断深化，借鉴学习型组织理论，适时开展了学习型组织创建活动。特别是从 2007 年 7 月开始，聘请北京明德经纶管理科学研究院专家，来矿指导学习型组织创建工作。截至目前，已历时一年半，分期分批，举办学习型组织培训班 33 期，对全矿 2000 多名员工进行了以“自我超越、改善心智模式、共同愿景、团体学习、系统思考，增强责任意识，提高执行力”为主要内容的全封闭强化拓展培训。同时，围绕解决现场管理和安全生产中存在的问题，将创建学习型组织中的“深度汇谈”、“大墙会议”、“课题工作法”、“六边工作法”等管理工具运用到实际工作中，广泛开展了找差、询差、比差、消差、补差活动，进一步增强了员工的事业心、责任感，提高了全员的执行力。许厂煤矿还大力实施了“素质提升工程”，扎实开展了“1123 技能攀升计划”、“争星晋级”技能竞赛和“素质金字塔”攀升和“手指口述”等活动，建立了对“自学取得学历者的奖励制度”和“有证上岗、无证待岗、多证加薪”的激励机制，积极引导职工把“八小时以外”的主要精力转移到学理论、学技术和提高思想素质、强化劳动技能上来，转移到参与继续教育、更新知识上来，形成了“学习—考核—待遇”一体化的格局，呈现出“工作积极干、业余忙充电”的可喜局面。“学习式激励”调动了干部职工学习的积极性，取得了明显的效果，全矿现有 200 多名职工坚持通过业余自学进行在岗学历教育，有 33 名职工晋升为中、高级职称，50 名技术工人晋升为高级技工，95 人晋升为技师。

4. 实施“五精管理”探索

2008 年以来，在系统实施 REC 精细控制管理和岗位价值增值管理的基础上，积极参与中煤政研会以精细、精准、精确、精益、精美为内容的“五精”管理课题研究，承担了“以人为本的五精管理”课题中“英雄行动”的试点任务。参照企业文化建设中“举旗、铸魂、塑形、造势、导形、刷新”六个要素和精细管理中“标准化精细管理系统、干部走动管理系统、岗位作业管理系统、考核激励系统、四项管理技术”五个支撑要件，不断改进管理机制，丰富管理内涵。在普及编码、定置、看板、标志等管理技术同时，遵循“毫米、秒、克、厘”的理念和5E标准要求，自上而下树立“一次做对”的精准作业理念，不断对现行的安全质量标准化进行调整提升，并建立定期“对标、调标、贯标、兑标、升标”的闭合流程。广泛开展“精优作业法”、“卓越管理法”的提炼和征集，先后整理提炼了130多项精优作业法和50多项卓越管理法，编制了五精管理《英雄行动》一书，并在实际工作中得到推广应用，逐步实现了以精细化替代标准化。依靠“五精”管理，规范职工的作业行为，促进工艺流程再造，减少了安全上的薄弱环节，进一步提升了企业的整体管理水平。

杰克·韦尔奇说过：“健康向上的企业文化是一个企业战无不胜的动力之源。”企业文化虽然不能直接产生经济效益，但它是企业能否繁荣昌盛并持续发展的一个关键因素。我国著名的经学家于光远曾说过：“关于发展，三流企业靠生产、二流企业靠营销、一流企业靠文化。”由此可见，企业文化建设的重要性。通过几年来许厂煤矿企业文化建设的实践也足以证明，企业的发展的确离不开先进的企业文化。先进的企业文化是推动企业发展的原动力，是促进企业管理的重要资源。因此，许厂煤矿绝不可忽视企业文化在企业可持续发展中的重要作用。要下大力气狠抓企业文化建设，用文化管理引领企业的又好又快发展。

第九章　可持续发展下的许厂煤矿企业文化建设过程

按照企业文化创建变革的一般过程，许厂煤矿成立企业文化运营团队，对文化进行定位，提炼准确、科学、精炼的愿景和战略等，形成核心的价值观，也就是精神层面的重塑。通过准军事化等的培训以及宣传手段，结合战略和目标，形成了公司的精细化管理、军事化管理等管理制度体系（企业文化的行为和制度层面）。通过认真执行，企业的形象、外貌以及管理获得提升（物质和形象层面）。具体过程包括：成立团队、价值定位、精炼精神、制度形成、军事训练、外貌改观。

第一节　成立企业文化建设团队

许厂煤矿矿区企业文化建设工作在集团公司党委领导下，党政共同负责，由集团公司精神文明建设指导委员会组织协调，文明办负责日常工作，并实行工作任务小组负责制。下设五个项目组：

企业经营哲学包括发展战略、经营理念、营销策略、管理模式、工作思路、奋斗目标等。

企业精神以及与企业文化相关的座右铭、承诺口号、企业用语等，由党委办公室牵头、董事会秘书处、总经理办公室、改革改制办公室、管理规划部负责抓好。

企业徽志、歌曲、旗帜、标志等，由矿区工会牵头，团委、文化体育中心负责抓好。

企业规章制度由管理规划部牵头，劳动保障部、总经理办公室负责抓好。职业道德规范由矿区工会和宣传部共同抓好。

企业形象由宣传部牵头，宣传部、煤炭运销部、总务管理处分别拿出具体实施意见，总经理办公室、劳动保障部、医疗卫生中心、环保节能中心、组织人事部、纪委等部门负责共同抓好。

各小组牵头部门按照分工，既负责集团公司的该项工作，又负责检查督促基层各单位抓好该项工作。各基层单位也建立了相应的组织机构，明确部门和专人负责，工作落到实处。

集团公司对项目团队进行企业文化建设的培训，使他们能够胜任企业文化建设工作。在党校举办企业文化专题学习班，集中有关人员系统学习企业文化知识并组写宣传材料，抓好相关知识的普及。同时，组织部分骨干到海尔等先进单位参观学习，开阔视野，借鉴经验。并邀请专家来矿区讲授企业文化知识，同时开展好对企业文化的专题研讨活动，积极探讨企业文化的内涵、方法、途径、措施，提高理性认识，指导工作实践。各基层单位利用学习班、专题讲座、理论研讨、考察学习等形式对领导干部和骨干进行培训。通过经过培训的企业文化建设的相关项目团队分析公司情况，诊断现状：

(1) 经济全球化进程不断加快，我国已加入世界贸易组织，随着市场经济的迅速发展，改革的日益深化和对外开放的进一步扩大，提高企业的整体实力，着眼和立足于国际市场的竞争，成为时代赋予大中型骨干企业的重要历史使命。在新的形势面前，许厂煤矿要想参与最高层次的竞争，适应时代发展要求，在日趋激烈的市场角逐中站稳脚跟，壮大自身，就必须与时俱进，更新观念，下大工夫进行制度创新、管理创新，在思维方式和管理方法上进行重大变革，培育出良好的物质文化、制度文化、行为文化，逐步构建出独具特色的企业文化。

(2) 企业文化是当代最为科学的管理理论，对于总结改革经验，把握企业管理真谛，确立具有个性特色的管理理论、管理模式、管理方法具有重要作用。无视经济利益或单纯依靠物质刺激和行政手段都会走入管理误区，加强企业文化建设就可以从物质和精神两个方面调动许厂煤矿全体职工的智慧和积极性，激活企业内在动力，最大限度地发挥企业的整体效能。

(3) 长期以来，矿区通过加强精神文明建设和思想政治工作，企业文化建设工作取得了一定成绩，不少单位利用企业精神、企业徽志、企业歌曲，抓企业文化试点的培育和推广，在矿区和社会上产生了良好影响。但是从整体上看，矿区企业文化建设与形势发展的要求相比，还存在很大差距。①认识不全面，存在着把企业文化等同于文体活动的狭义理解。②认识较肤浅，没有充分认识到企业文化是企业核心竞争力的要素。③工作不系统，没有当做系统工程来抓，总结、积累、提升不够。④与现代企业制度结合不够紧密。

经过对内外情况的调查分析，我们认识到要使许厂煤矿公司成为真正意义上的现代企业，就不能没有自己的企业文化。进一步加强企业文化建设，培育良好的企业精神，锤炼过硬的作风，树立共同的价值观，制定共同遵守的行为规范，

促进煤炭生产持续、健康、稳定的发展，才能为改革、发展、稳定提供强大的精神动力和智力支持。矿区各级党政工团组织和各级干部，充分认识到建设企业文化的重要性、迫切性，从战略高度重视企业文化建设，采取有效措施抓好了企业文化建设。

第二节　许厂煤矿企业文化再定位

通过诊断，许厂煤矿认为应该重点在以下七个内容上进行重塑：

（1）逐步创立企业经营哲学。企业经营哲学是企业人格化的基础，是企业形成独特风格的源泉，是企业进行总体设计、总体选择的逻辑起点，在企业文化建设中占据首要地位，必须率先抓好。集团公司和二级单位的领导班子及成员要集中一段时间认真坐下来学习相关知识，分析各自状况，精心研究探讨加强企业文化建设的宏观问题，把握企业文化建设的总开关，确定出各自的总体发展战略、经营理念、营销策略、管理模式、工作思路和奋斗目标，认真研究总结哲理性、实用性强的新观点、新理念，形成共同的价值取向，发扬和衷共济的团队精神，激励职工为实现企业的共同愿景而奋斗。

（2）培育和发掘企业精神。企业精神是企业职工的一种群体意识，是企业文化的核心内容。企业精神的提炼和发掘要体现先进性，反映先进群体的价值取向，成为先进文化的组成部分；企业精神应具有煤矿特点、许厂煤矿特色，并为广大职工群众认同。集团公司和各单位应注意总结生产经营过程中形成的职工群体意识，经过酝酿讨论、挖掘内涵、总结归纳、提炼升华、文字表达等阶段，在反复征求意见的基础上产生、确立起各自的企业精神。同时，通过标语口号、舆论工具、典型示范、开展活动进行广泛传播，努力为职工群众所掌握，并以此指导企业和广大员工的行动。

（3）完善企业职业道德规范。企业道德规范是企业“软”文化的重要内容，对于调整企业与职工、职工与职工的关系十分重要。各单位要在以往工作的基础上，进一步完善职工对企业、企业对职工、职工与职工之间的道德规范，充实区队间、班组间、岗位工种间的职业道德内容。同时，抓好道德养成教育，树立先进典型，宣传有关知识，形成良好的企业道德风尚。要开展好履行道德规范的实践活动，通过对职工行为的实际调节，强化全体职工的道德意识、道德观念和道德品质。要按照枣庄市文明委〔2002〕4 号文件精神组织开展好征集公民道德规范歌、三字经、千家诗、千字文活动，把“三德”基本要求渗透到职工生活各个环节，引导职工自觉遵守基本道德规范，在自觉参与中不断升华道德境界。

(4) 不断完善企业制度。企业各项管理制度在企业文化体系中占据重要地位，各单位要在加强企业文化中抓好整章建制工作，制定完善企业各项规章制度，使每个人该做什么，不该做什么，怎样去做，做到什么程度，都有严格具体的规章制度加以约束，形成有序的工作状态。煤矿地下作业系统多、环节多、工种岗位多，要求多种制度为之服务，必须健全制度体系，规定工作标准，确立工作秩序，从而推动企业管理的加强。在抓制定的同时，还要抓执行，形成严、细、实的工作作风，坚决遏止有纪不遵、有章不循的行为。要教育职工增强对企业制度的认同感和上标准岗、干标准活的自觉性，形成遵章守纪的良好风气，从而保证企业目标的圆满完成。

(5) 积极营造企业文化氛围。企业徽志、歌曲、旗帜、标志是企业文化的重要组成部分，是企业精神和价值观的外在表现形式，对于增强企业向心力、凝聚力、自豪感具有重要作用。许厂煤矿通过开展设计、制作、谱写、演唱、升旗、佩戴等活动，强化共同体意识，展现崭新的精神风貌。同时，要做好座右铭、服务宗旨、承诺口号的征集、创制、宣传工作，提高企业的文化层次和品位，增强企业的知名度和竞争力。

(6) 塑造良好的企业形象。企业形象是企业两个文明建设的外部表现，是企业实力、素质、信誉、竞争力的重要标志，是企业的无形资产。要抓好过硬的产品形象，在产品质量、品种、信誉、售前售后服务、市场占有率、用户满意度上下工夫，努力打造枣庄煤炭的品牌；树立可信的经营形象，做到依法经营，讲道德、守信用、重合同，创造卓越的经营业绩；要建设优美的环境形象，在生产设备、厂房建筑、环境改观、净化、绿化、美化方面凸显企业个性特点；要保持优良的员工形象，把职工形象的养成当做大事来抓，采取有效措施，提高职工的思想品质和业务技能，调动他们的积极性；要加强文体设施建设，大力开展健康有益的活动，丰富职工的业余文化生活。

(7) 实施半军事化管理。对员工进行半军事化管理，是锤炼队伍作风，加强矿风矿纪，培养特别能战斗精神，制定塑造员工良好形象的有效措施。集团公司将指定试点单位，开展半军事化训练，并在取得试点单位经验的基础上，组织各单位进行内部参观学习，之后制订实施意见，组织全面推开。

第十章 可持续发展下的许厂煤矿创新绿色安全管理的方法与途径

第一节 管理创新与绿色安全管理方法

安全是煤矿永恒的主题，抓好安全生产、实现矿井长治久安是所有煤矿管理人员动脑子最多、下工夫最大、长期探索追求的问题。许厂煤矿是一个开采条件复杂、生产环节多、安全管理难度大的矿井，如何抓好矿井安全，事关职工的根本利益，也关系到企业的改革、发展和稳定大局。面对这种错综复杂的安全新形势，单纯依靠传统的管理方式显然已不适应时代的要求，必须以新的视角、新的思路来应对不断变化的安全形势，增强抓安全工作的针对性和实效性，保证安全工作的健康、稳定发展。为此，许厂煤矿坚持抓安全要按照“新思路、新举措、新突破”的原则，将创新贯穿于安全工作的始终，运用发展的新视角不断探索研究搞好安全管理工作的方法和途径，并在实践中不断健全完善，推动了矿井安全工作的健康稳定发展。并在实践中证明，安全工作是各项工作正常开展的前提和基础，没有安全的环境，一切无从谈起。如何搞好煤矿安全生产，建设本质安全型矿井，实现长治久安，必须始终坚持科学发展观，坚持管理创新。

一、绿色管理在理念观念上重“新”

要做到思想观念不断创新，增强职工安全生产意识。“观念决定思路，思路决定出路”，思为行之先。要实现矿井的长治久安，树立正确的指导思想和工作思路至关重要，特别是针对不断变化的矿井形势和当前严峻的安全压力，首先应该从思想、思路和理念上创新，要跳出习惯性思维和传统套路，运用现代安全生产管理的新理念指导生产，坚持做到“不安全不生产”。近年来，许厂煤矿以职工为核心，坚持把“人本”管理作为安全工作的灵魂，从抓思想、提认识、转观念入手，突出“安全”主题和“人”的核心位置，不断丰富和提升安全文化内涵。一方面，努力打造“以人为本，安全为天”的安全核心理念，精心培育“安全是职工最大的幸福，安全是干部的政治生命，安全是企业最大的效益”、“事故是可防可控的，任何事故和隐患都可以杜绝”、“不是煤矿消灭事故，就是事故消灭煤矿”和“安全工作无小事，小事也要当大事，才能确保不出事”等安全文化理念，实现了从传统管理向文化管理的过渡。另一方面，注重营造安全、文明的生产工作氛围。在工业广场、井底大巷、工作头面等地悬挂各类安全祝福、安全警句图板、灯箱、安全漫画，建立了安全文化走廊、安全板报、安全园地和井底观摩硐室，形成了强大的视觉冲击，增强了职工安全意识，丰富和发展了安全工作内涵。同时，充分利用安全活动日、班前班后会等时间，利用广播、电视、局域网络等现代化宣传工具，广泛进行宣传动员，形成强大的舆论攻势，强化了职工安全意识，实现了职工由“要我安全”向“我要安全”的思想意识转变，筑牢了安全思想防线，推动了安全工作不断上台阶、上水平。

二、绿色管理在保障制度上重“全”

要把国家、省和集团公司等上级有关安全法律法规与实际紧密结合，使安全生产有法可依、有章可循，最终达到全面提升安全管理的目的。许厂煤矿在坚持安全生产责任制、安全风险抵押金制度、安全隐患排查治理制度等制度的基础上，继续加大了制度创新力度，充分发挥制度的约束力、效用力。

（1）突出安全主导地位，改变工资分配办法和工作制。突破原来工资分配模式，以安全为重点，将安全责任纳入结构工资进行量化考核，发挥经济杠杆导向作用，突出安全在工资中的主导地位，推行以安全占 40%、质量占 30%、任务占 30% 的“四三三”新型结构工资分配制度，调动责任心、增大压力感，正确引导安全与生产的关系，固化了“安全第一、生产第二”的安全理念；深化安全核心理念，优化劳动组织，改变传统生产作业方式，在井下单位推行“四六”工作制和“集中休班制”，严禁出现加班延点现象，降低了职工劳动强度，消除了职工因疲劳作业带来的各种不安全因素。

（2）完善闭合管理体系，推行安全积分制考核。随着安全观的发展和市场化安全管理的不断深入，原有的“三违”处罚制度无形中暴露出了管理上的粗放。如管理人员在现场对各类违章及隐患处罚随意性大，没有统一的标准，造成隐患处罚不规范、职工意见大、产生逆反心理等现象，使隐患处罚不能真正起到制止“三违”、消除隐患的作用。为有效解决这一问题，防范人的不安全行为发生，打破以往以罚代管、以罚代教的传统管理方法，创新管理机制，深入推行了安全积分制管理。对现场查出的问题和违章现象制定详细的积分标准，规定月度安全积分为 15 分，季度积分为 40 分，对安全积分超过月度或季度规定上限者，按照严

重“三违”的帮教程序进行“过五关”处理，并与月度、季度安全奖金挂钩，既实现了安全压力的层层传递，又体现了安全责任的全员共担。同时，实施首查负责，限期整改，定期复查，责任追究，形成人人抓安全、自主保安全的闭合管理体系，有效地消除了事故隐患，减少了“三违”现象，消除了不安全因素，实现了责任追究即时化、安全管理公开化、积分管理规范化、问题整改迅捷化，提高了全员安全意识。

（3）实施工艺流程再造，全面推行“手指口述”工作法。着眼于实现本质安全，经过大量现场跟踪写实，分专业口对各工序进行工艺流程再造，重新制定了以现场准备、施工组织、工艺流程、安全注意事项等为主要内容的流程标准和保安措施，筛选出了一批具有较高安全保障系数和最优工作效率的作业模板。通过加强职工学习培训，狠抓现场督察实施，规范了职工安全作业行为，引导职工逐步养成按标准流程作业的良好习惯，使现场操作更加规范化、科学化、标准化，有效地防止了因误操作带来的各类不安全因素，提高了现场安全保障系数。在毫不放松地抓好各岗位工艺流程再造的同时，按照“试点先行、整体推进”的思路，于2008年3月强力推行了“手指口述”工作法。通过采取广泛发动、典型引导、召开现场会、推进会、座谈会、成立协调指导组加强指导等形式和监督、考核、奖惩等措施，在最短的时间内解决了推行过程中个别管理人员积极性不高、认识不上去、职工存有羞涩心理、区队之间相互取笑等障碍问题，保证了稳步推进。同时，把“手指口述”纳入安全积分制考核的重点内容，并对推行起步早、行动快的先进单位给予经济奖励，通过正面引导和制度制约，保证了全面推开。“手指口述”工作法能够让职工在生产全过程中达到注意力和物的可靠性高度统一，做到了心到、眼到、手到、口到，全神贯注，职工自主保安和相互保安能力显著增强，有效地减少了违章和误操作现象，达到了以行为规范保障安全生产的目的。

三、绿色管理在培训上重“变”

要针对职工长期存在“看惯、听惯、习惯”的三惯现象，做到培训方式不断变化，以增强职工对培训的吸引力，增强培训效果。几年来，许厂煤矿始终把教育培训作为转变职工思维模式、培育先进安全理念和提高安全意识的关键环节来抓，按照“实际、实用、实效”的原则，多措并举，多管齐下，努力提高职工安全意识和安全防护本领，从源头上预防事故发生。

（1）内容“全”。着眼于专业技术素质提高，运用三维动画、CAD制图、幻灯片等技术制作大量多媒体课件，为基层单位开展自主培训提供技术支持；建立井下模拟综采工作面培训基地、地面电气维修基地和机电设备操作培训中心以及两个“首席技师培训工作室”，采取由技术骨干讲解操作维修原理或聘请设备生产厂家技术员来矿办学等方式，增强培训的针对性和实效性，加快了素质提升。

（2）形式“活”。着眼于促进人的全面发展，大力开展“争做知识型员工”、“1123技能攀升工程”、“争星晋级竞赛”等活动，加快素质提升工程实施。并于2007年导入学习型组织创建这一当今先进的管理模式，对全矿所有人员分期、分批、分层面开展强化培训班，并完成拓展训练基地设施建设，满足了开展内部培训需要。通过封闭式培训以及户外拓展训练，使职工的精神面貌和思维方式发生了深刻变化，极大地调动了职工主动学习的热情，形成了人人学习、全员创新的良好局面，促进了全员素质的快速提高，为矿井长远发展注入了新的生机和活力。

（3）机制“实”。着眼于矿井的可持续发展，采取多种方法和渠道，加快各类人才培养步伐。制定出台了《关于鼓励职工自学成才的补充规定》等激励机制，激发了学习活力。鼓励干部职工积极参加在职学历教育，并给予发放学业补助，提高干部职工学习积极性，为企业长远发展储备人才、积蓄力量。加强与高校交流与合作，不定期安排员工去高校进修、参加各类讲座、培训班等，建立与外界畅通的信息交流平台，不断开阔视野，加快知识更新，形成了企业自身的人才链条和梯队。

四、绿色管理在教育上重“情”

要“以情感人，以理服人”，彻底改变原来“以罚代管”的管理模式，从而调动职工群众的积极性。调动职工群众的积极性在于教育，至关重要的是各级领导干部能否真心实意地为职工群众办实事，真正替职工群众着想，根本的问题也就是对许厂煤矿的矿工有没有感情。实施亲情教育是实现安全生产的重要手段和途径。在亲情教育中，一是为职工送温暖，激发职工的工作热情。特别是在每年的“安全生产月”活动中和重大节日期间，坚持把对职工安全上的关心融入到送温暖活动中，组织群监员、协管员、女工等人员到井口为职工送“平安果”、鸡蛋等，使职工深深感受到了矿领导的关怀和大家庭的温暖，提高了职工安全生产的自觉性，为安全生产稳定发展起到了促进作用。二是对“严重三违”人员实行“过五关”人性化教育。为保证职工按章操作，有效杜绝“严重三违”现象的发生，对“严重三违”人员实行“过五关”人性化教育，即分析处理关、分级谈话关、安全教育关、曝光亮相关、家属帮教关。尤其是家庭帮教关，充分体现了家属对“严重三违”帮教所做工作的关键性，进一步促进了教育效果。

五、绿色管理在制度落实上重“严”

“没有规矩不成方圆”，但是有了制度不去执行，制度只能是一纸空文。落实上重“严”就是指安全管理不能是纸上谈兵，必须狠抓落实，落到实处，只有这样许厂煤矿的矿井安全生产才能有保障。①强化监督检查。这是落实安全生产的根本，许厂煤矿通过采取“值班、带班”、“小分队检查”、“零点行动”、“拉网式检查”、“解剖式检查”等形式，对各项工作严格进行考核落实，做到事事有标准、有考核验收。并按照“凡事有章可循，凡事有人负责，凡事有据可查，凡事有人监督”的原则，实现了从工作安排到制定标准、现场落实、过程监督、考核兑现一条线管理，有效堵塞了管理漏洞，激发了干部职工工作的自觉性、主动性和积极性。②大力推行责任追究制。这是实现安全生产的关键，本着“狠抓不落实的事，严惩不落实的人”的原则，实施了“副总以上矿领导挂靠督导制”、“现场确认制”和“处罚连带制”，严格执行“谁分管谁负责、谁检查谁签字、谁整改谁签字、谁验收谁签字、谁签字谁负责”的规定，推动了精细化管理工作不断上台阶。

六、绿色管理在创新科技上重“优”

“科技是第一生产力”。科学技术与煤矿安全生产是一种渗透、优化的关系，对安全生产发挥着主导性作用。也就是说，没有科技的不断进步，安全管理将难以保障。基于这一认识，许厂煤矿结合自身实际，大力实施“科技兴安”的战略。

（1）坚持以人为本，牢固树立科学技术是第一生产力的思想，形成尊重知识、尊重人才的良好氛围，为工程技术人员创造了有利于发展的内部环境。制定《技术创新考核暂行办法》和《关于对创新成果进行奖励的通知》等奖励政策，广泛开展小改小革活动，坚持每季度评选一次“革新创意项目”和“革新创意能手”，对优秀科技成果和在科技工作中做出突出贡献的先进集体和个人分层次、按等级给予重奖，充分调动科技人员的积极性和创造性，为科研攻关和安全生产打下了坚实的基础。同时，适时组织人员外出学习培训，在实践中加速培育和造就一批“智力型”、“知识型”的技术骨干和管理人员，为技术人员岗位成才搭建了平台。

（2）突出科研重点，集中精力解决矿井开采中的一系列安全技术难题。以攻克关键性技术难题为重点，坚持走产学研相结合的道路，积极与科研院所联合攻关，取得了《无煤柱易燃煤层综采放顶煤“孤岛”面综合防灭火技术》、《开采易燃煤层无煤柱自然发火预防及应急技术》等一系列研究成果，增大了防火工作安全系数，实现了建矿10年未发生煤炭自燃发火事故。着眼于孤岛面安全回采，优化开采、支护工艺。与中国矿业大学合作开展了“430 采区深部孤岛工作面煤柱尺寸优化及两巷围岩控制技术研究”。对 430 采区深部孤岛工作面煤柱尺寸进行优化布置，做到合理留设，实现了安全快速掘进。同时，进一步优化两巷支护工艺，增大了支护强度，有效控制了 4303 皮带顺槽巷道两帮移近量、顶板下沉量、底板的底鼓量，提高了工程质量，为孤岛面回采提供了安全保障。着眼于提高工程质量和职工安全防护意识，推广新型喷浆材料应用技术。针对传统喷浆材料及工艺在喷浆施工中粉尘量大、回弹量多以及对井下空气和工作环境污染严重且浪费等技术难点，积极展开科研攻关，成功研发应用了新型喷浆材料和喷浆工艺，提高了喷浆材料的黏聚力，并大大减少了回弹料。同时，聚合物通过和水分相互作用，对容易形成粉尘的颗粒物质充分黏聚，使粉尘不易脱离物料，从而达到喷浆时降低粉尘浓度的目的。该工艺的应用，减少了井下材料占地面积和富余人员，降低了工人劳动强度，大大提高了安全系数，使粉尘浓度对比降低 50%，喷浆回弹率降低到 15%以下。

与中国矿业大学开展合作，确立了《建下条采保护煤柱矸石置换式开采综合技术研究》课题，成功实施了矸石充填置换开采新技术，实现了用矸石换煤炭的构想，每年可置换煤炭 20 万吨，有效地解决了“三下压煤”，减少了地面沉陷，实现了矸石不升井、地面矸石逐步倒流井下的目标，最大限度回收了煤炭资源，达到了经济、环境、社会效益“三赢”。该研究成果被煤炭工业技术委员会评为 2006 年度煤炭工业十大科技成果，得到了上级煤炭主管部门的大力推广。许厂煤矿着眼于矿井水的深度开发，投资 1000 多万元建成了山东省规模最大、日处理能力为 3 万立方米的矿井水深度处理站，处理后的矿井水水质浊度、色度、细菌学指标均达到了一级生活饮用水卫生标准。努力在矿井水的综合利用上做文章，铺设了井下、工厂绿化以及宿舍中水管网，实现了除饮用水以外其他用水全部利用矿井水。在满足自身需要的同时，加强与周边用水企业协调联系，实现了矿井水对外出售，提高了矿井水附加值，为企业带来了新的经济增长点。

（3）加大科技投入，提高矿井安全保障水平。大力实施“科技兴安”战略，积极推广应用新设备、新技术，加大监测监控力度，依靠科技水平的提高，为实现安全高效生产提供了有力支撑。先后建立 KJ214 井下人员定位、KT18 无线通信网络、KJ76 通防安全监测监控、水文动态实时监控报警、矿压监测、顶板离层监测、放炮智能管理、粉尘在线检测等十大监测监控子系统，完善了以调度指挥为主，机电和通防为辅的三个远程检测监控中心，并将三网合一，实现了对煤炭生产、设备运行、生产调度、安全监测监控等实时远程监控和数据自动采集，提高了对各类问题的准确判断及应急处理能力。全面实施综合自动化工程，完成了地面 1000 米工业以太环网平台建设，实现了对主副井提升机系统、110 千伏

变电站、主提风机系统、压风机以及井下供电、主运输皮带、架空乘人装置等重要生产场所运行状态的实时监测，达到了超前预防机电事故的目的，提高了对各类问题的预警预测预报和快速反应能力，打造了数字化、自动化、信息化矿山，夯实了安全生产根基。着力提升矿井信息化水平。对矿区局域网络系统和网站进行了完善升级，所有文件、信息均达到了网上传输，实现了无纸化办公；积极与科研单位合作开发出了《材料定额管理信息系统》，实现了材料消耗数据实时反映，为推行内部市场化提供了技术支撑；与科研单位共同研发了具有国内先进水平的防作弊系统，采用高科技手段，杜绝了倒换车牌等作弊行为，彻底堵塞了销售漏洞。

七、绿色管理在创新环境上重“谐”

就是坚持以人为本，积极为职工办好事、解难事，用先进的装备和管理方法营造良好的安全环境，用良好的安全环境保障安全生产。近年来，许厂煤矿以科学发展观为指导，坚持用发展的眼光来认识环境建设、加强环境建设，为矿井安全发展提供了坚实保障。积极改善职工工作条件，着力在降低职工劳动强度上想办法、做文章。针对 530、430、1160 采区斜巷距离长和 330 采区平巷距离远、职工上下班费时费力的实际，在四个采区轨道巷和运输大巷分别安装了架空乘人装置和平巷人车，形成了“四车同运行”的局面，减少职工徒步往返行程 9200 多米，为职工节省了大量体力付出，大大提高了工作效率，保证了职工有更多的精力投入到安全生产中去。狠抓质量标准化管理。把“五精”管理理论引入质量标准化建设中，大搞精品片区创建，按照精准管理“一次做对”理念要求，重新制定各岗位施工标准，狠抓现场落实，并实行最优片区月度评选制度，采取组织各单位区队长、班组长、生产骨干现场观摩、召开恳谈会、开展深度会谈等方法大力推广先进单位经验，在全矿形成了你追我赶的良好格局，提高了各单位抓工程质量的积极性和压力感，促使质量标准化建设水平再上新台阶，为安全生产创造了良好的环境。

总之，安全是一项系统工程，只有起点没有终点，涉及方方面面的内容，需要不断地创新和发展，需要管理的持续改进。为此，只有全面落实科学发展观，不断创新思路、转变观念、创新管理、提升装备水平和改善生产环境，才能打造本质安全型矿井，实现又好又快发展，创出更好的安全业绩！

第二节 许厂煤矿基于绿色安全生产理念的岗位“手指口述”法推广

“手指口述”安全确认工作法，是国际认可的先进安全管理办法，是煤矿企业本质安全创建与和谐矿区建设赋予安全工作的新内容。通过推行“手指口述”安全确认工作法——心想、眼看、手指、口述的工作方式，能够促使员工牢记安全操作过程及作业要领，是规范员工安全生产行为、落实安全措施，确保安全生产的有效管理模式。许厂煤矿自建成投产以来，始终在不断探索职工教育方法，提高职工技能，有效地促进了安全生产。打造本质安全型职工队伍，创建本质安全型矿井，2007 年 5 月，借鉴先进管理经验，在部分单位试点推行“手指口述”安全确认工作法。经过一年多的试点，2008 年 7 月，在全矿正式推开。

第十一章 “手指口述”安全工作法理论与实践

“手指口述”工作法是许厂煤矿安全管理方面的重要创新和改革，它充分体现了许厂煤矿以人为本，绿色安全发展的管理理念，践行了煤矿安全管理新模式，使许厂煤矿整体安全管理水平上了一个新台阶。事物是在不断发展中前进的，随着许厂煤矿现场条件的不断变化，以及管理水平的不断提高，必须对“手指口述”工作法进行大量的学习和实践，把“学、思、悟、行”的理念糅入其中，不断进行改进和完善，使“手指口述”工作更加充实和实用。“手指口述”就是在工作中以预防职工现场发生安全事故为目的，运用心想、眼看、手指、口述等一系列行为，对工作过程中的每一道工序进行确认，使“人”和“物”的注意力的可靠性达到高度统一，从而达到避免违章、消除隐患、杜绝事故的目的。“手指口述”对于预防安全隐患、强化安全基础管理，无疑是一剂良药。

第一节 “手指口述”工作法提出的背景

据统计，自2006年以来，党和政府出台了与煤矿安全生产相关的政策、政令达90余部，平均每三四天就出台一部，频率之快、力度之大、影响之广，实属历史罕见，这充分反映了国家对安全生产工作的高度重视。近几年来，煤矿行业连续发生多起恶性事故，迫使各级政府及安全生产管理人员对安全管理的研究与实践不断升级。“手指口述”安全确认工作法作为一种全新的安全管理模式，其优越性已得到了多数煤炭企业的一致认可。目前，该工作法已在省内外煤炭行业及非煤行业广泛推行，许多行业对对该工作法的研究已达到相当高的层次。推行“手指口述”安全确认工作法，既是顺应煤矿行业发展形势的实际需要，也是安全生产的迫切要求，更是矿井实现长治久安和平稳健康发展的基本保证。

许厂煤矿原来在现场施工中，职工的行为虽然没有造成大的后果，但也存在着很多危险源，提心吊胆，只是没有很好的办法来约束。规程措施现场落实仍存在“平时执行，忙起来不执行”的不良现象，同时，操作者在一定程度上受到各种外界干扰，如生理不适和疲惫劳累造成的体能下降的干扰，心里烦躁和情绪波动造成的心态失控的干扰，对其他人和事的好奇心引发的注意力分散，由噪声、风、潮湿、阴暗等环境因素导致的身心不适，自己家庭的各种经济的、精神的压力和欲望激发的分心走神，由贪求安逸或侥幸麻痹驱使的随意放任和明知故犯的违章，另外管理干部的处罚、“唠叨”，等等。鉴于以上原因，许厂煤矿通过学习先进单位经验，结合自身实际，深入调查、分析、研究，认为“手指口述”工作法能够有效避免上述问题，可以有效遏制人的不安全行为，为安全生产提供有力保障。

推行“手指口述”安全确认工作法是事故教训的启示。作为集团公司的支柱矿井，许厂煤矿也曾发生过重大非人身事故。目前，现场的“三违”现象仍居高不下，安全生产的压力非常大。经过认真反思以往发生的事故，许厂煤矿认为绝大多数事故的发生，不是因为设备不先进，也不是因为无章可循，而是由于职工的不规范行为所造成的。实践证明，通过事前安全确认，许多安全事故都是可以避免的。例如，许厂煤矿在建井初期曾发生过矿车坠井事故，如果当时经过安全确认，再进入下一道工作程序，这类事故就可以避免。安全工作“不怕一万，就怕万一”。确认1万次、10万次，能够避免1起事故，也是值得的。“手指口述”安全确认工作法能够帮助许厂煤矿养成科学严谨的工作态度、一丝不苟的工作作风。长期坚持下去，规范的操作行为就能变成职工的良好的作业习惯。良好的作业习惯就能成为保障安全的坚强屏障，就能够最大限度地消除隐患、“三违”和事故。这样不仅可以避免悲剧发生，而且可以减少批评、罚款、处分，消除各类不和谐现象，实现矿井的平安和谐发展。

推行“手指口述”安全确认工作法是身心规律的体现。从行为学的角度来看，人既是生产力的决定性因素，又是具有多种缺陷的个体，伴随与生俱来的惰性，工作过程中注意力容易分散和产生错觉，习惯走“捷径”。当职工的错误行为，与设备、设施或环境的危险状态相重合时，就容易导致事故的发生。通过实施“手指口述”安全确认工作法，有助于防止人的误判断和误操作，有利于提高操作人员的注意力和思维连续性，最大限度地克服松懈麻痹思想，减少偷懒行为。

推行“手指口述”工作法，是锻造一支高素质队伍的需要。锻造一支高素质的职工队伍，是实现矿井可持续发展的需要。近年来，许厂煤矿持续抓精细化管理，强化职工教育培训，实施职工“技能素质提升工程”和“攀升计划”。虽然取得了初步成效，但是“生命至上，安全第一”、“制度至上，精准执行”的理念，还没有真正入心入脑，规章制度执行不严、操作行为不规范等现象仍然存在。实施“手指口述”安全确认工作法，可以振奋职工精神、提高职工安全意

识、规范职工作业行为、增强职工自保互保能力，是建设一支职业道德好、业务技术精、执行能力强的高素质队伍的重要途径。

推行“手指口述”工作法是身心规律的体现。从行为学的角度来看，人既是生产力的决定性因素，又是具有多种缺陷的个体，伴随与生俱来的惰性，工作过程中注意力容易分散和产生错觉，习惯走“捷径”。当职工的错误行为，与设备、设施或环境的危险状态相重合时，就容易导致事故的发生。通过实施“手指口述”工作法，有助于防止人的误判断和误操作，有利于提高操作人员的注意力和思维连续性，最大限度克服“三乎三惯”思想，减少偷懒行为。

第二节 “手指口述”工作法的内涵

煤矿是高危行业，煤矿的生产作业特别是井下作业的危险性是很大的。从推行“手指口述”开始，逐步进行作业行为标准化的养成训练，能有效地改善作业行为的安全可靠性，并且能够由此提高作业质量，逐步实现作业行为的精细化。推行“手指口述”安全确认工作法，就是要把现场管理由粗放随意向精细严谨转变，核心是促进员工行为养成升级，培养员工以积极的心态，主动预知生产过程中的危险，并能采取合理的方法进行规避。

工人在作业过程中的操作失误的原因非常复杂。主要表现为以下五个方面：

(1) 安全意识不强，不能警钟长鸣、时时刻刻绷紧安全弦。很多人在同样的环境条件下劳动了很长时间以后，原有的警惕性就自然而然地降低下来，麻痹、侥幸、自以为是的心理意识就成为思维定式，其结果是疏忽一时、悔恨一世，甚至丢了性命，连悔恨的资格也没有了。

(2) 个人的性格个性差异。心理学把人的性格气质分为四种：多血质的活泼好动；胆汁质的急躁勇猛；黏液质的静默柔缓；抑郁质的沉稳孤忧。许厂煤矿在作业过程中能够感受到，有的人冒失莽撞、风风火火、毛手毛脚，也有的人反应迟钝、慢慢腾腾、漫不经心。这些性格缺陷，都是极有可能导致事故的原因。

(3) 操作者的心理素质问题。人的基本心理素质是有差异的。有的人记忆力强，有的人则记性不好忘性大、丢三落四。有的人注意力强，有的人却总是精力不集中、恍恍惚惚。有的人意志力强、能够控制把握自己，有的人则比较脆弱软弱、缺乏耐性耐力。有的人情绪稳定，有的人则得意时忘乎所以、遇挫折就委靡不振。这是说不同人的心理素质不同。即使同一个人在不同的情况下，也会遗忘、心神不宁。

(4) 操作者的生理因素影响。人的体能不仅有强弱之分，而且人的持久能力、爆发力、视听辨别能力、应变反应能力都是有很大差异的。再加上工人在劳动作业过程中的生理心理疲惫、各种疾病伤痛的折磨，都会严重干扰操作安全、增加事故发生概率。

(5) 操作者的技能和经验的制约。技能和经验是作业安全的基本保障。训练有素且经验丰富的熟练操作工，对作业环境的适应能力、对设备工具的驾驭能力、对事故隐患的防范警戒能力，都是比较强的。同时他们也容易由于技能高、经验多而自恃骄傲导致麻痹疏忽。

这进一步说明，工人在作业过程中的操作失误原因多数是人类特点导致的人为错误。是对作业者、操作者的一种非常中肯的提醒，让人强烈地意识到自己是一个普通人，是人就有可能发生作业的错误失误。“手指口述”安全确认工作法，就是有效地避免操作失误的科学方法，其主要理论依据和基本内涵包括：

(1) 集中操作者的注意力，促使操作者持久地保持高度的注意力。工人在生产劳动过程中，日复一日地从事艰苦的而且往往是单调枯燥的作业，缺乏挑战性的刺激和新奇引发的兴趣。每一个操作者都经常会产生心理的麻痹，会不由自主地分散注意力。“手指口述”通过手指来引导眼看心想，通过口述来引导耳听心想，通过心（脑）、眼、耳、口、手的指向性集中联动而不断刺激操作者的大脑皮层，强制操作者集中注意力。

(2) 增强操作者的稳定性，使操作者强制自己排斥各种干扰。人在作业时，有各种各样的干扰因素：生理不适和疲惫劳累造成的体能下降的干扰；心理烦躁和情绪波动造成的心态失控的干扰；对其他人和事的好奇心引发的注意分散；由噪声、风、潮湿、阴暗等环境因素导致的身心不适；自己家庭的各种经济的、精神的压力和欲望激发的分心走神；由贪求安逸或侥幸麻痹驱使的随意放任和明知故犯的违章。“手指口述”，保证了本次操作的稳定性，同时也在培养自己的定力品质素质。

(3) 快速启动作业，使操作者迅速进入作业状态，并把注意力稳定在作业状态。许厂煤矿都会经常看到这样一种情况：已经到开工作业的时间了，作业者还慢慢腾腾，迟迟不能进入状态。操作开始时，作业者往往心不在焉、心有旁骛。“手指口述”让操作者以最快的速度把自己的眼耳心身全部集中到操作上来。这既是对安全的有效保证，又是提高工作效率所必需的。

(4) 强化对操作程序的记忆再现，增强作业的系统性、条理性、完整性。通过“手指口述”，让操作者系统检查作业环境、逐一检点装备设施、认真稽核必备的材料工具，是否符合标准，是否具备确保安全作业、正规操作的条件。让意识转一圈，避免了很多意识和注意的空白、盲区、隔断，防止作业开始后顾此失

彼、丢三落四。

（5）实现记忆的清晰化，提高操作的精确度，达到作业关键点的明晰准确，减少误差偏差。很多错误、失误的发生，并不是大的方向错误，而往往是由于模糊不清、模棱两可、大概笼统、自以为差不多，结果是失之毫厘、谬以千里。对于现场作业来说，绝对不允许“大而化之、广而了之”。作业需要的是一丝不苟、精益求精。细节决定操作的安全、决定作业的质量。“手指口述”，能够严谨地强制自己实现操作的精准。

（6）严密审慎地分析当前的作业状况，及时准确地做出思考判断，做出正确的选择。作业现场的情况是不断变化的。动态的环境条件、动态的人机系统，随时需要作业者做出正确的判断选择。从大量的煤矿事故原因分析看，恍惚、侥幸、烦躁、走神，是导致事故发生的最大根源。推行“手指口述”安全确认工作法，旨在以这种方法对员工大脑形成强烈刺激，避免岗位操作由于看错、听错、想错而导致误操作，以此达到规范行为、确保安全的目的。

（7）解决作业者对操作行为的自信和放心的问题。生产作业过程中的蛮干冒失是十分有害的，而对自己操作行为的疑虑怀疑、担心害怕同样是有碍于作业安全和质量的。很多人都有彷徨犹豫的经历和体会。在危险或者责任压力的驱使下，作业者对时常从事的操作也会疑虑怀疑。比如，设备仪表上有很多按键，这一步操作应该按下哪一个？在精神紧张时，会怀疑自己的选择是否正确。比如，自己的门已经关闭加锁，但还是不放心，还要反复地去锁门。其实，不少人都有强迫症的表现，如果再加上作业环境的孤独恐惧，由惶恐害怕引发的作业失常就会影响安全。运用“手指口述”，经过脑眼耳口手的联合确认后的操作，就能够使作业者彻底解除担忧，从而放心大胆地操作。

（8）对关键性操作或问题错误多发点的提醒。有一些操作，即使出现失误也不会造成事故、影响质量，只是多费点力气就可以纠正错误。而有的操作则属于关键性操作，一次误操作就会引起灾难性的后果。还有的操作，属于很容易出错的问题错误多发性操作。如果是说对前者的疏忽可以宽容的话，对后两种情况则是绝对不可掉以轻心的。“手指口述”安全确认工作法，对关键性操作或问题错误多发性的操作给予事前的有效提醒和警戒，以致在作业过程中逐一地随时予以“手指口述”监督控制，可以非常有效地避免事故的发生。

第三节 “手指口述”法在许厂煤矿的实践

“手指口述”工作法作为一种安全管理的新方法，在推行过程中不是一帆风顺的。尤其是在初始阶段，不少职工受传统观念和思维定式的影响，抵触情绪比较强烈。有的职工认为是哗众取宠，搞形式主义，一段时间之后就会偃旗息鼓；更多的职工受多年习惯的束缚，不好意思张口说，不好意思动手做；也有一些职工对新的规范标准消极应付。即使认可、支持的，也有一个学习适应的过程。面对重重阻力和困难，许厂煤矿没有丝毫动摇，尤其是上级领导的鼓励和支持，更加坚定了许厂煤矿的信心和决心。

一、“手指口述”工作法的措施

（1）强化理论学习。推行“手指口述”操作法，首先要认真学习“手指口述”的基本知识。通过学习，使推行“手指口述”建立在比较丰富扎实的理论基础上。特别是基层管理人员、负责设计“手指口述”操作规范的人员、推行“手指口述”的骨干，一定要先学一步、多学一些、学深一些。在学习“手指口述”基本知识的基础上，还要结合自己岗位的操作实际，具体深入地进行了解：自己这样的工种岗位为什么必须要推行“手指口述”操作法？“手指口述”操作法有哪些类型？自己的工种岗位应该在哪些操作环节中进行“手指口述”？应该怎样进行“手指口述”的设计？怎样的“手指口述”是有效的、必不可少的？这样一步一步地稳步推行，并在试点实践中不断进行改进完善，为推行工作奠定基础。

（2）加强宣传发动。没有广泛深入的学习，盲目地设计和实施“手指口述”，很容易导致一哄而起又一哄而散。对此，许厂煤矿编写下发了“手指口述”宣讲提纲和辅导材料。从提高干部职工思想认识入手，层层召开会议，进行全面发动。利用多种媒体大力宣传什么是“手指口述”安全确认工作法，为什么要推行这个办法，以及试点单位的做法和效果；通过座谈、演讲、调研、交流等多种形式，向全矿干部职工讲清目的意义。针对推行过程中部分干部职工存在的模糊认识，以区队为单位开展“推行手指口述工作法为了谁”大讨论，组织单位负责人现场命题写体会，在广播、电视、电子显示屏等媒体上开辟专栏，形成全方位、立体式、多层次的宣传格局。

（3）制订实施方案。岗位“手指口述”方案的设计，应当充分发挥现场管理人员和岗位作业工人的积极性、主动性、创造性，尽量由他们来完成设计。岗位

“手指口述”方案的设计，重点按照以下原则：①坚持“有效、实用”的原则。绝对不允许把“手指口述”搞成一种徒劳无益的花架子而劳民伤财，绝对不允许把“手指口述”搞成一种装潢门面、应付上级的形式主义。②坚持“易接受、可操作、能执行”的原则。充分兼顾本岗位现有的操作人员的现实业务技术状况和作业行为习惯，充分兼顾本岗位现有的作业环境条件、设备设施状况，充分兼顾本岗位劳动作业时的基本动作要求。③坚持“准确、简练、具体、生动”的原则。“手指口述”的动作和语言设计要准确到位、简练明快、具体实在、生动鲜活。

(4) 完善标准，实施培训。岗位“手指口述”的方案，经过一段时间的实践检验后，还要广泛征求意见，予以修改完善。矿指导小组及各单位多次召开专业会议，反复讨论，几易其稿，完善执行标准。在制定标准过程中，突出“尊重职工，紧扣现场”的原则，反复征求职工的意见和建议，充分考虑到职工的接受能力，并与职工队伍的现状相结合，讨论结果多次拿到现场印证，对矿发标准（讨论稿）进行不断的整合修订，最终形成了指导全矿的正式标准。在规范标准的基础上，狠抓学习培训。各单位创新培训形式，利用班前 10 分钟、每日一题、模拟训练、示范教学、全员互动等形式，持之以恒地抓好职工应知应会培训，进一步规范干部职工安全确认的动作、语言和程序。

(5) 突出重点，全面推广。按照“以点带面、逐步扩展”的工作思路，在推进初期注重分析本单位的专业特点，选择有代表性的 2~3 个工种首先搞起来，并有重点地进行突破。对确定的 2~3 个工种坚持做深、做透，起到典型和标杆的作用。推进过程中，突出现场确认这个重点、难点和关键点。狠抓在现场的执行落实，先后在 5303 采区和 5308 轨道顺槽召开推进会 3 次。区队干部带头定期组织排查操作人员安全知识掌握情况和安全确认行为规范等方面的不足，分析原因，整理汇总，及时公示，使每名职工明确存在的问题，应当如何改进，以达到规范职工行为、自觉进行确认的要求。为深入推行“手指口述”安全确认工作法，许厂煤矿从培养重点班组、先模人物入手，实行激励机制，在季度工作会议上命名表彰准备队、综掘二队、机电队 3 个“先进单位”。分别奖励区队 50000 元、30000 元、30000 元，奖励队长、书记每人 3000 元；命名表彰准备队陈继斌班、综掘二队魏金义班等 6 个班组为“先进班组”，奖励班长每人 1000 元；2008 年度工作会上对被命名为推行“手指口述”工作法优胜单位的准备队、综掘二队、综采一队各奖励 50000 元，授予锦旗一面；对命名为推行“手指口述”工作法先进单位的综采二队、掘五队、综掘一队、通巷队、机电队各奖励 30000 元，授予锦旗一面。以上累计投入奖励资金 43.1 万元，并组织先进个人携妻带子外出旅游。及时召开经验交流会，部分单位管理人员及班组长、生产骨干在会上作了典型发言，通过电视专访谈感受、讲体会，有力地促进了“手指口述”安全确认工作法的推行。截止到目前，受到表彰的单位已经从原来的3个增加到8个，占到全矿井下单位的2/3。

二、"手指口述"工作法的发展

1. 矿长主抓，全员参与

许厂煤矿从提高干部职工思想认识入手，层层召开班子会、干部互动会、现场推进会、职工大会，进行全面发动。在电视上反复播放"手指口述"工作法专题片，大力宣传什么是"手指口述"工作法，为什么要推行这个办法；通过座谈、演讲、调研、交流等多种形式，向全矿干部职工讲清目的意义。针对推行过程中部分干部职工存在的模糊认识，在全矿开展了推行"手指口述"工作法大讨论，编写《手指口述与形象化工艺流程读本》，拍摄事故案例专题片，在广播、电视、电子显示屏等媒体上开辟专栏，形成了全方位、立体式、多层次的宣传格局，营造了推行手指口述工作法的浓厚氛围。许厂煤矿把推行"手指口述"工作法当做"一把手"工程，作为创新思路、创新机制、创新制度和创新方法的有效载体，摆到首要位置，列入重要议程。成立专门领导小组和推进指导小组，做到机构、人员、责任、分工"四落实"，思想认识、精力投入、交流沟通、组织保障"四到位"。从普通职工到矿长、书记，没有"特殊公民"，副总以上领导带头转变观念，带头参加学习培训，带头进行安全确认，打消了职工的思想顾虑，激发了干部职工进行安全确认的自觉性、积极性。

(1) 由矿长侯宇刚策划，于2008年3月底提出，在准备队试点，当时的工作地点是南中回撤工作面。针对准备队的工作特点及存在的问题而提出。目前，准备队的手指口述工作法在全矿居于旗手位置。

(2) 由矿长侯宇刚、生产副矿长张玉军带队，2008年7月26日在准备队5303回撤工作面第一次现场会。全矿推行，全面启动。

(3) 2008年9月11日由总工程师江兆利带队在530采区5308轨道顺槽召开第一次现场推进会。

(4) 2008年9月12日由党委书记苏守玉带队在530采区5308轨道顺槽召开第二次现场推进会。

(5) 2008年9月13日由矿长侯宇刚主持召开"手指口述"工作法经验交流会。

(6) 矿长对"手指口述"工作法推进的五点思考：

1) 要有长远目标。"活动"改成"工作法"。

2) 系统推进。广泛调研、深入思考、尊重职工、紧扣现场、系统推进。

3) 慎重推进。"千万不要做夹生了"。

4）激发内在潜力。自动自发，从内心里愿意去做。

5）走正向激励之路。综掘二队被选中的原因。

2. 成立推进指导小组，积极开展工作

许厂煤矿多次召开专业会议，反复讨论，几易其稿，完善执行标准，从班前安全宣誓、入井安全检查到行走路线、现场作业全过程，对需要确认的内容、程序和动作要领，一一详细规定，形成了涵盖井上井下各专业工种、切合实际的《手指口述工作法与形象化工作流程读本》，做到了从机关到基层、从区队到班组、从岗位到个人，从穿衣戴帽到入井、行走、交接班和岗位操作，事事有标准，处处有规范。

在规范标准的基础上，许厂煤矿狠抓学习培训。为更好地推行“手指口述”工作法，专门邀请国家安全生产监督管理总局培训中心的宁尚根教授到矿进行知识讲座。以安培中心为主阵地，辅之利用班前会、每日一题等形式，持之以恒地狠抓职工应知应会培训。在区队和电视站反复播放专题培训片，各单位利用业余时间组织模拟训练。按照准军事化模式，举办全员“手指口述”工作法培训班和比赛，通过示范教学、全员互动等形式，规范了干部职工安全确认的动作、语言和程序。专业技术、操作规范与新的管理方法融为一体，干部职工的整体素质有了明显提高。

(1) 强化小组成员构成情况及责任分工。

孙爱东	副总工程师	负责各专业口协调
王兆喜	副总工程师	负责通巷队
张　浩	调度室副主任	负责各掘进队及运搬队
李合明	技术科副科长	负责各采煤队及准备队
宋传平	机电科副科长	负责机电队

(2) 推进指导小组的工作。

1）深入现场，调查研究，召开座谈会，下发辅导材料，做了大量的工作。

2）下发七课辅导材料：

辅导材料之一：“手指口述”法的起源、目标与执行。

辅导材料之二：全面推行“手指口述”法撑起企业“安全伞”。

辅导材料之三：“手指口述”工作法是适合煤矿特点的安全管理方法 。

辅导材料之四：“手指口述”操作法的基本知识。

辅导材料之五：推行“手指口述”工作法的必要性和重要性 。

辅导材料之六：怎样推行手指口述工作法。

辅导材料之七：《许厂煤矿手指口述工作法和形象化工艺流程读本》。

3）制定标准及指导意见。

3. 实施激励政策，促进基层单位扎实推进

按照“以点带面、逐步扩展”的工作思路，确定了2个井下单位进行先期试点。在严格班前宣誓、人井检查、行走确认程序的同时，突出现场确认这个重点、难点和关键点，通过“六查”，即自我检查、工友互查、班组长排查、安监员抽查、专人督查、重点帮查方式，定期排查操作人员安全知识掌握情况和安全确认行为规范等方面的不足，分析原因，整理汇总，及时通报、公示，使井下职工明确存在的问题，应当如何改进，初步达到了规范职工行为、自觉进行确认的要求。

矿班子成员亲自挂帅，党政工团齐抓共管，从机关科室抽调人员，成立井下、地面两个专职督导组，采取全面检查与不定期抽查相结合、动态检查与静态检查相结合的方式，按照严格的考核标准，当场打分，当天排序，在上井口大屏幕上滚动播出，并在次日的调度早会上进行通报。根据考核结果，对推行中涌现出的先进单位和单位负责人进行奖励。对于排名靠后的单位，只通报不处罚，激发他们争先创优的自觉性。

在此基础上，矿属各单位、各科室共同参与，在全矿全面推行。“手指口述”工作法作为先进的安全管理模式，其积极作用已得到了各行各业的一致认可。在推进过程中，全矿井下各单位高度重视，边探索边实践，边总结边提高，初步取得了积极成效，同时涌现出了一批勤勉务实且敢为人先的先进单位、班组和个人。

三、“手指口述”工作法的开展方法

推行“手指口述”工作法，首先要认真学习“手指口述”的基本知识。通过学习，使推行“手指口述”建立在比较丰富扎实的理论知识基础上。特别是基层管理人员、负责设计“手指口述”操作规范的人员、推行“手指口述”的骨干，一定要先学一步，多学一些，学深一些。没有广泛深入地学习，盲目地设计和实施“手指口述”，很容易导致一哄而起，又一哄而散。

在学习“手指口述”基本知识的基础上，还要结合自己岗位的操作实际，具体深入地认识了解：自己这样的工种岗位为什么必须要推行“手指口述”工作法？“手指口述”工作法有哪些类型？自己的工种岗位应该在哪些操作环节中进行“手指口述”？应该怎样进行“手指口述”的设计？哪些是没必要、做不到或者坚持不下去的？怎样的“手指口述”是有用有效、必不可少的？这样一步一步地稳步推行，再加上试点实验、在实践中改进完善，“手指口述”工作法才能够成为岗位操作者的自觉行为。

1. 准确把握四个重要环节

(1) 广泛深入地学习讨论，形成“手指口述”的自觉性。

（2）推行“手指口述”之前，要认真进行岗位作业的实态调查分析 。

（3）认真进行岗位“手指口述”方案的设计。

（4）精心组织，认真推行“手指口述”。

2. 强化推广的五大措施

（1）强化理论学习。

（2）加强宣传发动。

（3）制订实施方案。

（4）完善标准，实施培训。

（5）突出重点，全面推广。

3. 深入应用搞好六个结合

（1）集中学习与分散学习相结合，充分利用班前会的时间，把职工集中起来，由区队长、书记及技术人员带领职工认真学习各工种“手指口述”内容；在每周安全活动日、班前会上采取现场提问、现场教育、现场考核的学习方法，将职工的学习积极性和主动性充分调动起来，同时，各学习小组在工作之余一起认真讨论、相互学习，确保学习做到长流水，不断线。

（2）地面学习与井下现场教学相结合，要把每日班前会学习的各工种“手指口述”内容，结合井下施工现场实际情况，由区队跟班人员和班组长讲述各工种在工作中的关键工序、安全要点、“手指口述”方法，并指派专人进行记录，以提高职工在工作中的应变能力，确保施工质量及施工安全。

（3）教、学、练相结合，为了提高职工的实际操作能力，增强职工对各工种的说、练程度，要采取边学边练，现场“手把手”教学的方法。职工在工作中的关键工序、安全注意事项等，由班长按照“手指口述”要求随时给予提示，以实现以学带练、以练助学的目的。

（4）把“手指口述”与学习各种施工措施相结合，为了避免“手指口述”学习流于形式，各单位要把“手指口述”内容与各岗位的措施要求相结合，找出相同点和不同点，进行集体讨论，达到融会贯通，确保“手指口述”与学习各种施工措施同步进行。

（5）把“手指口述”与精细化管理学习相结合。把“手指口述”与精细化管理进行有机结合，要求职工把自己岗位“手指口述”内容进行细化分解，结合精细化管理要求进行系统学习，以提高职工的安全意识、质量意识和节约意识。通过“手指口述”活动的扎实开展，促进职工的责任意识、安全意识、岗位意识明显增强，主观能动性普遍性提升，实现了安全生产。

（6）把“手指口述”与风险源预控预测和危险源辨识相结合。必须采用科学的方法和先进的管理手段，使“手指口述”操作法活动规范化、制度化、经常化。取消消极应付而导致活动简单化、形式化。防止出现“说与做分离、知与做分家”的现象。

4. 掌握五个要领

安全管理的落脚点在班组，防范事故的终端在个人。因此，班组是企业安全管理的基础，许厂煤矿以班组为突破口，抓住重点，有序推进。在实践中，许厂煤矿逐渐总结出班组推行 “手指口述”工作法的五个要领：

(1) 工作前对设备的性能必须完全了解，对工作场所的安全状况必须认真观察，并对存在的不安全因素进行确认，提出安全注意事项和解决方案，使心想、口述、手指的方法达到高度的安全状态。

(2) 要求现场工作人员对工作场所存在的不安全因素和可能导致的后果及危害进行分析，提高对不安全因素的重视程度。机电队工种多，操作技能强度高，它们始终坚持在每一道关键工序作业前，班长和技术主管都要现场演练，示范讲解操作工序和技术要领以及安全注意事项，达到精准操作。

(3) 制定解决措施。根据现场存在的问题和不安全因素，并提出解决问题的方案。

(4) 零缺陷作业。严格执行眼盯、手指、口述的工作程序，强化心理因素，做到心、眼、手联动工作，强化手动的高度准确性和心脑的高度集中性，消除了注意力不集中、错觉等心理障碍，以自我约束、自我提醒来预防操作过程中潜在的各种事故因素。

(5) 工后复查总结。工后坚持精细检查，精确分析，查堵漏洞，做到闭环管理。

5. 抓好两个落实

区队是企业基础管理的前沿阵地，也是安全生产的直接指挥者和管理者。区队岗位工种相对集中，因此，推行“手指口述”工作法，必须首先以区队工作为突破口，统一安排，精心组织，强力推动，做到“二个落实”：

(1) 责任落实。按照矿上要求，许厂煤矿各区队结合各自工作特点，制定了各工种岗位“手指口述”操作要领，有的区队还编写了通俗易懂、内容精练的20 多个工种的“手指口述”操作口诀。各区队成立了以队长、班组长为第一责任人的领导小组，跟班队长现场督导检查、考核纠偏，做到了责任落实。

(2) 制度落实。从过程控制和强化管理制度入手，建立了以矿和区队为主体的两级督察考核机制，制定了“手指口述”工作法工作考核办法，保证了活动的有序开展。

四、“手指口述”取得的效果

全面推行“手指口述”法，是现场强化职工安全意识的有效方法，对于保证职工岗位行为规范即时现场落实，通过人—物、人—环境的协调对接，对于提高矿井本质安全程度，增强现场工作安全系数都具有重要作用。推行“手指口述”法也是质量标准化建设、安全工作现状以及完成各项经济指标，强化安全支撑，抓好过程控制，强化现场动态达标的必然要求。“手指口述”安全确认工作法推行以来，得到了全矿干部职工的认可，已经收到了显著成效。主要体现在三个方面：

（1）职工的思想行为和精神面貌发生了明显变化，本质安全意识进一步增强。工作现场精力集中，精神饱满；现场作业行为日益规范，逐步由习惯型向规范型转变。推行至今，全矿杜绝了重大人身事故和1~3级非人身事故，各井下区队杜绝了擦皮伤，“三违”现象逐步下降。2008年1~3季度，全矿“三违”依次为339人次、316人次、280人次（见图11-1）；安全积分达到13分的人员依次为21人次、17人次、11人次，同比分别减少2人次、5人次、3人次（见图11-2），保持了安全发展的良好态势。

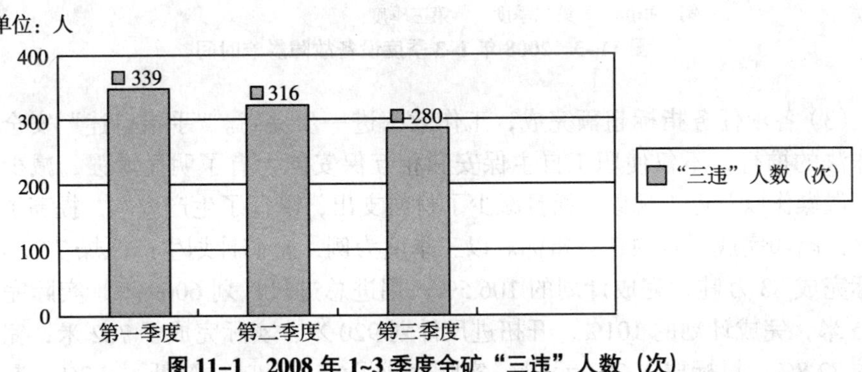

图11-1 2008年1~3季度全矿“三违”人数（次）

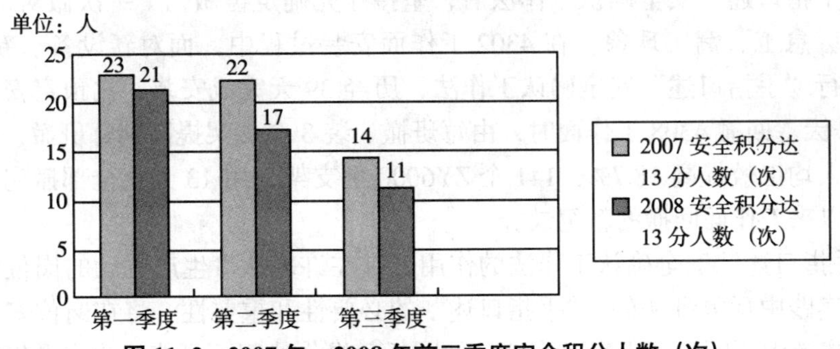

图11-2 2007年、2008年前三季度安全积分人数（次）

（2）现场工程质量保持稳定，设备故障率进一步降低。以“手指口述”安全确认工作法的推行、撬动质量标准化上台阶，使动态安全质量标准化建设水平得到不断提高。以崭新的形象迎接全煤“五精”管理课题暨企业文化示范基地会议在济北矿区的召开，在集团公司 1~3 季度安全质量达标验收中均取得第一名的好成绩，被省煤炭工业局命名为安全质量标准化一级矿井。在设备管理中导入“一次到位、一次做对”等先进理念，达到了精准操作、精确无误，有效降低了设备故障率，赢得了有效生产时间，维持了正常的生产秩序。其中，2008 年 1~3 度设备故障影响时间逐步下降，依次为 4381 分钟、3067 分钟、2148 分钟（见图 11-3）。

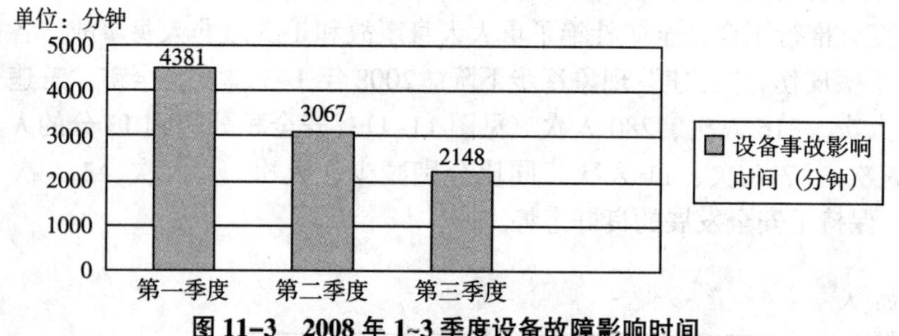

图 11-3　2008 年 1~3 季度设备故障影响时间

（3）各项任务指标超额完成，工作效率进一步提高。“手指口述”安全确认工作法的推行，不仅使职工自主保安和相互保安能力有了明显增强，减少了违章、误操作以及返工现象，而且减少了材料支出，降低了生产成本，提高了生产效率，超额完成了各项任务指标。以三季度为例，全矿计划生产原煤 77.9 万吨，实际完成 83 万吨，完成计划的 106.5%；掘进总进尺计划 6069 米，实际完成了 6135 米，完成计划的 101%；开拓进尺计划 920 米，实际完成了 762 米，完成计划的 82.8%；目标成本 303 元/吨，实际完成了 278 元/吨，降低了 8.3%。准备队推行“手指口述”安全确认工作法后，坚持“先确定再做”、“一次做对”，杜绝了返工、怠工、窝工现象。在 4302 工作面安装过程中，面对新设备、新工艺，严格执行“手指口述”安全确认工作法，历经 39 天完成安装，比预定安装时间提前 12 天。回撤 4308 工作面时，由每班撤、装 3 个支架提高到每班撤、装 4 个支架，人均工效提高 18.7%，141 个 ZY6000 型支架只用 13 天就全部撤完，创造了建矿以来工作面回撤的新纪录。

“手指口述”安全确认工作法的作用，是在许多从事生产劳动的岗位作业者的操作实践中反复证明的。“手指口述”的必要性和重要性，将在岗位安全生产的实际成效中不断显现出来。当然，如同任何操作法都不可能成为安全生产的充

分条件一样，"手指口述"工作法也不是包医百病的灵丹妙药，不能认为搞了"手指口述"就稳操胜券、万事大吉了。要把"手指口述"工作法的推行作为岗位操作精细化的起步环节，全方位、全过程地实现岗位作业标准化精细化，千方百计确保安全生产，提高作业质量。

第十二章　可持续发展下的许厂煤矿绿色安全管理积分体系构建

绿色安全管理积分体系是许厂煤矿安全管理工作的平台，许厂煤矿始终把它放到突出位置来抓，使许厂煤矿整体安全管理水平上了一个新台阶。随着许厂煤矿现场条件的不断变化，以及管理水平的不断提高，绿色安全管理积分体系也在运作的过程中，吸取来自各方的意见，不断地进行改进和完善，有力地推动了矿井的安全发展、和谐发展。

第一节　绿色安全管理积分体系的内涵

自建矿以来，许厂煤矿始终坚持“安全第一、生产第二”，矿井呈现了良好的发展态势。同时，许厂煤矿又认识到，要实现矿井的长治久安，就必须在传统安全管理基础上寻求新突破，提升新境界。特别是近几年，国家对煤矿安全管理提出了更高的要求，积极倡导科学发展、和谐发展，以人为本、关注民生日益成为企业发展的必然要求。在长期以来执行的制度中有些缺乏系统性，有些缺乏严肃性，特别是有些以重罚为主，不够人性化，有以罚代管、以罚代教的倾向，干群矛盾时有发生，对安全管理极为不利。这要求许厂煤矿必须积极探索新的长效安全管理机制。为此，许厂煤矿认真分析安全管理现状，广泛吸纳职工建议，走出去、引进来，边实践边研究，不断完善管理系统。经过两年的探索，建立了适应许厂煤矿实际的绿色安全管理积分体系。

绿色安全管理积分本质是对员工现场工作不安全行为的积分，积分的多少反映了员工的安全状态。由安全管理积分体系结构框图（见图 12-1）可以看出，绿色安全管理积分体系是通过建立健全安全监督管理机构，明确各级管理人员的职责、工作程序和层次关系，建立起科学、严谨、立体的安全监督监控管理网络，用闭合的管理流程来规范各级安全管理人员的现场行为，从而把现场生产过程中物的不安全状态和人的不安全因素及时准确地反映和处理，再对现场问题的查处内容按一定的比例全部量化成安全积分，制定出阶段性的安全积分指标，并确定以人为本的安全积分处置机制，最终形成科学的管理体系。

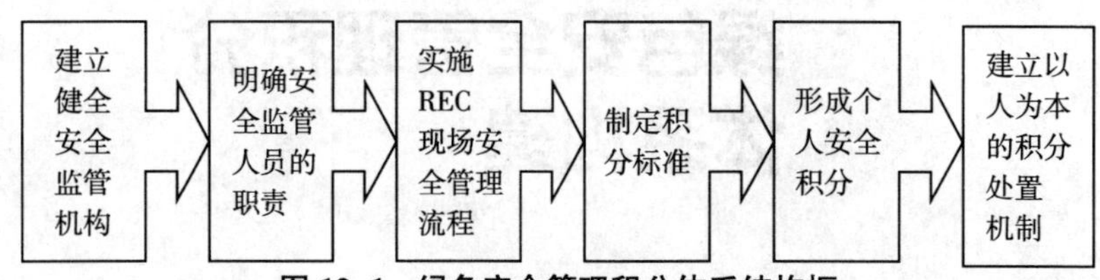

图 12–1 绿色安全管理积分体系结构框

绿色安全管理积分体系的核心是“三个支撑要件，一个管理流程”。三个支撑要件分别是现场职工岗位排查、安监员全过程监控、管理人员全方位责任追究。一个管理流程就是 REC 现场安全管理流程。本体系强调安全管理的源头在岗位，只有职工自己对自己岗位负责，主动排查自己岗位的问题，安全管理的主观能动性才能发挥出来。安监员对现场生产的全过程实施安全监控，及时、快速、准确地检查并处理问题或隐患，对责任人和责任单位进行责任追究，保证现场生产时刻处于健康的生产秩序之中。各级管理人员人人参与安全管理，人人又都存在因工作不到位而被其他管理人员责任追究的可能。

绿色安全管理积分体系的积分办法是以各级管理人员开具的罚款通知单为依据，每 20 元罚款对应安全积分 1 分，依次类推。一般“三违”一次对应安全积分 8 分。严重“三违”一次对应安全积分 10 分。安全积分累计达到 10 分的员工在矿早会上通报，达到 13 分予以警告，达到 15 分停止工作办学习班，并相应地接受经济处罚。达到 15 分的员工除按照严重“三违”罚款外，并扣除当月安全奖和季度奖的 50%；季度累计积分达到 40 分，年度累计积分达到 120 分者，解除其劳动合同。

绿色安全管理积分体系融进了以人为本的管理理念，特别是在“三违”处罚方面，克服了单一罚款的形式，可以让员工自由选择。比如：月内出现第一次一般“三违”时，可以选择培训 1 天、20 元罚款、担保人担保之中的其中一项。本体系对出现二次、三次一般“三违”的都有相关的处罚选择规定。处罚形式的多项选择体现了对员工的充分尊重，使被处罚人员能够结合自身实际接受教育，真正发挥了安全处罚的作用。

第二节 许厂煤矿绿色安全管理积分体系的构建

配套联动，确保了绿色安全管理积分体系的有效运行，具体做法如下：

（1）建章立制，强力推进。许厂煤矿专门制定下发了关于体系运行指导文件《关于推行绿色安全管理积分体系的实施意见》，并先后整理制定了《推行安全管理积分方案的补充规定》，印发了《岗位规范标准》、《安全积分考核办法》、《职工现场岗位排查规定》、《安监员全过程监控标准》、《管理人员全方位责任追究细则》、《安全闭合管理流程规定》、《安全目标管理及安全奖惩制度》、《岗位检查区域责任范围划分标准》、《罚款转换积分、"三违"安全积分标准》等，形成了积分有章可循、积分有据可查、积分有人监督考核的闭合积分管理机制。同时，许厂煤矿把该体系方案的推行作为"一把手"工程来抓，并把该方案的规范推行作为一项重要指标，列入了各级管理人员的月度绩效考核。健全的制度保障和严格的考核办法奠定了体系规范运行的基础。

（2）系统培训，健康运行。要使安全积分体系良好运行，必须立足基层，使每一个职工都了解体系的每一项要求，特别是了解体系的流程。对此，矿安监处先后到各采掘及辅助单位讲课达 30 多场次，多次组织积分体系方案的学习讨论会和培训班。通过培训，使员工认识到了推行绿色安全管理积分体系的目的、意义，掌握了标准，明确了责任，从而为全面推行奠定了群众基础。同时，积分体系在运行中难免有不足之处，主要表现为追究不到位和乱追究两个方面。针对这两个问题，许厂煤矿不定期召开座谈会，澄清模糊认识，纠正在程序执行方面的错误做法，为职工解疑释惑。对于职工有异议的追究进行仲裁，加强沟通，使绿色安全管理积分体系得到健康运行。

（3）搭建平台，营造氛围。许厂煤矿自主开发了积分管理软件系统，实现了办公自动化。组建了专职安全信息队伍，利用矿信息网络系统实现了安全信息中心与各基层单位和各级管理人员的网络联结。投资 50 万元在井口等候室设置了大型电子显示屏，每天将全矿所有员工个人的安全积分情况在电子显示屏上滚动播出，使职工能够在第一时间了解到自己的积分情况。每个员工关注积分、下井前看积分已成为必然行动。有积分就有压力，有压力才有动力，职工通过观看每日的安全积分，思想上得到震撼。这种震撼又转化成为抓好安全生产的压力和动力，达到了自我约束、自主管理的良好效果。

第三节 许厂煤矿构建绿色安全管理积分体系的成效

绿色安全管理积分体系自2005年运行以来，经过持续推进、规范运作，其效果逐渐显现出来，保证了矿井安全生产秩序的健康稳定。

(1) 实现了隐患查处和问题解决的“零时间”、“零距离”。积分体系规定，问题或隐患的落实必须坚持“口对口、面对面”原则。现场问题被查出后，检查人员第一时间必须将问题移交给整改责任人，立即确定整改人和整改时间，整改时间具体到了时、分。只要到时不落实或落实不到位就要被追究，减少了问题检查人员与问题落实人员之间的中间环节，保证了现场查出问题后能够得到快捷、及时、准确、彻底的处理。

(2) 实现了管理人员职能的准确定位。突出的体现是班长现场安全生产第一责任人的职能地位找到了落脚点。班长是现场安全生产的第一责任者，对安全生产实行全过程监控，如果监控不到位就会被追究，迫使班长必须按体系流程开展工作，改变了以往班长现场工作偏重生产的传统做法。同时，各级管理人员的职能发挥实现了自动自发，由于不存在考核不到的管理人员，从而改变了个别管理人员检查行为的随意性。

(3) 实现了安全管理的主动参与和全员参与。绿色安全管理积分体系做出了全方位责任追究的专项规定，迫使管理人员从纯业务管理向与安全管理相结合的转变，改变了“安全是安监部门的事”的习惯认识，具备了全员抓安全管理的雏形。由于各级管理人员人人参与安全管理，人人有责任对现场物的不安全状态和人的不安全行为进行责任追究，人人又都有因工作不到位而被其他管理人员责任追究的可能，从而增强了各级管理人员现场检查的责任心和使命感，提高了安全保障水平。

(4) 实现了矿井的和谐发展、安全发展。安全积分管理体系的推行，促进了矿井的健康发展，全矿呈现了政通人和、后劲充足、活力增强的良好发展势头，经济效益大幅提升，“三违”发生率大幅度下降。

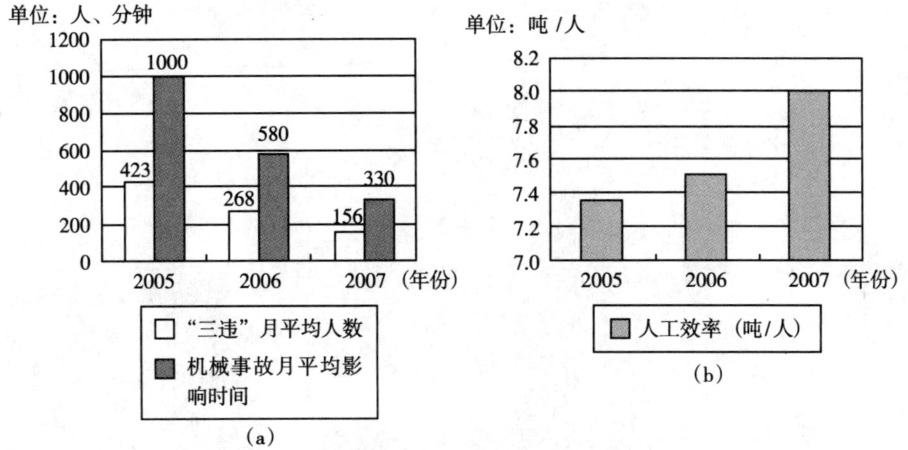

图 12-2　安全管理积分体系运行前后指标对比

第十三章　可持续发展下的许厂煤矿绿色开采技术实践

在可持续发展的今天，全社会的环保意识加强，法律意识加强，社会责任加大，区域经济合作加强，世界性的气候变化引起世界的关注。许厂煤矿一直致力于绿色开采技术的研究与应用，通过与大中专院校及科研院所对绿色开采技术进行了不断的研究和探讨，取得了较好的效果。

第一节　许厂煤矿绿色开采的原因及影响因素

一、绿色开采的原因

作为一个煤炭生产企业，许厂煤矿面临着诸如经济、环境、社会等诸多问题。面对这些问题。许厂煤矿找到了必须应用实施绿色开采技术的依据：

(1) 煤矿生产产生的“三废”——废石、废水、废气，造成了环境污染和资源的浪费。

废石。煤矸石，是煤矿采掘过程排出的岩石、混入煤中的岩石、采空区垮落的岩石、工作面冒落的岩石及选煤过程中分离出来的碳质岩等；煤泥是在煤炭开采、运输、洗选等过程中产生的泥状物质；生活垃圾是矿区为了正常生产，人为产生的固体废物。

废水。采矿废水，由于地下有含水层，开采中就会产生污水通过水泵直接排到地面排放，造成了水污染；选煤废水由于含有大量悬浮煤粒造成了污染水；其他工业废水是火药库、焦化厂等附属企业在生产过程中产生的废水。

废气。采矿废气是指由矿井排出的废气，它是由井下人员呼吸、爆破、充电、坑木腐烂、煤岩层氧化等所产生的气态物质和煤层及其围岩，地下水等释放的天然气污染井下空气而造成的，包括许多有害气体如甲烷为主的芳香烃等可燃气体和二氧化碳、氮等窒息性的气体，以及硫化氢、一氧化碳、二氧化硫等有毒气体，燃煤废气，煤和煤矸石自燃废气。

（2）煤尘。在采掘、运输、选煤等生产过程中，以及燃煤、煤层和矸石山自燃等会产生煤尘污染空气，引起肺气肿等疾病。

（3）岩层移动。由于开采多用自由垮落法，造成采空区垮落，而引起地表的岩层移动。造成地表的塌陷，建筑物、农田的损坏，地下水资源的破坏。当地面潜水位较高时，地表沉陷盆地内大量积水，将产生农田无法耕种、村庄被迫搬迁等一系列的问题。

（4）其他矿井热、噪声等。

二、绿色开采的影响因素

（1）自然因素包括煤层的地质构造、煤藏深度、煤化程度、煤层瓦斯的含量、煤矿所处的地点、煤的灰分、水分、挥发分、煤的结构，水文地质条件及煤中的矿物成分。

（2）人为因素包括开采规模、采煤方法、开拓方式、通风系统的选择、采空区的处理、机械化程度及人员素质。

第二节 许厂煤矿绿色开采技术的实施

许厂煤矿作为淄矿集团在济北矿区建设的第一对现代化大型矿井，井田面积56.58平方千米，设计生产能力150万吨/年，2005年核定生产能力为320万吨/年。矿井于1992年开始筹建，1996年6月开工建设，1998年10月投产。许厂煤矿从建矿至今，一直重视矿区的资源与环境协调发展。在发展过程中，一直在摸索一条区别于传统的，更加高效、节能、环保的可持续的发展道路。

许厂煤矿始终以科技管理创新为先导，积极推动“科技兴安”、“科技兴煤”战略，加大科技基金投入，不断对制约矿井安全生产的提升、运输、供电等各大系统进行技术升级改造，使矿井自主创新能力、生产能力和劳动效率大大提高，经济效益连年攀升，企业的核心竞争力日益增强。

“十一五”期间，许厂煤矿以产学研项目实施及科技成果转化作为科技工作重点，以绿色开采为切入点，积极推广应用新技术、新工艺、新设备、新材料，圆满完成了各项安全生产任务目标，实现了经济规模和效益的同步快速增长，被中国煤炭工业协会命名为“全国煤炭工业特级高产高效矿井”。同时，以实施人本管理为立足点，积极推动安全积分制管理、“手指口述”管理和五精管理，严

格执行管理干部下井带班制度，有效地遏制了重特大伤亡事故的发生，实现了安全生产，被山东煤炭工业局授予“安全质量标准化一级矿井”。由于科技创新成绩显著，被煤炭工业技术委员会命名为“2004 年度科技创新型矿井”、“2005 年科技创新优秀矿井”及“2006 年度科技创新型矿井”、被山东煤炭工业局授予“全省煤炭行业第四届十佳煤矿”等荣誉称号。

一、大采高（5.5 米）工作面回采工技术研究与应用

1. 综采放顶煤一次采全高走向长壁后退式采煤法和综采放顶煤一次采全高走向短壁后退式采煤法

综采放顶煤一次采全高走向长壁后退式采煤法和综采放顶煤一次采全高走向短壁后退式采煤法，这是许厂煤矿自建矿以来所采用的两种主要采煤方法之一。

图 13–1　一次性采全高综采工作面

（1）作业方式。投产后，许厂煤矿一直采用“三八”制作业方式，利用早班后 2 小时和中班前 1 小时检修。2006 年开始推行“四六”制，三班生产，一班检修，设备检修时间充裕，质量明显提高。

（2）工艺流程。综采放顶煤一次采全高走向长壁后退式采煤法的采煤工艺流程：割煤—移架—推前溜—放煤—拉后溜。

综采放顶煤一次采全高走向长壁后退式采煤法，放煤高度 2.6 米，采放比为 1∶1.1。单轮顺序折返式放煤，放煤步距 0.6 米。从工作面开切眼推进至顶板初次来压，后部全部垮落方可在中间架放煤，上、下端头 4 个排头架不放煤。工作面推进到距停采线 11 米时，停止放煤，铺设金属网，为设备撤出创造条件。

一般情况下，支架放煤口不全部打开，以防止大块煤、矸卡住放煤口或进入

输送机卡断链子。出现大块煤用插板或尾梁挤碎再放出，大块矸石进入放煤口时，用插板推入采空区，再放出顶煤。若煤成拱或块度较大，一般多人操作，同时打开 2~3 个放煤口，使顶煤垮落而放出，还可活动掩护梁使顶煤垮落。放煤时上部放煤口均匀适量放煤，下部放煤口根据输送机中煤量大小决定放煤速度，在上部放煤工换架或后期放煤少的间隙大量放煤，保证输送机稳定运输。放顶煤时先抽动尾梁插板，将放煤口上方破碎顶煤放出；煤量小时，活动尾梁继续放煤，然后加大放煤口，将上部的大块煤放出；矸石量大时，关闭放煤口，升起尾梁，伸出插板，尾梁高度保持后部有足够的过煤空间。

综合机械化一次采全高走向长壁后退式采煤法的采煤工艺流程：割煤—移架—推前溜。综合机械化一次采全高走向长壁后退式采煤法，落煤、装煤和运煤过程与放顶煤一次采全高走向长壁后退式采煤法相同。

2. 大采高支架综合机械化一次采全高采煤法

为加快煤炭回采速度，提高煤炭的回采率，许厂煤矿积极探讨采煤方法的革新。2007 年 10 月，许厂煤矿开始在 4302 工作面实施 5.5 米大采高工作面回采技术的研究与应用，2008 年 10 月，该成果正式应用于生产。成果水平属于国内领先。

3. 孤岛回采

许厂煤矿 1309 综放工作面是淄矿集团公司首例开采的第一个孤岛综采工作面。该工作面长度 130 米，走向长度 500 多米，轨道顺槽和皮带顺槽两侧除保护煤柱外，属沿空掘巷，具有压力显现大、防火难度大等特点。为了能够顺利安全回采，许厂煤矿专门组织专家进行论证，优化布局，采取有力措施，加强两端头支护，将原来 40 米超前支护改为 100 米，支护形式由“一梁一柱”改为“一梁两柱”，加大了支护强度，减弱了顶板压力传递，并增大了柱鞋面积。为了能够及时掌握顶板来压情况，安设了综采支架远距离监测系统、顶板离层报警仪系统、单体液压支柱阻力监测系统，对顶板压力显现情况进行实时观测，为回采提供了科学有力的依据。同时，加强了防灭火工作，运用各种防火措施，加大防火力度，避免了火灾的发生。

1309 孤岛综采工作面从 2005 年 12 月开始回采，到 2006 年 4 月顺利结束，为将来淄矿集团公司孤岛工作面的安全回采提供了宝贵经验。

4. 劳动组织

每班由两名带班班长负责组织生产，配有采煤机司机、维修工、三机工等相关工种的操作人员。工作面人员配备有劳动组织图表。是否有时间限制，应注明哪个队、哪个时间的劳动组织图表。

（1）5.5 米大采高采煤方法的创新点、技术关键及推广应用情况：①提出了

合理的 5.5 米大采高工作面综机设备配置方案；②研究制定了合理的 5.5 米大采高回采工艺；③应用了两顺槽超前支架的顶板控制技术；④提出了适于宽度为 1.5 米的 ZY7600–25.5/55 型液压支架的防倒架措施。

（2）4302 工作面一次采全高开采技术工艺。4302 工作面采用走向长壁后退式综合机械化一次采全高采煤法采煤，全部垮落法管理顶板，采用"四六"制作业，三班采煤，一班检修。

由于工作面煤层裂隙较发充，易片帮，工作面采煤工艺由割煤→移架→推移刮板输送机→割煤，改为超前移架→割煤→推移刮板运输机→超前移架，不但提高了块煤产量，而且有效防止了煤壁片帮深度较大而引起顶板冒落。

4302 大采高工作面煤炭回收率由 85%提高到 95%。4302 工作面平均煤层厚度 4.82 米，若采用原 ZFS5600/17/35B 型放顶煤支架进行放顶煤开采或采用 ZY6000/19/40 型支架进行开采，工作面煤炭回率最高能达到 85%（ZY6000/19/40 型支架最大支护高度 4.0 米），而采且 ZY7600/25.5/55 型支架进行回采后，能够一次采工作面煤炭全部采出。自工作面 2008 年 10 月投产以来，从工作面回采率统计看，煤炭回收率可达到 95%，最大可达到 96%，煤炭回收率提高了 10 个百分点，多回收煤炭资源 21.8 万吨。

工作面两顺槽使用 ZCZ15000/24/45 型巷道超前支架控制顶板，支护高度 2.4~4.5 米，由于工作面里段顺槽沿煤层底顶板、撇底煤方式掘进，且高度较低（里段 3.5 米，外段 2.8 米），直接回采容易造成工作面遗煤。经多次讨论研究，现场实践证明，采用两顺槽超前落底的方式（落底后顺槽高度不大于 4.5 米），提高了煤炭回收率。

（3）5.5 米大采高工作面过断层技术研究。4302 工作面自 2008 年 9 月份开始安装，2008 年 10 月 18 日投产。截至 2009 年 5 月底，累计推进长度 959 米，平均日推进 5.2 米，累计生产原煤 120.8 万吨。

（4）5.5 米大采高工作面过老巷技术研究。4302 工作面自 2008 年 10 月份开始至今，共通过 4302 面里皮带顺槽、皮带顺槽联络巷、4302 面原轨道顺槽、1# 联络巷、2# 联络巷 5 条老巷道。过老巷道时，许厂煤矿充分考虑 ZY7600/25.5/55 型液压支架有效支护高度大、工作阻力大，且支架配有伸缩梁及两级护帮板控顶距大的优点，直接通过了 5 条老巷，降低了材料支护费用和职工劳动强度，提高了安全性。

（5）ZCZ15000/24/45 型巷道超前支架支护技术研究。许厂煤矿 4302 工作面通过对唐口等煤矿巷道超前支架的调研，同时总结许厂煤矿第一代巷道超支架经验教训，并结合许厂煤矿实际，与淄矿集团天晟公司设计研发了 ZCZ15000/24/45 型超前支护支架。该支架最小支撑高度 2.4 米，最大支撑高度 4.5 米，支护工作阻力达到15000千牛，满足了采煤工作面正常生产的需求，实现了超前支护的升级换代。通过矿压观测分析，4302工作面轨道、皮带顺槽超前支撑压力剧烈区为自切眼向外25米以内。2009年5月份，许厂煤矿利用4302面C段护面的时间撤出了轨道顺槽侧两架ZCZ15000/24/45型前超前支护支架20米，现剩余26米。截至目前，4302工作面C段已推进约160米，从支护效果看，满足工作面正常生产的需求。

（6）技术效果评价。生产实践表明，4302工作面5.5米大采高采煤法的革新使许厂煤矿收益颇丰：①4302工作面通过使用5.5米大采高回采工艺，将工作面采高由4.0米（2.8米）提高到5.5米，工作面回采率由85%提高到95%，多回收煤炭资源21.8万吨，增加销售收入5275.6万元。②4302工作面使用5.5米大采高回采工艺后，工作面"两道两线"及采空区遗煤、浮煤少，便于防灭火管理；没有顶板矸石混入，提高了煤质。③降低了工作面过老巷期间的人工投入及材料消耗，保证了职工人身安全，提高了安全性。④工作面两顺槽通过使用ZCZ15000/24/45型巷道超前支架，提高了工作面回采过程中的两顺槽支护强度，节约了其他支护材料消耗，降低了职工劳动强度，保证了安全生产。

（7）经济效益。

第一，回收煤炭资源产生的经济效益。4302工作面地质储量为218万吨，如果采用现有的综采放顶煤采煤法进行回采，采出量为：

$218 \times 0.85\% = 185.3$ 万吨

选用5.5米大采高回采工艺回采，采出量为：

$218 \times 95\% = 207.1$ 万吨

多回收煤炭资源：

$207.1 - 185.3 = 21.8$ 万吨

本技术成果在4302工作面应用后，将多回收煤炭资源21.8万吨，许厂煤矿2008年累计车运不含税价545元，原煤制造成本303元，据此，可增加销售收入 $21.8 \times (545 - 303) = 5275.6$ 万元。

该技术成果应用成功后，将在许厂煤矿430、330采区推广应用，预计可多回收煤炭资源140万吨，按2008年煤炭市场综合平均单价计算，可增加销售收入33880万元，经济效益显著。

第二，节约材料产生的经济效益。4302工作面过联络巷期间，由于只充分考虑ZY7600/25.5/55型液压支架有效支护高度大、工作阻力大，且支架配有伸缩梁及两级护帮板控顶距大的优点，只采用原巷道支护方式，直接通过了5条老巷，节约了传统打木垛过老巷时的支护材料，大约节约枕木4180条，每条枕木45元，共节约材料费18.81万元。

第三，节约单本支柱、顶梁投入费用计算：回采 4302 工作面需消耗（含丢失、损坏、维修部分）单本支柱、顶梁约 500 条，每棵支柱平均按 1500 元/棵、顶梁按平均 400 元/条计算：$500 \times 1500 + 500 \times 400 = 95$ 万元。

第四，合计经济效益。$5275.6 + 18.81 + 95 = 5389.41$ 万元。

表 13-1　许厂煤矿 5.5 米大采高采煤法经济效益表

单位：万元

项目＼时期	2008 年	2009 年	累计	年均
新增产值	1055.1	4220.5	5275.6	4220.5
节约	22.8	90.01	113.81	90.01

（8）社会效益。通过对 4302 工作面 5.5 米大采高回采技术研究及应用，提高了煤炭回收率，延长了矿井服务年限，降低了原煤材料消耗、生产成本、职工劳动强度，保证了矿井安全高效，实现了“科技兴矿”，充分体现了“安全第一，以人为本”的企业理念，符合当前我国“建设节约型社会”、“建设节约型企业”的要求，具有广泛的推广应用价值。

二、井下辅助运输系统改造

为适应井下的地质条件，提高井下运输能力，进一步提高井下工作面的安撤效率，许厂煤矿从 2004 年 4 月开始与集团公司技术处合作，针对许厂煤矿 330 西、东翼采区工作面配备的一次采全高设备运输量大、吨位重、运输路线长、安撤频繁特点，引进单轨吊辅助运输系统，优化巷道掘进断面，对道轨及道岔悬吊技术和起吊梁吊装技术进行研究，实现 30 吨大支架在最大坡度 15°、1700 米长距离整体一次吊运安装（单轨吊运输），提高工作面的安撤效率。

1. 井下单轨吊运输技术的主要创新点及技术水平，预计主要经济、技术指标

通过对道轨及道岔悬吊技术和起吊梁吊装技术进行研究，在六个驱动装置的基础上增加至 7 个驱动，加大运行能力，并改造液压系统解决因一驱打滑 7 驱串液问题，实现单驱驱动功能，最终实现 30 吨大支架在最大坡度 15°、1700 米长距离的条件下，整体一次吊运安装。可节省岗位工 10 人，节省费用 136 万元。

2. 该项目完成后市场需求前景、推广应用领域、达到的技术水平，以及在国民经济发展中的作用

该技术设备体积小，占用辅助人员少，机动灵活，运送效率高，运送距离长，通过巷道断面小，对巷道条件要求低，转弯半径小，悬吊轨道延伸容易，轨道可再次利用并且安全可靠等优点；调运设备爬坡能力强（最大可达 15°），牵引

力大（120 千牛），起吊重量 30 吨，续航能力大（16.8 千米以上）；这是国内首次实现 30 吨大支架在最大坡度 15°、1700 米长距离的条件下，整体一次吊运安装。适应性较强、适用范围广、灵活性强、安装简单，安全性高。此项技术具有良好的推广应用前景。

（1）技术特点和关键技术。

技术特点：井下大吨位设备大坡度长距离整体一次吊运技术采用柴油动力，设备体积小，机动灵活，运送效率高，运送距离长，通过巷道断面小，转弯半径小，对巷道条件要求低，悬吊轨道延伸容易；设备爬坡最大可达 15°，牵引力达 120 千牛，续航能力在 16.8 千米以上，最大载重为 30 吨。

关键技术：①根据设备参数及运行轨迹，合理确定巷道断面及弯道参数。②通过对吊轨及吊轨道岔的受力计算分析，确定吊轨及道岔悬吊固定参数，设计制作专用固定板及吊链，满足 30 吨设备吊装运行。

（2）实施的具体内容和技术路线。

方案实施路线：330 轨道大巷上部平巷段—330 轨道大巷下山段—330 轨道大巷下部平巷段—3302 轨道顺槽—3302 工作面切眼，然后分阶段逐步扩大单轨吊的运行网络范围，使整个采区形成柴油机单轨吊大吨位设备起吊运输网络，完成 330 采区安全、高效辅助运输。

3. 经济效益和社会效益分析

（1）经济效益。与轨道吊运方式相比，采用轨道吊运方式可节省巷道工程费用 48 万元，每年节省维修费用 10 万元，共计节省费用 58 万元；减少岗位工 17 人。

（2）社会效益。该运输方式设备体积小，占用辅助人员少，机动灵活，运送效率高，运送距离长，通过巷道断面小，对巷道条件要求低，转弯半径小，悬吊轨道延伸容易，轨道可再次利用并且安全可靠等优点；系统安装、维护简单；设备爬坡能力强，牵引力大，续航能力大；适应性较强、适用范围广、灵活性强、安装简单，安全性高，其推广应用范围广阔。

三、井下煤炭运输系统优化

为了实现主运输系统的煤矸分装和差异煤种的分储分装分运，从储装运环节提高企业的煤炭质量和经济效益，许厂煤矿自 2007 年开始研究，2008 年经过多次方案优化，并在 2008 年 8 月份开始施工，该技术的研究和开展取得了不错的成果。

许厂煤矿对井下主运输系统的改造，其主要思路是在主井底布置 2# 煤仓，同时辅之以配煤皮带巷及矸石运输巷，形成 430 采区、330 采区、–400 米水平各

采区及主井底均为双煤仓布置的形式，实现井下煤炭运输系统的整体优化。

1. 技术改造施工方案

根据设计方案，本工程在施工中具体施工方案为：

（1）330 采区溜煤眼改造施工方案。330 采区溜煤眼改造时首先对仓底溜煤口进行改造，首先对溜煤眼下端口进行改造，首先浇筑两墙，然后利用工字钢浇筑溜煤眼下缩口，将溜煤眼下口由原来的开口直流（煤炭）方式改为缩口安设放煤闸口方式，从而便于下口煤炭的直溜和配煤，解决了溜煤眼漏风量较大的问题。

（2）井底 2# 煤仓矸石装车巷及仓底配煤巷施工方案。井底 2# 煤仓矸石装车巷及仓底配煤巷断面均为立墙半圆拱形，施工中采用光眼爆破的方式进行掘进，采用锚网索喷的方式进行支护，掘进时先从主井底 1# 煤仓配煤巷门口处开始掘进 2# 煤仓矸石装车巷，按设计施工约 101 米与井底环形车场贯通。然后从装矸巷与仓底配煤巷平交位置开仓底配煤巷门口，施工 51.7 米与主井底 1# 煤仓底配煤巷贯通。2# 煤仓矸石装车巷为净宽 3.8 米、净高 3.6 米的直墙半圆拱断面，断面积为 12.13 平方米；仓底配煤巷断面为净宽 4 米、净高 3.4 米的直墙半圆拱断面，断面积为 13.22 平方米。

（3）井底 2# 煤仓仓顶回风巷及仓顶配煤巷施工方案。仓顶回风巷施工时，先从 130 采区回风道内变坡点以外 4 米位置处开门口开始掘进，巷道为净宽 3 米，净高 2.9 米的直墙半圆拱断面，施工距离为 31.506 米。仓顶配煤巷施工时，从 2# 仓顶中心位置开始按方位角 25.38°，平巷施工 24.779 米，与井底 1# 煤仓顶硐室贯通，形成配煤系统。施工断面为净宽 4 米，净高 3.4 米的直墙半圆拱断面。施工同时，在仓顶南部按配煤道断面掘进 6 米巷道，作为开关硐室。

（4）井底 2# 煤仓施工方案。主井底 2# 煤仓中心线位置位于 330 采区溜煤眼南侧 205°23′方位上，距离主井底 1# 煤仓中心 30 米位置处。施工时首先沿煤仓中心线位置钻一个直径 1.2 米的钻孔，贯通仓顶硐室与仓底机头硐室，并作为施工时的回风溜矸孔。然后刷大仓身，浇筑煤仓上下两缩口，安装设备，完成施工。

2. 技术评价

（1）通过对矿井–255 米水平煤炭运输系统的优化，布置双煤仓及相应的配煤系统，实现煤矸分装和原煤按质分装、分储、分运，在原煤运输环节上实现质量保障，提高企业经济效益。

（2）布置井底矸石装车巷，使全岩迎头矸石具备皮带运输条件，解决全岩迎头矸石运输的“瓶颈”。

（3）通过与置换开采相结合，加快采掘工作面矸石的运输和分流，并且为置换开采提供矸石充填保障。

3. 经济效益分析

许厂煤矿煤炭运输系统优化与应用技术工艺研究取得了显著的经济和社会效益：该系统投入使用后，–400 米水平的高硫煤（硫分 3.7%）可以与 $3_下$煤层分别装运，避免了混装后可能造成的煤质降低、市场销售不畅的局面。根据目前市场情况预计，下组煤投产后按年产量 20 万吨，原煤产量按 260 万吨计算，若两煤种混合销售，价格预计比分售平均单价低 5 元/吨。据此测算该系统投入使用后每年可为矿创造效益 5 × 260 = 1300 万元。

4. 社会效益分析

该项目的研究和应用，不仅使矿井实现了煤矸分装和原煤按质分装分运，而且推动了矿井快速掘进的速度，并为置换开采提供充足矸石。提高了企业的经济效益，保证了企业的品牌和价值，对企业的进一步发展有着重要意义。

四、建下条采保护煤柱矸石置换开采综合技术

1. 问题提出

许厂煤矿从建矿至今，一直重视矿区的资源与环境协调发展，取得了很好的成效。但从长远的发展看，矿井面临以下急需解决的重要问题：

（1）“三下”压煤问题严重。由于良好的地理位置条件，许厂煤矿井田内地面村庄和各种工厂等建（构）筑物密集，“三下”压煤十分突出。截止到 1998 年，全矿井地质总储量 31222 万吨，能利用工业储量 13513 万吨，可采储量 8263 万吨；而在“三下”压煤量中，地质储量约 3524 万吨，可采储量约 2725 万吨，占全矿可采储量的 33%。特别是首采的 130 采区，其南翼地面建筑物和水下压煤面积占到了 68.7%。更为严峻的是，目前济宁市正规划在许厂煤矿南部井田范围内建设高新区，按照规划将占井田面积 1/3。因此，许厂煤矿的建筑物下压煤量将来必然会进一步增加。在这种条件下，“三下”压煤问题已成为淄博矿业集团许厂煤矿所面临的一大难题，如得不到有效解决，除会造成采区工作面接续紧张外，矿井服务年限也将大大缩短，面临过早报废的严重问题。这不仅会给国家造成极大的资源浪费，还将给矿井带来新的就业压力等社会问题。

（2）条带开采留设煤柱资源的置换开采问题。自 2002 年以来，许厂煤矿针对“三下”压煤问题，在 130 采区开展了条带开采的研究和实践，方案中确定的采宽为 38~50 米，留煤柱宽为 46~58 米（采出率控制在 45%左右），留宽大于采宽。

130 采区南翼的现场实践结果表明：采用条带开采后，地面村庄内水平变形 ε 均不大于 1 毫米/米，曲率 k 不大于 0.08 毫米/平方米，倾斜 i 不大于 1.46 毫米/米。地表变形均控制在了煤炭部门规定的 Ⅰ 级保护规定的范围之内：水平变

形 ε≤2.0 毫米/米，曲率 k≤0.2 毫米/平方米和倾斜 i≤3.0 毫米/米。同时，《许厂煤矿 130 采区南翼建筑物下压煤试采总结》也提道：“130 采区南翼采用条带综放开采后，仍存在着大于 50%条带煤柱损失，建议今后开展条带煤柱的二次开采研究。”

可见，采用条采后，采出率较低，煤炭资源损失仍十分严重。因此，寻找新的技术途径，进一步回收损失的煤炭资源，成为许厂煤矿极为关注的问题。

（3）井下矸石的处理问题日趋严重。近年来，随着国民经济发展对煤炭需求的持续上升，许厂煤矿在保证安全的前提下，矿井产量也得到了不断提高。但导致了矿井的开拓工程量大、产矸多，辅助运输出现了一定程度的紧张，对矿井的高效开采产生了事实上的制约。

2. 矸石置换开采技术研究目标及主要内容

（1）矸石置换开采技术研究目标：①充填区域地表变形控制在国家规定的 I 级保护范围之内。②在保证安全的前提下，提高矸石充填效果。

（2）矸石置换开采技术研究主要内容：①条采区域煤柱稳定性及覆岩活规律分析。②充填矸石的性能测试和加固技术。③确定合理的充填巷布置及掘充顺序。④物理模拟充填区域覆岩及地表变形规律。⑤运用矿区沉陷预测预报系统预测地表变形动态规律。⑥优化改造现有充填系统。⑦矸石充填巷监测及地表移动观测设计。

3. 矸石置换开采技术关键技术和技术路线及研究方法

（1）矸石置换开采关键技术：①矸石充填巷尺寸及其两侧煤柱宽度设计优化、充填巷加固技术。②地表变形预计与控制技术。③矸石充填系统设计与装备优化改造。

（2）矸石置换开采技术路线。矸石置换开采技术，将采用现场调研、理论分析、相似模拟试验、数值计算、工业性试验等综合研究方法，具体技术路线如图 13-2 所示。

（3）置换开采技术的主要内容及主要创新点。该技术属煤矿开采领域。主要研究在建下条采煤柱中，掘进串采巷道，采用矸石充填机充填矸石，进行矸石置换开采的技术。该技术根据对已采条带开采后遗留的煤柱状况和地面建筑物结构情况进行认真分析，通过理论计算、矸石性能测试、物理模拟充填区域等技术手段，确定在煤柱中合理布置巷道及支护参数。

置换开采工艺分掘进及充填两步进行，巷道采用综掘施工工艺，布置在条带煤柱中间；充填所用矸石来自井下岩巷掘进工作面及部分地面洗选矸石，通过矿车运至矸石仓，并经破碎机、皮带输送机、抛矸机充填至巷道迎头，保证进行充填开采后将地表变形控制在规定的 I 级变形范围的要求之内。

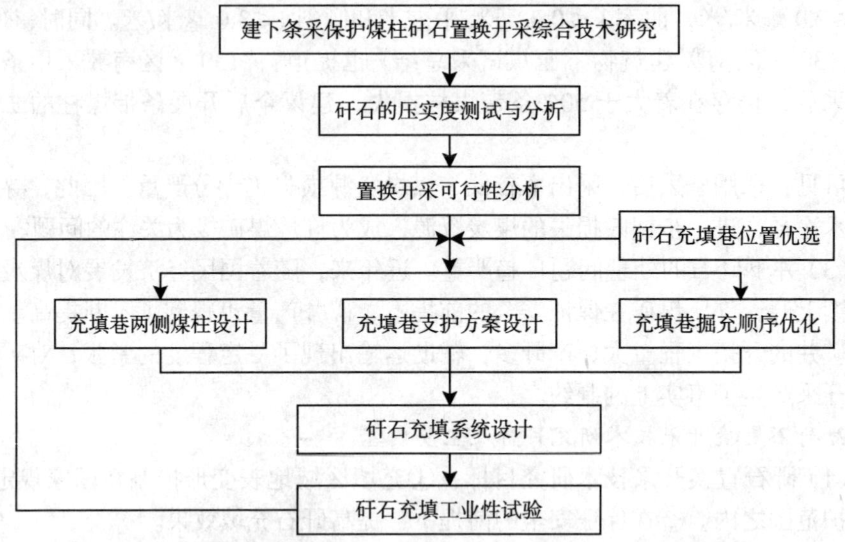

图 13-2 建下条采保护煤柱矸石置换开采综合技术研究技术路线

在该技术研发过程中，许厂煤矿自主开发和研制了矸石充填机和专用充填胶带输送机。矸石充填机由 S100 综掘机改装而成，并增加了推矸装置，保证了充填密实。充填胶带输送机实现了反向运输，运输设备搭接简单。

该项目提高了“三下”压煤煤炭采出率，为矸石井下处理提供了一条简单、经济的方法。截至 2010 年 4 月底，已处理消化矸石 55 万立方米，置换出煤炭 80 万吨。该项目为进一步促进环境保护、节省土地、增加煤炭资源利用率起到了积极的推动作用，先后荣获“淄博市科学技术进步奖”、“山东煤炭协会一等奖”、“中国煤炭工业协会煤炭工业十大科技成果”、“国家科技部二等奖”等奖励。“矸石充填置换煤关键技术研究与应用”荣获 2008 年国家科学技术进步二等奖。

4. 技术评价

该技术针对许厂煤矿条采煤柱及矸石的处理问题，综合运用了理论分析、相似模拟试验、数值计算、工业性试验及现场实测等综合研究方法，较为系统地研究了条采保护煤柱矸石置换开采技术矸石充填巷布置、置换开采顶板运动规律分析、地表变形及矸石充填工艺。首次提出建下条采煤柱矸石置换开采的总体研究思路并成功应用于工程实践。实现了井下矸石不上井，井上矸石下运回填，逐步消除地面矸石山、减少侵占农田、减少对大气和环境污染、消除矸石山坍塌或引爆危及人类的事故隐患。

采用置换开采技术，每年可处理许厂煤矿井下矸石约 12.5 万吨；开采区域

可采出煤炭 20.25 万吨，获销售产值为 9581 万元。这不但对许厂煤矿具有极大的现实意义，而且为我国类似条件下条采煤柱的进一步合理回收开创了一条新的技术途径，其科学与工程研究意义十分重大。在平顶山、徐州、贵州、邢台等煤炭企业中得到广泛应用，产生了较好的经济效益。

2006 年，中国煤炭协会组织专家在山东淄博矿业集团有限责任公司对由其承担的“建下条采保护煤柱矸石置换开采综合技术研究”项目研究成果进行了鉴定。专家们听取了课题组的汇报，并进行了详细的质疑与讨论、现场考察与实测，鉴定委员会一致认为，研究成果达到了国际先进水平。

综上所述，本技术以淄博矿业集团公司许厂煤矿为工程实践，在建筑物允许的地表变形范围内，在其建下条采煤柱中布置充填巷，然后采用矸石充填机充填矸石。进行矸石置换开采的研究，解决了上述技术问题。

五、无煤柱沿空掘巷开采技术研究

“许厂煤矿无煤柱沿空掘巷开采技术”项目研究的目的是为淄博矿业集团许厂煤矿发展形成一套适合许厂煤矿开采技术条件下的无煤柱沿空掘巷快速施工的支护材料、巷旁充填施工工艺和质量保证体系，并有效控制工作面顺槽在一次、二次采动影响期间的围岩变形，实现安全、高效生产。为减少小煤柱沿空掘巷造成 5 米的煤柱损失，通过借鉴其他单位无煤柱沿空留巷施工经验，许厂煤矿根据自身采掘接续要求，基于成熟的小煤柱沿空掘巷、混凝土管道输送技术，提出了无煤柱沿空掘巷的研究思路。

1. 无煤柱沿空掘巷技术的主要内容

首先，对井上建筑物及井下采场进行系统分析，确定地面混凝土搅拌站及输送钻孔的布置位置，确定合理的搅拌系统及混凝土运输方式，并根据井下隔离墙体强度要求、管路布置特点进行混凝土配比试验，做到强度、流动性、凝固时间符合设计要求。

根据井下无煤柱开采规划区，布置井下输送路线。在工作面设计过程时，统筹考虑隔离墙体布置。重点是在上一工作面顺槽掘进施工中，将巷道断面加宽 2.0 米，在工作面回采前，沿工作面非回采侧，采用混凝土管道长距离输送技术，按 2.0 米宽度砌筑混凝土墙。下一工作面顺槽掘进时，沿该墙体边缘掘进，按与常规工作面布置方案相比，减少 5 米煤柱损失，提高煤炭资源回收率。

在下一工作面回采过程中，通过辅助的墙体观测及局部加固技术，实现与采空区隔离，实现安全生产。

2. 无煤柱沿空掘巷技术的主要创新点、自主知识产权情况

（1）主要创新点：①首次提出无煤柱沿空掘巷开采的研究思路，消除相邻工

作面布置时的煤柱损失，提高了煤炭资源回收率。②首次提出通过350米深的地面立孔向煤矿井下输送混凝土，并通过井下管路进行混凝土隔离墙的快速砌筑。墙体规格为宽×高=2.0米×4.0米，该创新点经国内科技资料查询，未见有相关报道。③混凝土隔离墙经受采动压力影响后，能够保持稳定，有效地支撑顶板，同时有效地隔离采空区，防止回采工作面与采空区气体连通，保证安全生产。

（2）技术研究重点：①煤矿井下混凝土管道长距离输送技术研究。②墙体合适宽度、强度、稳定性的研究。③变形带留设宽度及合适充填物的研究。④沿空掘巷顶板锚网索支护设计。⑤巷帮支护阻力和支护强度的计算。⑥充填工艺及设备研究。

（3）自主知识产权情况。该施工工艺是由许厂煤矿首次提出，属自主开发的技术，拟申报国家发明专利；自制液压滑模技术，可实现快速组装及回模，该装置拟申请国家实用新型专利。

3. 无煤柱沿空掘巷技术的主要方法和技术路线

该技术拟采取的技术路线是：总体统一设计，关键技术分项组织攻关，再组织设备制造与选购，进行工业性试验，最后总结鉴定。项目研究将采用现场调研、理论分析、实验室研究、数值计算、工业性试验等综合研究方法。

4. 无煤柱沿空掘巷技术的主要经济、技术指标

（1）沿空掘巷隔离墙通过简单修复便能达到使用要求。

（2）采空区气体指标不超规定。

（3）施工工艺简单、安全、可靠。

（4）砌墙成本低于多回收煤炭取得的经济效益。

5. 已完成的工作和现有基础条件

项目主管单位许厂煤矿是淄矿集团的主力矿井，技术力量雄厚，管理水平和人员素质高，技术开发手段和设施先进。目前该矿巷道中锚杆支护较为普及，施工质量控制与监测具有较高水平。同时，许厂煤矿已在部分采区实施了软岩巷道的实践，积累了丰富的经验，并对本矿区矿压资料掌握较为详尽，为本项目在现场的工业性试验提供了可靠的技术支撑和保障。

项目合作单位中国矿业大学在“七五”、“八五”期间承担了国家科技攻关项目，研究成功了沿空留巷机械化构筑护巷带技术。中国矿业大学研制的ZKD高水速凝材料已经在煤矿井下沿空留巷巷旁充填、巷道支架壁后充填、冒落孔洞充填、高档普采工作面破碎顶板注浆加固、松软破碎围岩巷道注浆加固、注浆堵水、构筑防火墙等多种工程中得以成功应用。中国矿业大学有关高水速凝材料的科技成果获得多项国家及省部级科技奖励。承担了“九五”煤炭行业重点项目“煤巷锚杆支护”系列项目的研究，为我国煤巷锚杆技术的发展和全面推广应用

做出了贡献，有关研究成果曾获得多项国家及省部级科技奖励。

6. 市场需求及产业化前景

该成果可广泛应用于煤炭开采中，对解决相邻工作面布置时的煤柱损失问题开创一条新的技术途径，应用范围广，符合矿井可持续发展的政策要求，具有良好的市场前景。

六、厚煤层膏体巷旁充填无煤柱开采技术

技术实施时间：2009 年 5 月~2012 年 12 月。

1. 厚煤层膏体巷旁充填无煤柱开采技术的提出及其特点

（1）厚煤层膏体巷旁充填无煤柱开采技术的提出。许厂煤矿地处济宁市城东北部高新技术开发区边缘，随着城市化发展，井田范围内村庄和各种工厂等建（构）筑物越来越多，村庄等建筑物占压了大量煤炭资源，特别需要各种提高煤炭资源采出率的新技术，以保障矿井可持续发展。

许厂煤矿长壁工作面开采区域，一般工作面长度 195 米，推进长度 1000 米左右，与邻近工作面之间保留 5 米区段煤柱护巷，每留设一条区段保护煤柱将损失宝贵的煤炭资源 2 万多吨。另外，许厂煤矿开采煤层（3# 煤层）为厚煤层，煤层节理裂隙发育，留 5 米窄煤柱护巷，采空区侧漏风较严重，巷道围岩变形量也比较大，存在安全隐患。

以往的沿空留巷巷旁充填在高瓦斯矿井使用可以改 U 形通风为 Y 形通风，有效解决了工作面上隅角瓦斯超限问题，提高了工作面生产能力，取得了良好效果。但是所保留的巷道需要承受二次采动压力影响，维护困难，经常需要翻修卧底。

许厂煤矿 3# 煤层开采分二种情况：一种情况是村庄建筑物下压煤，采用条带开采；另一种情况是地面不需要保护，采用长壁工作面留煤柱开采，工作面巷道保护煤柱宽度一般为 5 米。

许厂煤矿 330 采区主采煤层瓦斯含量低，不需要 Y 形通风，煤层厚度较大，平均厚度达到 4 米，已经装备综掘机，巷道掘进速度快，采掘矛盾不明显。在这种情况下，取消区段煤柱，保证巷道维护状况良好，有效封闭采空区，减少巷旁充填对采煤工作面生产组织的影响等成为主要因素。

这里所提出的“地面膏体巷旁充填沿空掘巷无煤柱开采技术研究”项目，拟结合许厂煤矿 330 采区条件，探索一种利用地面商品混凝土搅拌站制作膏体（特殊混凝土），通过钻孔管道输送到井下工作面巷道内，靠邻近工作面侧在回采工作面前方适当位置提前浇筑巷旁充填条带，邻近工作面巷道沿充填条带无煤柱掘进的新技术。

此项技术的目的是取消区段煤柱，提高资源采出率，利用巷旁充填条带改善

采空区隔离和沿空巷道支护状况，提高矿井安全保障度。

(2) 厚煤层膏体巷旁充填无煤柱开采技术的特点：

第一，利用地面商品混凝土搅拌站拌制巷旁充填所需要的特殊混凝土膏体，大规模机械化生产，生产效率高，商品混凝土搅拌站不充填时继续提供地面商品混凝土服务，矿上不需要投资建设专用的巷旁充填混凝土拌制设备。

第二，巷旁充填所需要材料通过钻孔管道输送到井下工作面，不需矿车运输下井，减少了矿井辅助运输压力。

第三，巷旁充填安排在工作面前方巷道一侧提前进行，对回采工作面生产没有影响。

第四，由于巷旁充填在工作面前方提前完成，到工作面推进到时已经有充分的凝结时间（合理安排可保证龄期达到 7 天以上），在保证同样切顶和支撑作用效果条件下，可以降低充填材料性能要求，充填材料成本较低。

第五，巷旁充填需要人员少，工人劳动强度低。由于该方法巷旁充填所需要材料在地面混凝土搅拌站机械化完成，井下不需要人员卸车、装料等，只需要设立二面隔离板，既减少了人员需要量，又显著减少了工人劳动强度。

第六，下区段相邻巷道沿巷旁充填体掘进，区隔明显，便于方向控制，沿空掘进巷道只受一次采动影响，易于维护。

需要指出的是，本项目提出的巷旁充填方法目前还未发现有应用先例，具有创新性，试验成功以后对同类条件具有良好的推广应用价值，研究意义重大。

2. 许厂煤矿 330 采区开采条件

本项目试验地点初步选择在许厂煤矿 330 采区。

330 采区位于井田孙氏支 2 断层以北，开采 3# 煤层，采区范围内 102、X1–4、X2–5 三个钻孔揭露煤层，煤层厚道 3.84~5.56 米，平均 4.76 米。绝大部分区域煤层倾角平缓，煤层底板标高–250~–310 米。地面地势平坦，一般标高为+39.5 米左右，煤层埋深 290~350 米。3# 煤层顶板以细、中、粗砂岩和粉砂岩为主，有时有少量的泥岩等。砂岩类岩石主要以石英砂岩为主，长石砂岩次之，力学性质见表 13–2。泥岩主要为黏土岩。

表 13–2 许厂煤矿 3# 煤层顶板砂岩物理力学性质

岩性	抗压强度 MPa	抗拉强度 MPa	容重 g/cm³	抗剪强度 MPa		内摩擦角°
				30°	40°	
粉砂岩	47.4	1.3	2.56	23	74	35
砂岩	63.7	2.6	2.48	90	154	30

330 采区西南角对应的地面是许厂煤矿自备发电厂工业广场范围。

七、地面管输膏体巷旁充填沿空掘巷无煤柱开采方案

1. 试验地点及充填钻孔选择

本项目试验地点选在许厂煤矿 330 采区，在采区西南角地面正好是矿子备电厂工业广场，可以在自备电厂工业广场内布置充填钻孔，不牵涉征地问题，不需要处理复杂的工农关系。

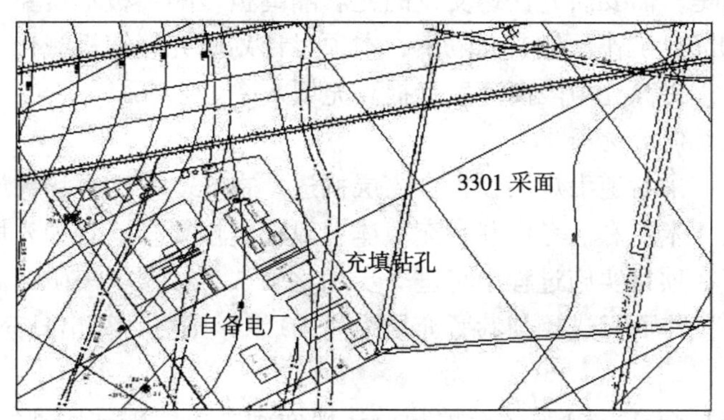

图 13-3　许厂煤矿巷旁膏体充填钻孔位置

另外，自备电厂工业广场内布置充填钻孔，也可以利用该钻孔进行采空区防灭火注浆，能做到一孔多用。

充填钻孔位置选择在自备电厂工业广场北侧围墙内，1# 水源井西侧 8 米处，南面是空地。目前，电厂被用做南球场，可以方便混凝土搅拌运输车运送充填膏体充填材料。

充填钻孔在布置上考虑孔底向 3301 工作面轨道巷方向水平偏移 30 米左右，偏斜角度为 4°，孔底离 3301 工作面轨道巷 6 米左右，可以方便布置充填钻孔底部硐室。不需要开设专门通风行人绕道，辅助掘进工程量少。如此布置钻孔远离 330 采区边界断层，也便于钻孔钻进安全与维护。

2. 膏体充填材料，巷旁充填体构筑方法

巷旁充填主要原材料选择商品混凝土搅拌站所正常使用的碎石、河砂和普通水泥。为了保证充填过程中料浆在管道中稳定不分层，不凝结，需要试验选择应用合适的缓凝泵送剂。

本项目巷旁充填体构筑不在工作面后方，而是在工作面前方 100 米左右以远进行。在工作面没有回采前 10 天左右，先在工作面前方邻近下一工作面侧的运输巷内从开切眼起 100 米左右长度巷道内，靠近下一工作面侧浇筑巷旁充填条带，以后按照工作面推进速度（每天 10 米左右）安排充填，保持巷旁充填在工作面前方 100 米左右以远进行。充填工作不影响工作面回采，同时工作面推倒时充填体已经有 10 天左右的凝结固化时间，而不是传统沿空留巷的只有不到 1 天的凝结时间就遭受采空区剧烈支承压力活动作用。这有利于保持充填体稳定，在需要充填体在采空区切顶时，充填体强度更高，切顶效果将更好，也更有利于充填体及邻近的下一工作面巷道维护。

巷旁充填在巷道内进行，充填范围内顶板有巷道锚网支护，不需要另外采取支护措施。但是，需要研究快速支设的充填隔离板，隔离板不需要三面，只需要靠巷道内侧和远离工作面侧二面隔离，本项目计划研究能够机械化支设和前移的组合隔离板，以提高充填隔离速度，提高充填效率。

3. 充填系统能力选择

许厂煤矿回采巷道沿煤层顶板全煤层掘进，在 330 采区平均煤层厚度 4 米左右，巷道高度 4 米左右。考虑巷旁充填体一般稳定性要求，巷旁充填体宽度控制在 2 米左右。在项目实施过程中将进一步优化确认，按照“一矿一面”现代化矿井生产要求，工作面日进尺与巷旁充填距离 10 米，则可计算出日充填量为 80 立方米左右。

考虑到许厂煤矿 330 采区充填管道从地面到井下，输送距离长，首试 3301 工作面充填管路当量长度在 1800 米左右，后期 3309 工作面充填管路当量长度在 3500 米左右。为了输送安全，需要控制充填材料加水搅拌和在管道中的停留时间，一般按照 2 小时控制。混凝土搅拌运输车在商品混凝土搅拌站有等待时间，在从搅拌站到充填站需要运输时间，综合起来浆体在管道内输送时间应该控制在 1 小时内，初步考虑充填系统实际输送能力控制在 30 立方米/小时左右。

4. 充填工艺系统与充填工艺过程

许厂煤矿 330 采区首试 3301 工作面充填管路当量长度在 1800 米左右，后期充填管路更长，充填倍线大于 6，超出了安全自流充填的范围，所以，选择地面拖式混凝土泵加压输送。在地面钻孔入口处选择拖动混凝土泵加压，能够方便地与混凝土搅拌运输车配合，不需要防爆。拖式混凝土泵技术成熟，价格也便宜，一般建筑常用，维护方便可靠。

根据拖动混凝土泵的使用，许厂煤矿巷旁充填系统初步设计由以下部分组成：

（1）地面充填站：主要由 1 台拖式混凝土泵和充填钻孔入孔管连接组成，另外配置 1 台高压水泵，采用简单轻钢结构房屋形式。

（2）充填钻孔：充填钻孔布置在电厂 1# 水源井西侧 8 米处，钻孔充填管直接与孔壁岩土水泥浆注浆封闭，充填钻孔管安装时同时布置一根通信线路管，充填站与井下充填工作面直接电话联系，协调井上下工作。考虑到 330 采区巷旁充填总量不大，钻孔充填管选择耐磨型单层无缝钢管。

（3）井下充填管：井下充填管从钻孔底开始，沿 3301 工作面外联络巷、3301 运输巷布置到工作面开切眼。为了保证满管流，在充填点考虑三通和控制闸阀，同时利用其处理管道清洗水，管道清洗水通过管道排到工作面采空区，减少污染影响工作面巷道。为方便需要时快速处理管道内浆体，在合适位置布置三通和旁通闸阀。

（4）机械化隔离模板：该隔离模板负责快速隔离巷道内侧和远离工作面端面侧，要求能够通过千斤顶实现隔离板机械化支设和前移，减少人工工作量，提高充填隔离速度和充填效率。

巷旁充填每天安排白天班进行，充填工艺过程可以概括为：①拆开上一循环隔离模板，前移到当天充填位置，设置隔离墙，同时管道充水。②清洗球隔离，膏体推水。③膏体正常充填。④清洗球隔离，水推膏体。⑤结束充填。

5. 主要技术经济指标

（1）巷旁充填人员不超过 6 人（包括地面充填站）。

（2）充填材料费用 300 元/立方米左右。

6. 项目经济性分析

许厂煤矿 330 采区采用本项目提出的地面管输膏体巷旁充填沿空掘巷无煤柱开采，取消了区段煤柱，区段煤柱平均厚度 4 米，宽度 5 米，取煤体密度 1.35 吨/立方米。按照工作面采出率 95%计算，则每米充填巷道多回收煤炭资源 25.65 吨/米。以淄博矿业集团 2009 年向国家主要电力企业供应煤炭的销售价格 540 元/吨计算，增加产值 13851 元/米，330 采区全部采用巷旁充填沿空掘巷可以多回收煤炭资源 16.5 万吨，增加产值 8910 万元，而实施巷旁充填的总费用 2188 万元，远低于增加值。

实施本项目提出的巷旁充填，即使多回收的煤柱部分增加吨煤成本 132 元/吨，仍然能够保持较好的赢利水平。如果按照全工作面产量计算，本项目巷旁充填增加吨煤成本只有 3.3 元/吨。

综合比较，实施本项目经济效益显著。

7. 项目实施计划

（1）主要研究建设内容：①地面管输膏体巷旁充填系统优化设计。②330 采区开采条件下巷旁充填稳定性分析及其参数设计。③两侧实体煤充填巷道、一侧充填体一侧实体煤巷道支护优化设计。④适合 330 采区条件的膏体充填材料配比选择实验。⑤适合 330 采区条件机械化隔离模板设计。⑥地面管输膏体巷旁充填系统建设与调试。⑦3301 工作面地面管输膏体巷旁充填试验。⑧3301 工作面运输巷道巷旁充填实测方案设计，包括充填体压力、纵横向变形，巷道围岩变形，锚杆、锚索受力等。⑨3301 工作面运输巷道巷旁充填效果实测分析。

(2) 项目实施时间安排。本项目前期准备工作在3301工作面正式回采前完成，从3301工作面回采就开始试验地面管输膏体巷旁充填，在3302工作面回采300米，本项目即可总结鉴定。其中：①充填系统设计计划1个月。②巷旁充填参数设计与充填材料配比选择实验计划6个月。③机械化隔离模板设计与加工6个月。④充填钻孔施工计划3个月。⑤充填系统设备安装与调试计划1个月。

总体项目实施前的研究设计与建设工作可控制在半年内，其中两侧实体煤巷道支护在2009年9月开始实施，能够保证330采区巷旁充填开采的需要。

8. 技术评价

通过前面针对许厂煤矿3#主采煤层为厚煤层、瓦斯含量较低而提出的地面管输膏体巷旁充填沿空掘巷无煤柱开采方案分析，可以得到以下结论：

(1) 采用地面管输膏体巷旁充填沿空掘巷无煤柱开采，取消区段保护煤柱，多回收煤炭资源，提高资源采出率，对许厂煤矿具有重要的意义。

(2) 地面管输膏体巷旁充填沿空掘巷无煤柱开采，巷旁充填在工作面前方100米左右提前完成，充填体位置达到采空区时已经有7天以上的凝结固化时间，强度更能够保证，地面长距离管道输送膏体进行井下充填，中国矿业大学已经有成功经验，本项目在技术上切实可行。

(3) 许厂煤矿330采区条件地面管输膏体巷旁充填沿空掘巷无煤柱开采，充填系统建设投资预计需要564万元。

(4) 许厂煤矿330采区地面管输膏体巷旁充填沿空掘巷无煤柱开采，按照充填系统建设投资仅为本采区服务，每米充填巷道的充填总成本预计为3392元/米，每充填一米巷道多回收煤炭资源25.65吨/米，多创造产值13851元/米，整个330采区工作面全部采用巷旁充填沿空掘巷将多回收煤炭16.5万吨，增加产值8910万元，经济效益显著。

八、长距离泵送混凝土支护技术

1. 围岩条件和原有普通砌碹方案

(1) 围岩条件。许厂煤矿-400m水平水仓顶板岩层多为中砂及粉砂岩，但顶板围岩具有大量的软弱互层结构，层理非常明显，对围岩的稳定性产生影响。底板围岩主要为变质的黏土岩，暗灰色黏土岩为泥质黏土结构。黏土矿物含量高达95%，有机质含量为5%，遇水极易膨胀变形、软化和泥化，从而使得这部分围岩力学性质极度弱化。在长期的地下水作用下，基岩均发生不同程度的风化变质，表现出极具典型的软岩特性。

由于底板围岩长期处在水的浸泡环境下，围岩具有较强的亲水膨胀性，吸水极易膨胀变形，因此，在后期强大的膨胀应力以及较大的水平构造应力作用下，

虽然原有支护方案采取了锚网索喷补强加固方案，但仍不能有效阻止围岩严重变形破坏，底鼓量很大。由于底部严重变形，导致整体承载结构弱化，两帮向内收敛，顶部有严重的下沉变形，喷射混凝土支护体散落、破碎，围岩暴露于空气当中，风化现象明显，而且锚杆挤入巷道内部，如图 13–4 所示。

图 13–4　顶底板围岩特性

为防止围岩长期暴露在空气中，防止地下水浸透、侵蚀围岩，有效阻止顶底板围岩在后期压力作用下产生强大变形，结合原有锚网索喷支护不能起到应有支护作用的实际情况，决定对水仓围岩采用全断面钢筋混凝土砌碹方案。

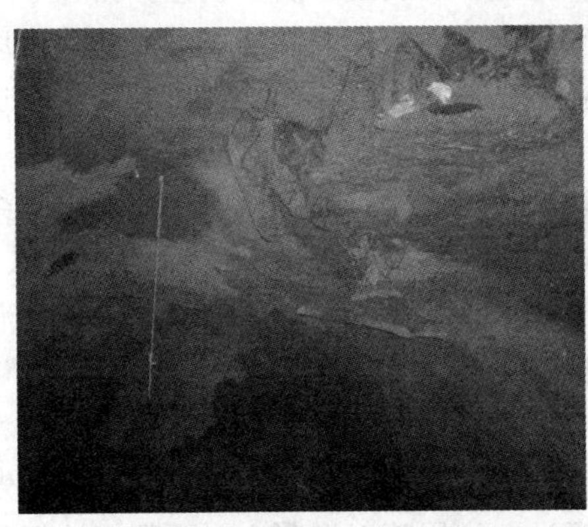
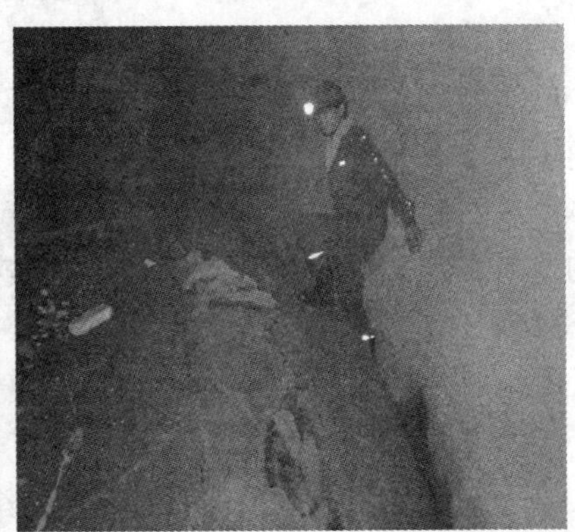

图 13–5　锚网索喷二次支护后水仓围岩破坏状况

（2）原有普通砌碹方案。全断面钢筋混凝土砌碹最初采用的是普通砌碹方式，通过人工敷设钢筋、绑扎、立模、铺设碹胎，人工浇灌砼。采用这种普通砌碹方式，施工速度慢，劳动强度大，而且碹体浇注质量受人为影响因素较多，从而引起混凝土碹体充填不密实，接茬质量较差，进而削弱碹体的抗渗性能，达不到有效全断面封闭水仓围岩的目的。因而，后期决定利用 HBMD-20/18-90S 煤矿用混凝土泵进行长距离泵送混凝土支护技术，取得了良好的技术与经济效益。

图 13-6 普通砌碹方式现场

2. *泵送混凝土砌碹方案*

下面以-400 水仓围岩全断面钢筋混凝土砌碹为例，对长距离泵送混凝土支护技术进行详细介绍。

（1）技术关键和创新点。

第一，在使用泵送混凝土过程中，由于泵送压力大，使得泵送的混凝土具有充填效果，在施工后可以很好地和围岩破碎岩体结合，将破碎岩体结成一个整体，从而提高了其承载能力；在水仓泵送施工过程中，泵送混凝土致密，防水效果好，可以很好地隔离水和岩石的接触，防止了岩石遇水发生软化膨胀。

第二，通过合理的安排开挖施工、支护前准备以及管道布置等工作，可以在较小的工作面上进行多项工作的并行作业，这样可以提高工作效率，加快巷道施工速度。

第三，长距离泵送混凝土工艺的管路布设更能够适应井下巷道多坡度和多弯度的要求，工艺简单灵活，适用范围较广，适合在煤矿砌碹工程施工中推广。

第四，通过利用 HBMD-20/18-90S 混凝土输送泵，实现煤矿井下 C30 混凝土长距离、多角度管路输送，做到巷道整体一次浇筑成形。

（2）技术方案。

第一，底板卧底反底拱砌碹。在完成顶帮和墙体的二次锚注加固后，首先向下卧底 600 毫米，再向两帮各超挖 400 毫米。利用喷射混凝土对两帮超挖部分及时进行临时支护后，即进入带有缓冲层的反底拱结构敷设和浇注砌碹。

缓冲层铺设：利用巷道中腰线标定出两墙基础尺寸，清除浮矸、排净积水，进行缓冲层的铺设，缓冲层采用聚乙烯泡沫板制作，厚度 75 毫米。缓冲层铺设要求紧贴岩面，各接触面无缝隙。

钢筋绑扎：按设计要求进行钢筋绑扎。基础钢筋设计为双层筋，上层筋与下

层筋间距 400 毫米，钢筋间每间隔 600 毫米用带弯的直径为 8 毫米钢筋连接。接点用 22# 铁丝绑牢。钢筋采用直径为 18 毫米螺纹钢间排距为 300 毫米×300 毫米。钢筋距缓冲层保护层厚度为 100 毫米。

钢筋制作时预先加工成弧形，与荒底板弧度相同，两端钢筋预留搭接长度 600 毫米。

浇筑混凝土：钢筋绑扎后即可直接利用 HBMD-20/18-90S 煤矿用混凝土泵进行长距离的泵送混凝土浇注施工，浇注厚度 300~400 毫米振捣一次。混凝土振捣至表面出浆为宜，防止出现漏震、过震。

第二，墙拱部的钢筋混凝土砌碹。

钢筋绑扎：采用单层钢筋混凝土支护，钢筋采用直径为 18 毫米螺纹钢制作，钢筋间排距 300 毫米×300 毫米。保护层厚度 100 毫米，留钢筋搭接长度为 600 毫米。

墙模支设：用巷道中线控制站柱位置，在底板固定墙站柱。站柱采用 200 毫米方木制作，间距 1.5 米，站柱底部及两侧采用 100 毫米方木对撑固定牢固；站柱上部放托拱梁，托拱梁上固定碹胎。固定时各立柱之间要平行布置，站柱必须固定牢固。

碹胎支设：拱部碹胎采用 16# 槽钢与 14# 槽钢焊接制作，底部与墙托拱梁连接，碹胎两肩窝和顶部由直径为 18 毫米螺纹钢制作的拉杆互相连接。碹板采用 6.0 米长的 10# 槽钢制作。

浇筑混凝土：浇注厚度 300~400 毫米振捣一次，混凝土振捣至表面出浆为宜，防止出现漏震、过震。两墙浇筑高度超出拱基线 100 毫米左右。

浇筑混凝土强度为 C30，采用粒径 10~20 毫米的碎石，含泥量不大于 3%，级配合理；中粗砂，含泥量不大于 3%，级配合理；po.42.5R 早强型普通硅酸盐水泥；MF-1 型减水泵送剂，掺量为水泥重量的 2.5%。混凝土设计浇注厚度为 300 毫米。

混凝土配合比为水泥：砂：石子：水=1：2.01：3.89：0.51，坍落度为 80~160 毫米。每立方混凝土材料用量为：水泥 324 千克、砂 651.24 千克、石子 1260.36 千克、水 165.24 千克。

（3）施工方案。自内（泵房 6# 吸水井与增容水仓交叉口）向外（水仓下口变坡点）进行施工。浇筑用混凝土，用安装在混凝土输送泵硐室内的输送泵（见图 13-7），通过管路将拌制好混凝土输送到施工地点。为保证现浇混凝土支护的整体性，施工时，对巷道两肩和拱部尺寸不够的部位进行刷掘。确保内增容水仓设计断面。

为减少施工时的开挖量，内增容水仓采用分段断面施工。1~1 断面起点为内

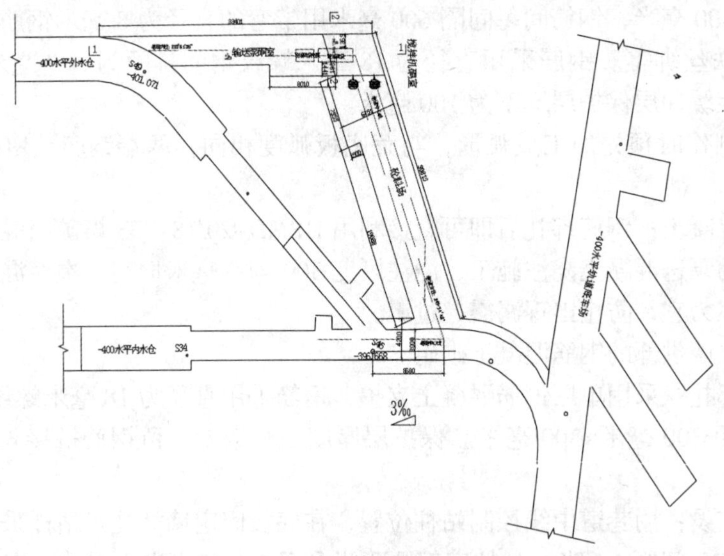

图 13–7 泵送混凝土相关设备布置

增容水仓交叉口处，终点为第一个弯曲外 13.4 米处（0~40.4 米）；2~2 断面起点为第一个弯曲外 13.4 米处；终点为内增容水仓入处 5 米（40.4 米至结束）。

(4) 施工顺序。

基础（铺底）：泵房 6# 吸水井与内增容水仓交叉口处（浇混凝土起点）→内增容仓巷道→ 距内增容水仓入处 5 米。

墙拱部及铺轨：泵房 6# 吸水井与内增容水仓交叉口处（浇混凝土起点）→内增容仓巷道→距内增容水仓入处 5 米。

(5) 施工工艺及要求。

施工前准备：首先，形成工作面的供风、供水、供电系统、运输系统及通风系统；其次，提前由测量人员对巷道的中腰线进行复验校对。

施工材料准备及要求：首先，检修施工用混凝土输送泵、搅拌机等设备；其次，按照设计尺寸加工不同型号的碹胎、碹板及其他砌碹用材料。

设备配置：施工中需要的设备见表 13–3。

表 13–3 施工设备配置

序号	名称	规格型号	单位	数量	备注
1	输送泵	HBMD–20/18–90S	台	1	
2	搅拌机	JS–500 型	台	1	
3	输送管	φ125mm；500m	根	200	
4	启动器	KBZ–200	台	1	
5	辅助材料	钢筋、铁丝网、背板	根		

混凝土输送泵是本砌碹过程中的重要设备，在此，对 HBMD–20/18–90S 煤矿用混凝土泵的结构说明及技术特点进行简要介绍。

该机是一台适用于煤矿的防爆型多用途输送泵，可用于井下混凝土浇筑施工。混凝土泵由两大部分组成，分别是搅拌输送机和泵送结构。而泵送结构主要是由动力源部分和搅拌泵部分两大系统组成，主要技术参数见表 13–4。

表 13–4　HBMD–20/18–90S 煤矿用混凝土泵主要技术参数

项目		单位	参数
理论输送量		m^3/h	20
泵送混凝土最大输出压力		MPa	18
电动机	型号	—	YBRB（原 DYB）– 90A 隔爆型电动机
	功率	kW	90
	额定电压	V	1140
	额定电流	A	56
噪声	声功率级	dB（A）	≥114
	操作点声压级	dB（A）	≥85
上料高度		mm	1850
坍落度		mm	80~230
混凝土缸（内径 × 行程）		mm	Φ150 × 1000
液压系统压力		MPa	25
液压油箱容积		m^3	300
外形尺寸（长 × 宽 × 高）		mm	4240 × 1312 × 1850
整机质量		kg	4143
型式		—	水平单动双列液压活塞式
混凝土分配阀		—	S 阀
输送管径 Φ		mm	100
泵送混凝土最大骨料粒径		mm	5
下搅拌料斗容积		m^3	0.28
主油泵（第一联）		—	A11VLO–130LRD（最大流量 192L/min）
上搅拌泵（第二联）		—	A11VO60LRDS/10R（最大流量 85L/min）
下搅拌泵（第三联）		—	A10VO28DR/31R（最大流量 20L/min）
液压油型号及最佳工作温度		—	68# 抗磨液压油 45~60℃
上搅拌输送型式		—	螺旋叶片及特殊叶片。具有输送、混合、搅拌功能
上搅拌料斗容积		m^3	0.22
上搅拌输送距离		m	1.5
上搅拌输送水的总管径		mm	25
动力部分外形尺寸（长 × 宽 × 高）		mm	2200 × 1195 × 1113

泵送的具体过程为：首先由电磁起动器提供的动力电源，控制电动机带动液压泵工作；其次由液压泵产生的压力油驱动两个主油缸动作；最后带动两个混凝土输送缸内的活塞产生交替往复运动。同时由液压泵产生的油压驱动搅拌输送器运转，将泵送原料搅拌混合后，输送落入到下部的混凝土料斗内再搅拌。

由于S管阀与主油缸之间的有序动作，使混凝土不断从料斗被吸入输送缸并通过输送管道送到施工现场。

（6）施工工艺及要求。

施工工艺。底部混凝土及泡沫板由里向外浇筑，施工至距内增容水仓入处5米。底部砼浇筑完后，再由里向外铺轨至结束点。墙和拱部浇筑混凝土由里向外，墙和拱部一次整体浇筑。墙立柱和碹胎采用一次架设四架，每架间距1.5米。每架碹胎和立柱之间用专用拉杆连接牢固。墙拱模板采用6.0米长直径100毫米槽钢，浇筑时由两墙底部向拱顶合拢。拱部必须两侧对称浇筑，顶部混凝土必须填满接顶。浇注混凝土时，必须使混凝土对称入模，防止模板跑偏，并对混凝土分层振捣，振捣厚度不超过300毫米，振捣棒应插入下层混凝土内50~100毫米，每次移动300~350毫米，以混凝土表面出现灰浆，不冒气泡为宜。合拢门预留宽度为400毫米在拱顶进行，合拢门时由里向外逐架（1.5米）进行。为确保合拢门处混凝土质量，将输送泵输送的混凝土送到工作台上的灰盘内，然后采用人工入模。6.0米长模板共需三套：前4架拆除、中4架待混凝土凝固、后4架浇筑。如此循环至墙、拱部混凝土浇筑完成。

整个工艺流程详见图13-8。

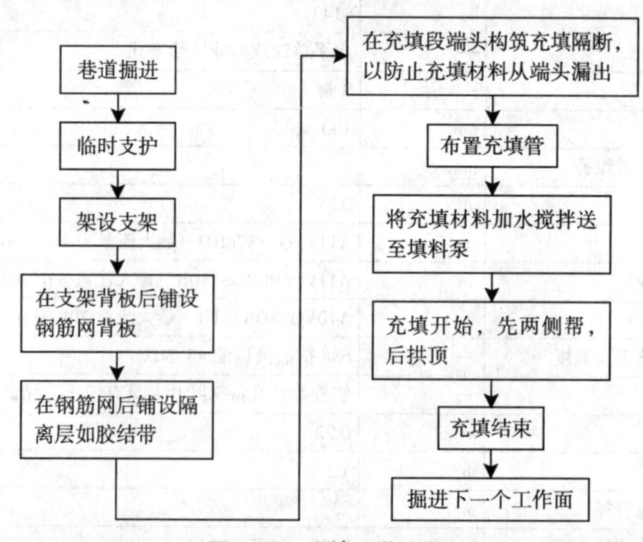

图13-8 充填工艺流程

施工要求。首先混凝土泵及输送管路布置。在设置支护的同时，进行泵送混凝土管道以混凝土泵的布设。泵管线尽可能选择直而顺的路线，以减少弯管数量。各管卡一定要紧到位，保证接头密封严密，不漏浆。管卡尽量不与地面支撑物接触，以便拆装。由于扬程大，混凝土泵分配阀换向及吸入混凝土（或停止泵送时），管中的混凝土将对混凝土泵产生逆流压力，该压力会使混凝土泵容积效率降低，影响混凝土泵排量，造成混凝土离析而堵管。为克服此压力，可以在泵出口架设 15 米或以上的水平管，利用水平管中混凝土拌和物与输送管壁间的摩擦阻力来平衡此压力。当无法设置足够长的水平管时，则宜在输送管路的锥行管和直管间设插板，停止泵送时插上插板可以防止混凝土逆流。另外，泵送混凝土应把新的、无磨损的或管壁较厚的输送管配置在管路开始处，以防管内压力过高而产生事故。直管段每隔 15 米左右在管的两边各设置 1 根紧贴管外壁的地锚予以加固。当地形复杂而无法打地锚时加固时，可用钢丝绳捆绑好泵管。混凝土泵及输送管路布置如图 13-9 所示。

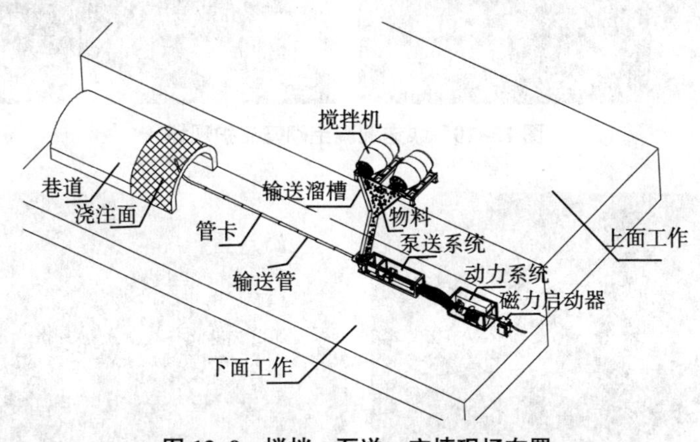

图 13-9　搅拌、泵送、充填现场布置

其次混凝土泵操作要求。HBMD-20/18-90S 型混凝土输送泵的控制是整个施工过程的重点。合理地控制输送泵可以很好地完成充填施工。

3. 现场试验与支护效果

长距离泵送混凝土支护技术在-400 米水平水仓进行了现场试验，如图 13-10 所示。利用该项混凝土泵送技术进行的水仓围岩全断面钢筋混凝土砌碹工程量达到 980 米，取得良好的支护效果，如图 13-11 所示。

图 13–10 泵送混凝土砌碹支护现场

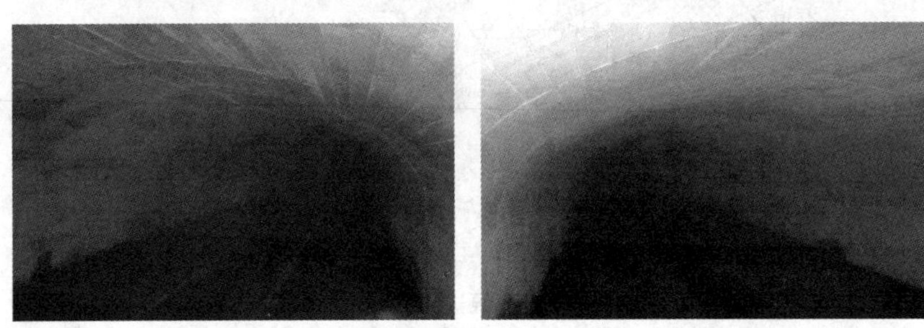

图 13–11 水仓围岩全断面砌碹支护后的稳定状态

4. 技术与经济效益

通过利用长距离泵送混凝土支护技术对水仓围岩进行了全断面砌碹加固，取得了如下技术与经济效益：

(1) 使用长距离泵送混凝土施工的巷道支护，混凝土碹体的密实度得到提高，可以有效地防止水的渗透，起到良好的防水效果。

(2) 在施工过程中，整个断面混凝土同时施工，接茬质量得到保证，提高了混凝土的防水性能。

(3) 由于是长距离泵送混凝土进行施工，所以混凝土的搅拌机和泵送机可以

设置在距离施工地点比较远的地点，从而有足够的空间存放施工材料等，这样可以节约巷道工作面的空间，方便施工。

（4）在进行巷道掘进施工的同时，可以进行混凝土输送管路的布设，这样就可以增加工作面，加快施工速度。

（5）通过混凝土泵送，可以实现长距离的混凝土输送从而避免了混凝土搅拌设备的搬运工作，同时实现施工的机械化，这样在减轻了劳动强度的同时，大大提高了施工效率。以前普通砌碹方式每班需要 12 位工人，每天砌碹进尺仅为 3 米，改用泵送混凝土砌碹方式以后，每班工人减少到 7 人，而每天砌碹进尺却提高到 6 米。

（6）采用全断面钢筋混凝土砌碹以后，围岩变形得到了有效控制，满足了水仓的长期稳定性要求，为矿井的安全生产提供了保证。

5. 经济效益及社会效益说明

（1）经济效益说明。–400 米水平水仓按一年返修两次来算将需要维护成本 513.50 万元；若按普通砌碹方式，需要人工费 1080 元/米，而泵送混凝土砌碹，则只需要 315 元/米，因此采用泵送混凝土砌碹后可节约成本费用约 75 万元。若计泵送混凝土砌碹方式先期一次性投资 150 万元，混凝土泵送工艺共可节约费用 438 万元。

（2）社会效益说明。煤矿井下长距离混凝土泵送技术工艺研究，具有较强的适用性，不仅对许厂煤矿安全生产起到了很强的推动作用，而且该项技术解决了高应力复杂条件下软岩支护的难题，减少了巷道的维修量，减轻了工人的劳动强度，对推进矿山“双基”建设具有重要意义。

6. 技术评价

通过长距离泵送混凝土施工实践，总结出此种施工方法是一种比较先进的砌碹施工方法。不仅解决了水仓围岩采用普通支护方式无法满足稳定要求的问题，而且降低了建设投资，提高了施工效率，减轻了劳动强度，获得了较好的技术与经济效果。

使用 HBMD–20/18–90S 混凝土输送泵，通过合理的布管工艺，适合的配方，可实现煤矿井下 C30 混凝土的长距离输送，实现快速、高效地对砌碹硐室、巷道和其他区域进行充填。该技术工艺使煤矿井下混凝土工程从混凝土搅拌到浇筑工序实现了机械化运行，大大提高了劳动工作效率，具有非常重要的现实意义和较高的实用价值。

第三节 许厂煤矿煤炭产品结构调整实践

煤炭产品结构直接关系到煤炭产品的市场竞争力和企业的经济效益，不断调整产品结构是企业适应市场、求得生存发展的需要，也是实施产品营销策略的主要手段。大型煤炭企业（集团公司）通常有多个煤炭开采和加工单位，产品品种规格多，用户分布广，各种产品用途不一，盈利能力不同。集团公司以追求整体经济效益最优为目标，必须实现整体产品结构最优。不仅仅是个别单位、个别生产环节和个别产品的调整和优化，而是以市场需求为导向，综合考虑企业整体情况和煤炭资源特点，优化配置、合理利用煤炭资源，不断优化和调整整体产品结构，才能获得最佳的企业经济效益。

一、煤炭产品结构的特殊性

煤炭产品结构的特殊性表现在煤种多、品种多、等级多、用途多、调整难等方面。GR5751—86“中国煤炭分类”中规定，煤炭煤种有褐煤、长焰煤、不粘煤、弱粘煤、1/2 中粘煤、气煤、气肥煤、1/3 焦煤、肥煤、焦煤、瘦煤、贫瘦煤、贫煤、无烟煤 14 个。

GB/T17608—1998“煤炭产品品种和等级划分”中规定，煤炭产品按其用途、加工方法和技术要求划分为 5 大类，28 个品种。①精煤：冶炼用炼焦精煤、其他用炼焦精煤。②粒级煤：特大块、大块、中块、混中块、混块、小块、混小块、粒煤等筛或块煤产品等 16 个品种。③洗选煤：混煤、末煤、粉煤等 7 个品种。④原煤。⑤低质煤：原煤、煤泥 2 个品种。共有至少 128 个等级。①冶炼用炼焦精煤灰分 15 级，硫分 10 级。②其他用炼焦精煤灰分 7 级。③其他产品灰分 36 级，发热量 37 级；硫分 13 级。④块煤限下率 10 级。煤炭的用途包括：①炼焦用精煤。②发电用煤，其中又分为煤炭煤种有无烟煤、贫煤、烟煤、褐煤 4 类。③合成氨用无烟块煤。④高炉喷吹用无烟煤、烟煤。⑤各种气化用煤。⑥民用煤。⑦各种锅炉用煤。⑧直接液化用煤等。各种用途对煤种、煤质等都有不同的要求。由于煤炭产品的量较大，生产各个产品的设备也较大，煤质的可加工性（如可选性、粒度组成等）比较稳定且难以改变，煤炭产品市场受运输等条件限制相对比较固定，所以煤炭产品调整比较难。

二、煤炭产品结构调整的必要性

尽管煤炭产品难以调整，但是随着市场经济的深入发展，煤炭市场的变化，用户对煤炭产品质量要求的日益提高。市场竞争的加剧，必须对产品结构进行调整。在考虑产品结构调整时，要根据国家环保、产业升级、能源安全等宏观政策及对市场调研资料的分析结果，确定煤炭产品的市场定位，确定煤炭洗选加工方案，确定煤炭深加工上下游产业链和全方位的系列产品链条方案，确定煤炭气化、液化、配煤、型煤的规划方案，力求改变品种结构单一，质量不高，质量与市场要求不相适应的状况，使企业经济效益最大化。还要根据矿区煤炭资源和煤质特征，开辟新的高附加值的煤炭产品，例如高炉喷吹用煤、活性炭、水煤浆等。

三、煤炭产品结构调整的机制

产品结构调整既涉及多个煤炭生产加工单位，也涉及煤炭资源配置、生产系统、产品销售等多个生产经营环节。因此，产品结构调整是一个系统工程。要采用系统工程的方法去组织实施，在企业建立产品结构调整机制是必要的。通过这一机制的有效运行，适时提出调整方案并组织实施。

1. 建立组织机构

组织机构是煤炭产品结构调整机制的基础，应结合企业煤炭生产系统布局、管理现状和机构设置情况，明确与产品结构调整相关、对应负责的部门和人员及其职责，在集团公司建立以总经济师为首的，各生产经营管理职能部门参与、分工负责、协调联动的组织实施体系，成立协调领导小组，负责完成煤炭产品结构方案的研究制定和组织实施。

这项工作主要涉及原煤生产、煤炭调运、洗选加工、煤质管理、产品销售、财务和计划部门。

（1）煤炭加工部门是中心部门，负责汇总各方面信息，进行产品结构调整、初步效益测算和生产系统实现的可行性研究，在其他部门的配合下，综合考虑各种因素，研究提出煤炭资源配置方案、产品结构调整方案和实施方案，并负责解决产品结构调整过程中的生产技术问题。

（2）产品运销部门负责提供煤炭产品销售市场需求信息、产品价格、分析预测市场变化趋势；评估产品结构调整、市场销售的可行性，并按照确定的煤炭产品结构调整方案调整煤炭调运和销售方案，并反馈相关信息。煤质管理部门负责提供煤质信息，预测煤质变化趋势，提出各矿井煤层合理配采和调整意见，并制定相应的煤质考核指标。

(3) 原煤生产部门负责调控原煤生产，实施煤层合理配采，提高原煤质量。财务部门负责煤炭加工方案和产品结构方案经济效益的详细测算，分析和比较调整方案对集团公司利润指标体系的影响，评估经济效果，调整各单位利润考核指标。

(4) 计划部门负责按照调整后产品结构方案调整和下达生产计划。

2. 运行过程管理

煤炭产品结构调整是随着企业外部、内部各种因素变化而不断进行的一项长期性、系统性工作，是一个循环往复的运行过程。运行过程管理就是在领导小组的组织协调下，按照工作流程和步骤，明确各阶段任务和工作要求，督促各部门协调联动，抓好落实，使产品结构调整工作有序开展，高效运行。煤炭产品结构调整过程一般可分为四个阶段，即信息收集处理阶段—产品结构优化阶段—制订实施方案阶段—组织实施阶段。四个阶段紧密相连，互为依托，在不同的阶段各个管理职能部门发挥不同的作用。

(1) 在信息收集处理阶段要广泛收集各种相关信息，如市场供求关系。主要包括：用煤行业、用户情况变化，产品价格变化和走势，企业煤炭生产和煤质变化，交通运输情况等。各种信息要准确、全面。通过对信息进行系统的归纳分析，发现变化和差异，以及可能对本企业产品销售和经济效益产生的影响，为调整产品结构提供依据。

(2) 在产品结构优化阶段要依据市场需求和产品价格，企业煤质特点，煤炭开采和加工情况，采用科学的优化方法进行煤炭资源配置方案和产品结构优化。一般要提出多个优化方案供选择。

(3) 在制订实施方案阶段要结合企业实际情况，并综合考虑各种优化方案的经济效果和实施可行性，难易程度，市场和用户接受程度，交通运输条件，调整时机和风险等因素，选择合理的方案并制定实施方案。

(4) 在组织实施阶段主要是发现和解决实施过程中的问题，针对变化了的情况进行修正，保证调整目标的实现。

3. 制定合理可行的调整方案

产品结构调整是在优化基础上进行的调整。要采用与实际相符、科学的优化方法进行优化，建立并不断修正优化模型。但测算效益最优的方案不一定是可行的方案。只有合理可行的方案才能组织实施，达到预期的目的。因此，制定的资源配置和产品结构调整方案要做到合理可行。合理是指制定的产品结构方案要能够发挥本企业煤炭资源特点和优势，符合企业当前和长远利益，与企业产品营销策略相一致，更加适合用户要求，符合国家节能和环保的相关政策。

可行是指企业的生产技术管理和生产系统或改造后的生产系统能够满足调整

产品结构的需要；在充分市场调研的基础上已落实了产品用户，能够保证产品的销售；具备经济顺畅的产品外运条件。

四、许厂煤矿煤炭产品结构调整的设想

根据许厂矿区的实际状况，煤炭产品的结构调整做如下建议：

（1）煤炭产品由单一原煤品种向洗选加工的多品种转变；由销售原煤为主向销售原煤和精煤并举转变，并逐步转向精煤为主；由生产同质化、低附加值产品向生产高品质、高附加值产品转变。

（2）要通过积极推进“三个转变”，在煤炭产品结构调整上实现突破。煤炭运销工作要把产品结构调整作为重大任务，力求突破。

（3）本着“统一规划、分步实施、先急后缓、效益优先”的原则，加快洗煤厂建设和改造，为产品结构调整创造条件。

（4）在许厂煤矿选煤厂现有主洗车间厂房内，拆除现有淘汰选煤工艺中的旧系统，安装重介质选煤系统。采用预先脱泥两产品重介质旋流器工艺，高于 50 毫米原煤采用湿法预先脱泥，0.5~50 毫米采用两产品重介旋流器主再选；低于 0.5 毫米煤泥不分选，直接进入煤泥水处理系统后采用快速隔膜压滤机脱水回收。该方案与工艺配合的主要设备全部为进口设备。初步估算技术改造的投资为 6013 万元。技术改造完成后，许厂煤矿选煤厂的洗精煤灰分将达到 8%以下，精煤回收率提高 3%，每年增加经济效益 1.6 亿元。

（5）要抓好用户结构调整，增加市场煤和直达煤数量，提高煤炭入洗量，提升综合效益。

（6）准确把握市场，制定切实可行的销售策略。要更加注重市场调研，准确掌握市场发展变化趋势，及时制定符合实际的销售策略，及时调整产品结构、产品流向和销售价格，力争效益最大化。

（7）要强化服务，靠优质服务赢得客户，增强产品综合竞争能力。要稳步提高煤质，实现提质增效。

（8）通过提高全员煤质意识，加强激励引导，强化过程管理，充分发挥洗煤厂在调质配煤中的作用，抓好配煤装车管理，确保煤质稳定和提高。要强化制度建设，提升管理水平，做大、做强煤炭物流。

第十四章　可持续发展下许厂煤矿构建现代化矿区的实践

许厂煤矿在研究制定和持续实施企业发展战略过程中，以将企业做强、做大和实现可持续发展为目标，致力于煤炭的节约、环保和综合利用。在企业整体发展战略的布局上，突出建设以煤炭开采为基础的工业旅游型矿区实践，走出一条科技含量高，经济效益好，与资源环境和谐相处的可持续发展道路。

第一节　许厂煤矿构建现代化矿区建设的实践

许厂煤矿围绕“建设独具特色、全新模式现代化矿井”的目标，努力实现建设现代化矿区的实践，并做了有效的探索和实践。

一、实行集约化生产

在许厂煤矿的设计中，就确立了井工生产，年生产能力为150万吨。井下工作面本着集中化布置的原则，放大尺寸，不仅减少了连续生产中工作面搬家次数，减少了安装撤除工序，也节约了大量的人力资源和材料费用。同时有效地降低了掘进工作量，提高了资源回收率，为增产提效奠定了基础。

二、实行内涵扩大再生产

许厂煤矿采用的井工开采方式，为矿井实施技术改造，内涵扩大生产能力提供了有力支持。

（1）将主井提升系统重新核校能力，加大主井煤炭提升量，缩短每罐提升时间。

（2）在对采场布局调整的同时，对本矿已有队伍进行重新编制组合，组建了一个新的采煤队和掘进队。

（3）对胶带输送机煤流运输系统进行优化、改造。

(4) 对选煤厂入洗能力进行改造，使之能够适宜矿井提产后的需要。通过先后对采场准备接续布局、煤流运输系统、主井提升能力、选煤厂入洗能力四个方面进行优化、革新、创造、完成内涵扩大再生产工程，使矿井生产能力由原设计的150万吨，提升到了2003年的300万吨。

三、消除多余、消除重复

(1) 实行立井提升。相对于斜井运输具有提升能力大，并具有扩大能力的"空间"和"潜力"，有利于技术改造扩大再生产能力。同时减少土地占用，缩小工厂面积。特别是将主、副、风三井集中布置在同一平面内，且均为立井，既节约了建井工程量，又节约了大量的土地占用。

(2) 工业用地集中。矿井工业广场只有9.63平方公里，只占同类或近似矿井面积的1/10还不到，而覆盖煤田却达到56.3平方公里。

(3) 矿井井下生产。采取前进式推进，生产周期短，生产能力大，降低巷道准备量和多余巷道开拓掘进，可节约大量的巷道维护费用，缩短投资回收期。

第二节 许厂煤矿现代化矿区实践效果分析

许厂煤矿在建设发展中，始终积极突出环境意识，坚持"创建绿色生态型矿井"这一环境理念，优化立体环境形象建设，注重环境标准化建设，大力实施绿色矿区工程。

当前，整个矿区已形成碧水环绕、绿树掩映的综合形象框架，实现了"无落地煤、无污染"的绿色目标，将传统意义上的矿区变成了碧水秀丽、独具特色的园林式风格，充分展示了美观亮丽的现代化生态型煤矿形象。

一、建成独具特色的高效、洁净煤矿，形成煤、电一体化经营体系

发展综采放顶煤技术，培育矿井核心竞争能力，加快实现煤炭全入洗，发展洁净煤技术；加大环境治理力度，促使矿井煤炭生产与环境保护同步发展。完善选煤厂生产工艺并进行技术环节改造，增强入洗能力。

二、建成先进技术与设备推广应用的科学试验基地

保持持续快速发展，坚持加快科技创新，积极采用新技术、新工艺，推动进口设备国产化的研究与开发、引进与消化、吸收与利用，把矿井建成先进技术与

设备推广应用的科学试验基地。通过不断的尝试与创新，改进与调整，实现先进技术的生产力转化，提高企业的现代化运营程度。

三、建立现代化科学管理体系

注重深化和完善层次负责、运行高效的专业化管理；注重建立质量管理、环境管理、职业卫生管理相结合的管理体系并与国际相接轨，不断完善提升体系的科学性；完善科学的用人机制和激励约束机制，形成以理性、量化、科学的用人机制为基础的人才资源开发体系，最终建立管理方式专业化、管理内容全面一体化、管理队伍精干化的现代化科学管理体系。

四、建立现代化企业经营文化体系

通过企业精神建设、企业制度建设、企业形象的树立，有力推进了企业文化建设，形成用共同的理想去激励职工，用文化的手段去管理，用有效的传媒去树立形象的浓厚文化氛围，进而建立适应并推动经济发展的现代化企业经营文化体系。

五、建成园区式煤矿独特形象框架

根据矿井工业广场的地形，加快绿化工程建设，全面形成碧水环绕格局；对矿井整体形象不断细化、优化，大力兴建人文景观，为矿井形象注入文化内涵，全面形成园区式煤矿独特形象框架。

第三节　许厂煤矿现代化矿区实践问题分析

许厂煤矿遵照构建煤炭—非煤产业经济体系的要求，构建现代化矿区，在发展的过程中出现的问题可归纳为以下三点：

一、从市场需求和可持续发展的战略高度合理布局煤炭产业链能力不足

煤炭企业要实现其追求收益最大化和可持续发展力的目标，就必须研究分析市场需求，并以市场为导向，把煤炭作为基本原料，规划发展相关产业项目。许厂煤矿从开始就把发展煤基产业链摆到了企业战略的高度，并纳入整体战略规划之中，系统设计，试点先行，有计划地推动实施。但是限于企业自身能力与外部

条件的制约，尚未达到充分延伸煤基产业链，做强、做大，从而能够实现由小到大、由窄到宽、由低到高、由内到外、由单一到多元的发展格局的目标。

二、煤基产业链的核心技术能力不足导致企业竞争优势不明显

拓展延伸煤基产业链的成败，取决于产业链的核心技术能力。无论是搞煤炭老本行产业，还是建设煤化工、煤电铝等新的产业，都必须始终把科技研发以提升企业核心技术作为一项核心任务。而许厂煤矿的核心技术能力尚有不足之处，这不仅影响到煤基产业链的拓展，也使得企业竞争优势不明显。

三、缺乏应用循环经济理念考虑设计煤基产业链的整合链接

在矿区构建、发展循环经济的实践中，鉴于煤炭从生产、加工、消费过程中产生污染以及资源性企业的特点，重视煤炭节约、环保和综合利用十分重要，在煤炭企业发展循环经济势在必行。许厂煤矿是一座现代化矿井，应该配备现代化的发展思路。要在具体实践中选择煤基产业链的切入点，在可控、有效的前提下稳步推进煤炭循环经济体系建设。在这一方面，许厂煤矿还有很多工作要做。

第十五章　可持续发展下许厂煤矿矿区循环经济模式构建

许厂煤矿要立足于在其矿区建设循环经济生态工业园区这一载体，发展循环经济，改变经济增长模式，合理设计、延伸园区产业链构成，有效地促成园区内物质集成、能量集成、信息集成。

第一节　循环经济生态工业园区建设目标

循环经济生态工业园区是依据循环经济理论和工业生态学原理而设计的一种新型工业组织形态，它强调科学合理地确定矿区发展的规模、重视污染状况的监测与污染的防治、合理确定产业发展方向及布局等问题。

循环经济生态工业园区通过模拟自然生态系统物质循环方式使不同企业间形成共享资源和互换副产品的产业共生组合，采用清洁生产、废物综合利用等手段，实现物质闭路循环和能量的多级开发利用，达到相互间资源的最优化配置；通过成员之间的副产品和废物的交换，能量和废水的梯级利用，基础设施的共享来实现园区经济效益和环境效益的协调发展；通过协调生产发展、资源利用和环境保护形成高效、稳定、良性循环的可持续发展人工复合生态系统。

第二节　许厂煤矿循环经济生态工业园区模式设计

许厂煤矿矿区循环经济生态工业园区中，非煤产业即“煤矸石（煤泥）—电厂—建材”、“矿井水的综合利用”、“塌陷区的综合治理——土地复垦、种植与养殖业”、“矿区与生活区环境治理——节约型矿区与休闲节约型社区”等将作为极其重要的组成部分和紧密环节，推动矿区内循环经济的有效运转，保证生态园区内真正实现清洁生产和废弃物综合利用的可持续发展的目标。

一、煤矸石综合开发利用

煤矸石是采煤和洗煤的副产品，是无机质和少量有机质的混合物，是我国年排放量和累计堆存量最大的工业固体废物之一，然而从资源综合利用和社会可持续发展的角度来看，煤矸石无疑义是一种宝贵的资源。

1. 概述

煤矸石不仅占用土地，而且还会自燃发火、污染环境。具体来说，煤矸石的存在会造成以下问题的产生：

（1）占用大量耕地。堆贮煤矸石需要占用大量土地，而土壤是很难再生的资源，对我国这样一个耕地资源非常紧缺的国家而言，其前景不堪设想。

（2）煤矸石山对环境的污染。煤矸石山对周围环境的污染主要表现在以下几个方面：污染土壤，破坏自然景观、形成扬尘，污染大气、污染地表水和地下水。煤矸石的矿物成分以黏土矿物和石英为主，常见矿物为高岭土、蒙脱石、伊利石、石英、长石、云母类和绿泥石类。煤矸石的化学成分主要是 5102、A1203 和 C，其次是 $FeZO_3$、CaO、MgO、NaZO、KZO、$S0_3$、PZOS、N 和 H 等。此外，也常含有少量 Ti、V、Co 和 Ga 等金属元素。煤矸石的化学成分不稳定，不同地区的煤矸石成分变化较大。我国已将煤矸石用于发电和造气，以及生产各种化工产品、建筑材料和复合肥料等。然而从总体上看，开发利用煤矸石在我国还属于起步阶段。①综合利用总体水平不高。主要表现在技术装备落后，企业规模小，竞争能力弱，一些技术含量高的煤矸石综合利用技术还未得到广泛应用。②地区发展不平衡。在能源相对短缺的地区，煤矸石综合利用发展较快，而像山西等产煤大省综合利用率还比较低，潜力还很大。③地方优惠政策落实难，缺乏资金渠道，企业经营管理体制落后。

2. 许厂煤矿煤矸石产出利用情况调查

煤矸石出量与煤炭产量密切相关，许厂煤矿 2006 年产量为 308 万吨。

从目前来看，许厂煤矿平均煤炭日产量为 0.75 万~0.85 万吨，最高曾达 0.93 万吨。考虑到地理条件与煤质状况的不同，煤矸石的提升量为 15%~20%。如表 15-1 所示为 2003~2005 年煤矸石出量统计表。

3. 煤矸石综合开发利用规划

煤炭企业应将煤矸石的综合利用作为发展非煤产业的重点，不断扩大利用面，增加利用量，提高利用率，走出一条煤与非煤并重，经济效益、社会效益、环境效益相统一的煤矿可持续发展之路。

为了解决煤矸石的占地和污染，需要从回收、利用和治理三方面入手。

表 15-1　2003~2005 年煤矸石出量统计

单位：万吨

年度	重介	跳汰	总计
2003	31.02	14.46	45.48
2004	37.22	7.96	45.18
2005	25.81	16.59	42.4
总计	94.05	39.01	133.06

资料来源：许厂煤矿统计资料。

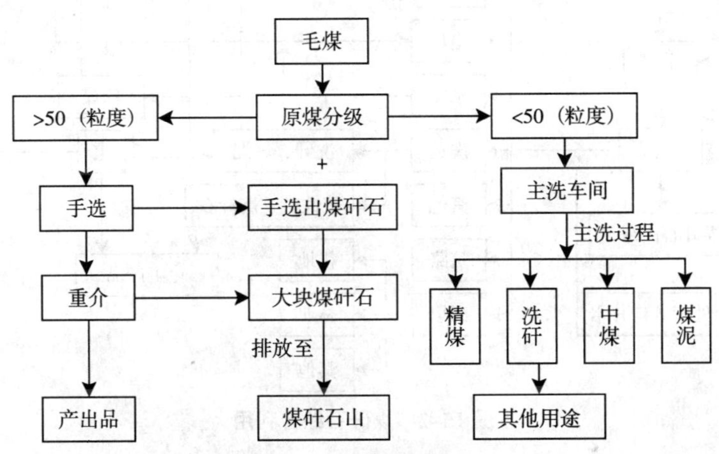

图 15-1　选煤厂排矸过程

首先，应改进工艺，充分回收煤矸石中的煤和硫，在杜绝污染源的同时，提高煤矸石利用率，增加效益。

其次，大力发展煤矸石的综合利用，如发电、制砖、水泥等建筑材料，及充填采空区、塌陷区以及筑路等。

煤矸石发电是指通过建设坑口燃煤电厂、煤矸石综合利用电厂，既提高了煤炭产品附加值，又减少了煤矸石对环境的污染，还能使原准备废弃的煤炭副产品资源得到重新利用，提高了资源回收利用率，延长了矿井服务年限。

煤矸石的回填方法主要有三种：一是直接将煤矸石铺盖在充填区上压实后作为非农业用地用；二是将原地表耕地挖起，把煤矸石铺盖压实后，再覆上耕土，覆土厚度一般为 0.5~1.5m，恢复农业用地；三是将消耗不掉的煤矸石推平压实覆土绿化。可在堆积已久而无法消耗的煤矸石山上植树造林，搞好煤矸石山的绿化。煤矸石山的绿化可与矿区生产区、生活区的绿化结合起来，使矿区成为一个生态工业园。

总之，在循环经济理念的指导下，寻求煤、电、建材联动建立矿区循环经济生态工业园区是可行的。应本着提高效率、减少有害物质的原则，将各种利用途径有机地循环起来，对煤矸石的利用进行总体的、有机的、系统的规划设计（如图 15-2 所示）。煤矸石的利用过程是一个良性循环，它既是一个独立的循环，又是整个矿区生产过程循环的一部分，能够做到高效利用现有原料，尽可能地再次利用产生的废弃物，尽可能地降低废物的排放量。

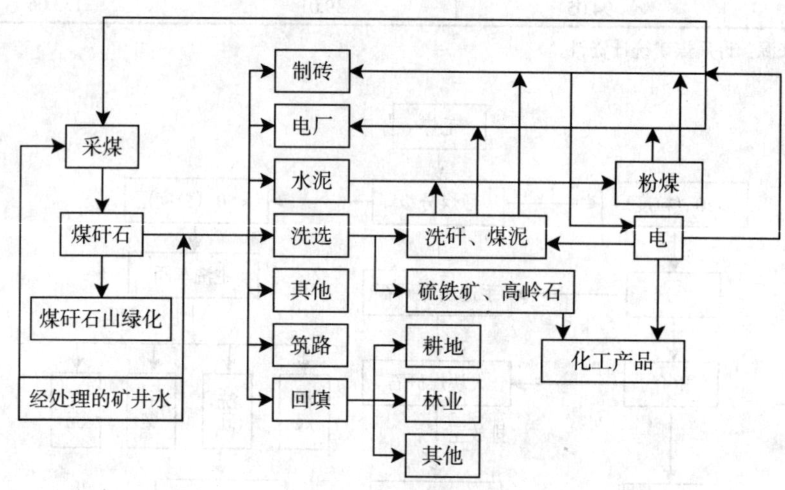

图 15-2 煤矸石综合利用

二、矿井水综合开发利用

伴随着煤炭开采，矿井会排出矿井水。矿井井下水是一类多元相的混合物，主要来源于地下水，包括地面渗透水和岩体裂隙水等。现今，大部分矿区的矿井水与生活用水一起排入河流，不但降低了水体质量，同时也造成了水资源的严重浪费。

1. 概述

矿井地下水对于煤矿的开采有着很大的威胁，其主要体现在：一是矿区坑道突水；二是地下水触发岩土体滑动。

矿井水资源化，不但可减少废水排放量，免交排污费，而且能够节省大量自来水，为矿区创造明显的经济效益。矿井水资源化开辟了新水源，减少了淡水资源开采量，实现“优质水优用，差质水差用”的原则，减轻或避免长距离输水问题。矿井水资源化将会减除矿井水对地表水系的污染，保护美化矿区环境，保护地表水资源，实现经济效益、环境效益和社会效益的统一。

为此，就需要解决好矿区矿井水和地下水的综合利用处理问题，做到资源不浪费，使井下水不构成潜在危险因素，地下水节约有效利用，矿井水综合处理再利用，不造成环境问题。

2. *矿区矿井排水的处理工艺*

煤矿区排水量大，水质好，是一种优质、稳定的中水水源。因此，需要在分析矿区水资源和水环境数据的基础上，实现矿区水资源循环利用，开发出适合矿区矿井水和生活污水的处理工艺。

矿井水，处理工艺简单，成本低，经过适当处理后即可回用于矿区生产和生活系统，特别是能为矿区坑口电厂、矿井洗煤厂提供稳定水源，是矿区水循环利用优先考虑的水源。

矿井水处理程度主要根据用水要求而定。矿井水回用主要有井下用水和井上用水两大类。井下用水对水质要求不高，经过简单处理即可；井上用水要进行深度处理。矿井水的处理可以在井下和井上同时进行，处理工艺可选用以沉淀为主，必要时采用混凝、过滤、中和、消毒等深度处理。活性炭吸附主要用于矿井水做应用水源时采用。许厂煤矿已对井下水仓进行了改造，在地面建设了一个中水集供站，建设了一套完善的矿井水深处理和利用系统，以对处理后的矿井水进行综合利用。许厂煤矿矿井水深度处理流程如图 15–3 所示。

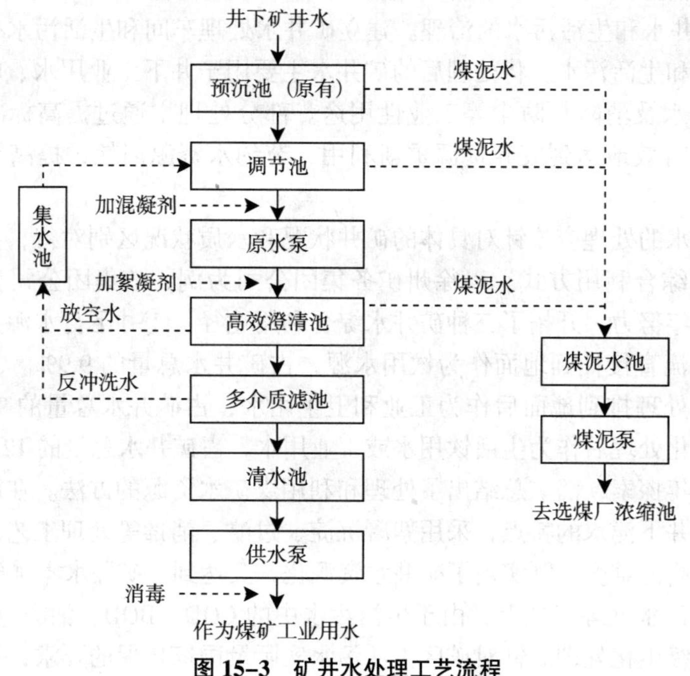

图 15–3　矿井水处理工艺流程

3. 矿井排水处理后循环利用

矿井水如何回用决定于水的利用方向。应按照先井下后井上，先矿内后矿外，先生产后生活的原则，充分发挥矿区内现有水利设施的潜能，避免重复建设。针对许厂矿区以矿井水资源综合利用为主的特点，可选择的矿井水综合利用方向有井下消防洒水、洗煤补充用水、热电厂循环冷却用水、井下灌浆用水、绿化道路及储煤防尘洒水、施工用水、煤矸石上灭火用水、农田灌溉用水及生活用水等。

从主要用水方向来看，未来矿区矿井水主要用户为电厂循环冷却水（比例为28.2%）、洗煤厂补充水（比例为14.4%）和处理后外销周边企业用户（比例为25%），这三块用水量占全部矿井水的67.6%。生活污水的实际处理量占全部矿区废水量的8.1%，比例较小，处理后可作为矿区绿化用水和周边灌溉用水，也可经二级处理后部分回用做生活中水，但成本较高。对许厂煤矿的全部矿井排水资源化，实现了零排放，同时保证了生态需水。

加大对许厂煤矿水资源循环利用研究，将处理后矿井排水回用于生产、生活用水或其他用水，有利于建立水资源节约和循环利用的“水循环”型矿区，既解决了矿区和环境问题，同时也保障了矿区用水安全，为其他煤矿的水资源规划和管理提供了借鉴模式，具有经济、环境及社会的多赢效益。

（1）矿井水和生活污水的治理。建立矿井水处理车间和生活污水处理站，处理生产废水和生活污水。将处理后的矿井水主要用于井下工业用水、电厂冷却水和洗煤厂用水及消防与防尘等工业性用途。部分处理水通过提高标准，作为生活用水，能有效地达到废弃资源重新利用，节约水资源消耗，提高综合效益的目的。

对矿井水的处理应该针对具体的矿井状况和水质状况区别对待，寻求最适合自身条件的综合利用方式。以徐州矿务集团公司为例，该集团公司投入大量资金，经过多年努力，开拓了三种矿井水综合利用途径：①井下打水源井或在井下进行清污分流直接抽到地面作为饮用水源，占矿井水总量的9.9%。②矿井水没有经过净化处理排到地面后作为工业和卫生用水，占矿井水总量的9.2%。③矿井水经过净化处理后作为生活饮用水或工业用水，占矿井水总量的12.4%。

通过多年探索，淄矿总结出了处理和利用煤矿水资源的方法。在矿井水处理方面，根据井下涌水的特点，采用絮凝沉淀、过滤、消毒等处理工艺，解决了矿井水悬浮物高的难度，既实现了矿井水资源化，又达到了矿井水零排放。

在生活污水处理工艺上，由于生活污水中的COD、BOD、油类等污染超标，选择采用二级生化处理。针对矿区生活污水实际及国家环保的要求，一般采用活性污泥法，生物转盘法、完全混合表面曝气法、氧化沟、氧化塘等处理工艺，成

本费用较低，达到了国家《污水综合排放标准》中规定的二级排放指标。洗煤厂的洗煤水经过浓缩、脱水、压滤等工艺回收利用，实现了一级闭路循环。许厂煤矿在实施矿井水综合利用过程中，要提升矿井水的利用率，提高处理矿井水的积极性：

首先，要积极响应政府有关部门制定的处理矿井水的有关强制性和鼓励性政策，态度积极，努力应对；其次，企业领导要充分认识到，节约水资源，保护环境是企业的责任，不能靠牺牲社会利益和环境效益来换取眼前的和局部的经济利益；再次，广泛开展矿井水处理新技术、新方法的研究，开发高效的矿井水处理新设备；最后，要鼓励矿井水井下进行清污分流，实现原位利用或排至地面，直接作为工业、建筑、绿化等用水。

（2）矿井水资源化问题方案。矿井地下水资源化合理利用是解决煤矿缺水和地下水变矿井水，从而污染环境的最佳选择，是矿区解决水问题的必由之路。

许厂煤矿的主要开采煤层为下二迭统太原组第 $3_{下}$层煤。影响矿井开采的主要充水含水层有第四系孔隙含水层、山西组 $3_{下}$煤层顶板砂岩含水层、太原组三灰含水层、十下灰、十三灰、奥陶系灰岩含水层。

第四系主要由黏土类隔水层和砂砾类含水层组成，属冲积，湖积相沉积。厚127.00~282.74 米，平均 197.44 米，厚度变化的基本规律是东薄西厚，北薄南厚。但由于古地形的影响，局部有变厚或变薄的现象。据抽水试验资料，水位标高+29 米，单位涌水量 6.221~10.433 升/秒·米，矿化度 0.4719 克/升，水质属 HCO3–K 例 a 型，为强富水含水层，第四系间隔沉积了多层砂层及黏土层，砂层之间的黏土层隔水性能良好，使不同砂层之间不发生水力联系；其底部又普遍沉积了一层隔水性能良好的黏土隔水层，使第四系砂层水对基岩含水层垂向补给不良。$3_{下}$煤层顶板砂岩含水层裂隙发育，富水性中等且不均一，裂隙发育段，富水性强，巷道揭露初期涌水量大，经过一段时间的疏放后水量逐渐变小甚至干枯，其水量以静储量为主。本井田最大涌水量 150 立方米/小时（430 轨道下山裂隙涌水），涌水时间较短，稳定水量也较小。

太原组三灰含水层全区稳定，属岩溶裂隙含水层，裂隙较发育，个别钻孔见少量溶洞，厚 2.85~10 米，平均 5.87 米。上距 $3_{下}$煤层 39.61~72.58 米，平均48.80 米，是 $3_{下}$煤层间接充水含水层。精查阶段共抽水 6 次，水位标高+34.00 米，单位涌水量 0.0008~0.1403 升/秒·米，富水性不均一，矿化度 1.0414~2.2418 克/升，水质类型属 HCO3–K+Na 型。总体上该含水层属于富水性中等、补给条件差。十灰含水层全区稳定，直接压 $16_{上}$煤层，间接压 17 煤层，处于 $161_{下}$、17 煤开采的冒落带内，是下组煤直接充水含水层。本层为岩溶裂隙承压含水层，厚 2.84~9.30 米，平均 5.40 米。岩溶裂隙比较发育，既有高角度裂隙也有低角度裂隙。

局部具小溶洞，直径可达20毫米，局部岩芯较破碎。进行了3次抽水试验，水位标高+35米，单位涌水量0.0001~0.6901升/秒·米，矿化度0.8571–0.8574克/升，水质类型为504·HCO3–Ca·Mg型。总体上十下灰含水层属富水性中等、侧向补给条件好的直接充水含水层。

十三灰含水层处于17煤层和奥灰之间的石炭系本溪组，是下组煤的间接充水含水层，据下组煤水文补勘钻孔揭露资料，厚度3.8~9.35米，平均7.95米，厚度大且全区稳定，处于17煤层底板以下19.5米左右。该含水层裂隙发育，部分被方解石充填，局部岩芯破碎，钻孔揭露时漏水。以往各阶段勘探认为含水性较弱，据水文补勘钻探资料，L13–7孔穿过十三灰时涌水量达162立方米/小时。奥灰，按岩性组合及水文地质特征不同，奥灰自下而上可分成00~06等7个段，平均厚度713.20米，岩溶裂隙发育，裂隙宽达2~5毫米，沿裂隙发展成小溶洞，一般2~5毫米，最大可达50~100毫米，井田内自东向西岩溶裂隙发育程度明显降低，在井田内部，随着奥灰埋深增加岩溶裂隙发育程度明显减弱，奥灰岩溶裂隙存在着水平分区、垂直分带现象。在井田内揭露的奥灰钻孔共76个，大部分只揭露奥六段（06），其中23个钻孔漏水，且漏水顶界面一般都大于10米，说明奥灰顶部有厚度10米左右的弱含水段，对于加强压盖隔水层，阻止奥六段（06）水底鼓有一定作用，井田内小孔径抽水，单位涌水量小于1升/秒·米，富水性中等，许1、许2两大口径抽水，揭穿奥灰六段、揭露奥五段，单位涌水量3.1214升/秒·米。

据流量测井解释，奥六段水只占奥灰六段和奥五段总水量的21%，奥灰六段富水性仍属中等。水位标高+35.5米，井田内水质类型为504–Ca·Mg型，矿化度1克/升，井田外水质类型为HCO3–Ca·Mg型，矿化度0.5克/升。井田内奥灰一方面接受区外强富水区补给，另一方面又通过导水断裂构造向各含水层提供水源。1999年在副井水仓入口处施工1#奥灰供水孔，揭露奥灰水量175.6立方米/小时；2000年在130采区2#奥灰供水孔施工时，揭露奥灰涌水量达150立方米/小时。因此奥灰（06）属于富水性中等侧向补给条件好的岩溶裂隙含水层。

目前矿井生产用水主要源于地面经过处理后的矿井涌水，用水量约100~150立方米/小时。主要用于防尘，大型设备降温及巷道施工用水。由于井下采掘工作面较地面高差较大，造成井下供水管路承压较大，使供水管路经常受到破坏，从而使维修量增加，在一定程度上影响了矿井生产。将矿井水在井下直接供于生产用水无疑是一条科学经济合理的途径。

为此，许厂煤矿可以依据目前状况，设计主要使用的矿井水是奥灰含水层水，以充分利用水文补勘钻孔疏放威胁安全生产的奥灰含水层。

关于设计用水的水质问题，到目前止，曾先后10余次取奥灰水样做水质全分析。资料表明，奥灰的水质类型为：504–Ca·Mg 型水。pH 值为：7.6~8.2，属弱碱性水，对用水设备不具腐蚀性,能够满足生产用水对水质的要求。

该项目实施的主要内容可以概括如下：

造井下矿井生产用水系统，实现矿井涌水在井下直接供给生产用水，如图 15–5 所示。

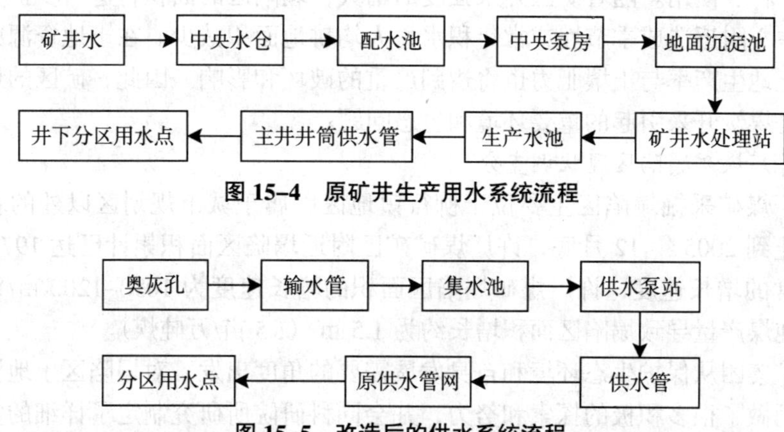

图 15–4　原矿井生产用水系统流程

图 15–5　改造后的供水系统流程

建立矿井水集控系统。将矿井水集中控制汇集到一处，为实现矿井水直供生产用水提供基础。

实现地面供水系统与矿井水直供生产用水系统互补。就是利用转换装置使两系统随时相互转换，而不会影响生产。主要内容是在原供水系统主管路上及矿井水直供系统供水管路上安装阀门调控。

当项目完成后可望达到以下效果：①奥灰水（Ox6、2#）绝大部分不再经过中央泵房排至地面，而直接供给井下各用水点。②减少矿井水处理费用，同时还减少矿井水对环境的污染。③缩短中央泵房排水时间，降低电力消耗。

因此，本项目的目的是通过实现矿井水在井下直供生产用水减少电力消耗，降低吨煤成本，提高经济效益，同时减轻煤矿对环境的污染。

三、塌陷区治理

随着煤炭生产的发展，开采所造成的土地、生态破坏也是巨大的。为此，在矿山开发建设的同时，加强矿区土地复垦与生态重建工作就是一项具有战略意义的系统工程。

1. 概述

“土地复垦”一词也可称为“造田复地”“垦复”“复更”“复天”等。在我国，“土地复垦”就是指将被破坏的土地（人为破坏或自然破坏）采取工程措施，恢复到土地的可利用状态。其目的是再生利用土地、恢复生态平衡，使土地资源和环境得以保护和持续利用。

煤层采空区形成后，由于上覆岩层移动，将导致地表形态变化，进而对地面建筑、农田、道路树木及水系产生严重影响，产生大面积地表沉陷区，使大量土地不能耕种、使用。随着矿区开采强度的增大，塌陷区的面积将进一步扩大，塌陷盆地中心附近造成季节性或常年积水，人均耕地面积减少。在土地资源减少的同时，土地生产率与土壤肥力也将遭到严重的破坏和影响。因此，矿区的地面沉降问题是煤炭开采引起的重要环境和生态问题。

2. 许厂煤矿塌陷区现状调查分析

许厂煤矿采掘塌陷区主要位于柳行镇地区，属于城市规划区以外的农田用地。截止到 2005 年 12 月底，许厂煤矿矿区附近塌陷区面积累计已达 197 公顷。按照正常的增长速度，许厂煤矿塌陷区面积的增长速度为 1050~1200 亩/年，也即每万吨煤产量导致塌陷区面积增长约为 1.5 亩（1.5 亩/万吨煤）。

淄矿集团从保护生态环境和自身发展需要的角度出发，对塌陷区土地资源的复垦利用做了很多积极的探索和努力，并会同科研院所研究制定了详细的复垦治理规划，力求及早解决土地塌陷问题。如在厚煤层塌陷地，有的用煤矸石充填后作为职工宿舍建设和多种经营用地，有的则用于网箱养鱼。还有部分塌陷区，由于积水深、复垦难度较大，就号召集团公司各矿做出详细的复垦计划，目前也正在组织实施。

表 15–2 许厂煤矿采掘塌陷区具体位置一览表

地区名称	县（区）	具体村庄名称	备注
济宁地区	柳行镇（涉及 7 村庄）	孙桥	塌陷区位置目前主要位于矿井的东西两侧，平均下陷约 3.6 米。其中，矿外公路东西两侧占到 2/3 左右，矿西北方向约占到 1/6，矿井东南侧（路东侧）约占 1/6
		王桥	
		南营	
		卢营	
		东杨庄	
		陈厂	
		卢营	

资料来源：许厂煤矿统计资料。

许厂煤矿属于近年来刚开始采掘的新矿，尚未到达治理塌陷区的年限要求，但是也理应有详细的规划治理地表塌陷区土地。为了少走弯路，已参照各兄弟矿区已开展的做法，实现他为己用。

南屯矿根据“塌陷地综合利用系统试验研究方案”，把煤矸石电厂的粉煤灰

表 15-3 许厂煤矿采掘塌陷区年塌陷面积一览表

年份	面积（公顷）	累计（公顷）
2002	>100	>100
2003	214	>314
2004	107	>421
2005	88	>509

资料来源：许厂煤矿统计资料。

通过管道输送到塌陷地，已造地复田 30 多亩。兴隆庄煤矿进行了“煤矸石充填塌陷地复垦迁村设计”，他们直接把煤矸石排入塌陷地，造地已达 300 多亩。鲍店矿经过反复论证，制定了详细的塌陷区治理方案。东滩、济二煤矿等矿井，利用粉煤灰覆岩离层注浆，对减缓地表下陷起了一定作用。

许厂煤矿在塌陷区治理方面，依照淄矿集团公司的号召，依据自身的实际情况恰当对待，目前，主要采取的是“企业出钱，地方治理”的思路，由地方政府协同山东国土资源厅等部门，委托相关科研单位进行治理。

许厂煤矿矿区塌陷区的治理工作按照原来的规划是要实现塌陷区回填造地率达到 62%。简单来讲，首先进行塌陷区的淤地工作，即引水注入塌陷区，当塌陷区稳沉后再进行治理，需时 3~5 个月；淤地形成以后，剥离表土层，覆土造田。现今考虑到地形条件，规划也有了适当的调整，主要是对积水较多的塌陷区，以排水为主，主要排入附近的河流，造淤土地。另外，济宁市国土资源局为了配合“南水北调”工程的开展，也考虑“引黄作滤”，一旦付诸实施，可望实现淤田造地 5000 亩/年。

资金补偿方面，按照 2003 年以前文件，企业对塌陷区实施资金补偿金额为 35800 元/亩。其中，土地复垦造地费 9100 元/亩，土地管理费为 900 元/年，地上小型附着物补偿费为 1000 元/亩，土地补偿费、青苗补偿费、人口安置补助费共计约 20000 元；若按 2006 年新文件要求，总共补偿费用可达到 55000 元/亩左右。

上述分析可见，为处理煤炭开采带来的土地塌陷问题，煤炭企业每年都需投入一笔不小的资金，而且随着煤炭开采力度和范围的扩大，塌陷区的涵盖面也将进一步扩大，相应的赔付费用金额也必然会大幅度上升。如何处理好塌陷区问题将会直接影响到煤炭企业的生产效益和社会形象，也必将纳入到煤炭企业的生存发展问题中去。

3. 地表塌陷区治理规划

煤矿区塌陷土地复垦模式的建立与矿区的气候、水文、地形地貌以及煤矿开采方式和土地破坏形式等因素紧密相关。本着尽量恢复被破坏土地原有第一性生产能力作为出发点，以土地破坏形式和土地生产力破坏程度作为主导因素，兼顾当地的自然地理条件、土地损坏形态、破坏规模和复垦技术等因素，将煤矿区土地复垦模式分为以下五种类型：

(1) 地表破坏较轻的区域，发展集约化农业生态模式。煤矿区土地破坏程度较轻的区域，虽然会因为土地挖损或沉陷造成地表凹凸不平，但此类土地破坏区域内一般没有积水，而且土层并未发生较大改变，土壤养分变化不大，只要采取工程措施对地表进行简单的修复整平，同时改善田间配套设施，即可恢复土地原有的实用价值。复垦后的土地主要执行种植业生产功能，以高产、优质、高效农业发展为目标，建成以当地优势农作物为主，兼顾土特产种植和加工一体化的商品粮生产基地；充分利用景观的空间镶嵌性与多熟种植原理，合理组合作物的空间结构，科学安排轮作顺序，逐步扩大间种、套种面积，提高复种指数；引进推广先进耕作经营管理技术，提高农田集约化利用程度；完善复垦区内农田水利、道路和农田防护林体系，合理布置田间灌排系统，做到灌排结合，旱涝保丰收，努力使待复垦土地成为煤矿区甚至该地区主要的粮食生产基地。

(2) 面积广阔的废弃土地区域，依照土壤状况，发展果草林生态模式。我国许多煤矿区由于采煤的影响，导致村民住房和基础设施遭受不同程度的破坏，有的地面、屋顶或墙体出现裂缝，有的整个建（构）筑物发生细微的倾斜、变形，有些矿区甚至出现房屋沉没等严重现象，导致村民不得不整体迁移。针对这种村庄废弃遗址的复垦，可以根据地面建筑物受损程度和下沉深度，采取简单的充填式或非充填式复垦技术和必要的整平措施，将其恢复为具有可耕种能力的上地。复垦后的土壤肥力较差，土地生产能力较弱，可以选择栽种对土壤条件要求不高、生长力强的果树，如苹果、梨、柿子等进行果园小区规划；并在建园过程中或者建园之前营造防护林，降低风速减少风害，增加空气温度和湿度，促进提早萌芽和有利于授粉媒介的活动；同时，选择栽植适生草种，改善土壤理化性状，通过绿草翻耕提高土壤肥力，提高土地生产力，为后期种植农作物提供良好的用地条件。

(3) 常年积水区域，发展农林渔禽生态模式。在高潜水位煤矿区，即使地表挖损和沉陷程度不大，也常常造成终年积水状况，不仅破坏积水区的土地生产能力，而且影响周围农作物的正常生长。这类复垦区土地雨季经常浸泡在积水中，旱季则泛盐、泛碱，由于土地利用程度比较低，造成大片土地的撂荒现象。

这类沉陷区的复垦土地利用方向是以水产养殖和饲养禽畜为主，兼顾发展农业、林业。土地复垦主要是采用挖深垫浅法，对沉陷较深的区域运用挖掘机或泥浆泵继续挖深，使其形成适合放养鱼虾的水产养殖基地，并在其周围修建禽畜饲养基地用来饲养猪、鸡、鸭，构建“禽畜—鱼虾”立体养殖。同时将挖出的土方垫在沉陷较浅的区域，通过土地整平技术（必要时覆盖表土），用来种植农作物并建造防护林带。改进田间水利设施条件，形成水产、禽畜、农田、林带相间的景观格局，达到养殖和种植业共同发展的目的，构建良好的农林渔禽生态模式。

（4）静态凹形和地垫地貌，发展建筑用地和建材生产基地模式。在煤矿区由于挖损或沉陷而形成的凹形地貌和周围的矿物废弃物所导致的地垫地貌，可以用来开发建筑用地和生产建筑材料。对于已经稳定、不再继续下沉的凹形地貌运用充填法，分层充填，分层压实，工程结束后可以在新复垦的土地上建造低层住宅，解决矿区职工和当地农民的住房问题。同时利用采矿产生的固体废弃物用来生产建筑材料，比如，利用煤矸石生产矸石砖、空心砌块、地板砖等，煤矸石代替黏土生产水泥或者作为活性剂与水泥配合使用。这种做法，一方面利用煤矸石代替常规生产方法中的土壤，减少了对土地的破坏程度，降低了建筑材料的生产成本；另一方面解决了煤矸石堆积占地的问题，变废为宝，减少了对生态环境的污染，可谓一举多得。

（5）动态凹形地貌，发展水产蔬菜和生态旅游模式。对于动态的凹形地貌，因为地表仍处于不断的下沉阶段，针对其尚未稳定这一特点，因地制宜发展水产养殖、大棚蔬菜或者生态旅游。如果将这类土地复垦为农业生产用地，会因为矿区土地的不断下沉导致地面出现裂缝、破坏水利设施等问题，从而影响农用地的正常运转。然而在破损程度较轻，深度不大的区域却可以选用拆装式钢架双膜大棚、移动式加毡塑料小棚等技术在复垦区进行蔬菜栽培，建立大型的“蔬菜超市”。不但避免了土地长期闲置，而且增加了矿区农民的经济收入。对于常年有积水的凹形地貌，根据其下凹深度和下沉速度等情况，通过对其简单的整修形成水产养殖基地，进行鱼、虾放养。如果积水面积较大，修建水产养殖基地是比较困难的。如果下沉速度及由此引发的一系列问题不至于造成对人员的伤害，那么可以在此地兴建水上公园、钓鱼池、水上游乐场等休闲娱乐场地，为矿区农民创造良好的休闲娱乐场所，同时还能吸引外地游客，促进矿区的旅游业的发展。

总之，煤矿区采用何种土地复垦模式，不仅取决于待复垦土地的破坏形式和破坏程度，而且还与所处地区的自然地理条件和土地开发适宜程度等因素有关。应该“具体情况，具体分析”，选择合理的土地复垦技术方法，灵活、综合运用土地复垦模式建设，实现对煤矿区受损土地的最优化恢复利用。

许厂煤矿地面塌陷区的治理问题，应根据塌陷区土地的实际状态，对照上述的五种治理模式，加以合理的开发利用。塌陷区的治理，本着复垦和利用相结合的原则，对于面积小、深度小的塌陷区平整后恢复耕种，或植树造林，美化环境；对于面积广、深度大、积水多的塌陷区，可用于蓄水灌溉、养鱼、种植水生植物等，以增加经济效益。通过对塌陷区的综合治理，不仅可以实现“可持续发展”战略，而且可以改善农业生产条件、提高人民生活水平，使矿区成为高效益的经济示范基地和环境优美的观光旅游胜地。

四、矿区与生活区环境治理

煤炭企业在发展循环经济的同时，就不可避免地需要考虑到矿区与生活区的环境问题。要设法维持良好的生态环境，创造适宜工作、居住的友好环境，更要有规划、有步骤地去解决已有的环境问题。恢复原有的生态面貌，将矿区建设成为节约、绿色型矿区，将生活区转变为休闲节约型社区，真正把循环经济理念切实应用到矿区建设发展的实践中去。

1. 概述

环境与发展，是当代人类的共同主题。保护环境，是我国的一项基本国策。而随着煤炭资源大规模开发与利用，煤炭工业自身特点决定了其对环境影响的特殊性和严重性。矿区环境问题给工农业生产、人民生活和生态环境造成的影响和损害依然十分突出。近年来已有不少矿区开展了环境治理工作，取得了一定的效果和经验。但矿区环境治理开展的力度还很不够，总体行动迟缓。根据我国煤炭生产多年的经验，要正确处理好煤矿开采与矿区环境治理之间的关系，使之协调发展，关键就要首先解决好以下六方面的问题。

(1) 充分认识到矿井开采对矿区环境造成的影响。矿井开采是人类向大自然索取能源的过程，伴随其中也就包含着影响自然界生态平衡的各种因素发生变化，不可避免地就会导致一些环境、生态问题：①产生了大面积地表沉陷区，使大量土地不能耕种、使用。②地下开采煤炭时产生大量的煤矸石运到地面，堆成矸石山，不仅占用土地，而且还会自燃发火、污染环境。③矿区燃煤电厂粉煤灰的排放、煤矿及众多附属企业产生的废气、废水、废渣，使矿区大气、生产生活水源以及周围环境受到严重影响。

(2) 要正确处理矿井开采与矿区环境保护的关系。矿井开采与矿区环境保护是相互联系、相互影响的。煤炭开采产生了显著的经济效益，但随之也带来了环境问题。而环境状况的改善，又会使人们更加精力充沛地投身到现代化建设中去，从而进一步促进经济的发展。

(3) 需要运用行政、经济、法律手段加快环境治理。环境治理既是经济问题又是政治问题，既是当前问题又是长远问题。矿区环境治理也不例外，应在国家统一领导下，采取行政、经济、法律等手段互相配合，给各个生产矿井明确规定权利、义务和责任。

(4) 要切实做好矿区环境检测与环境评价工作开展环境检测与环境评价工作，确切查明矿区的主要污染源、各种污染对环境的影响破坏程度，为系统开展环境治理提供了科学依据。

（5）环境治理与生态恢复是一项系统工程。有重点、分阶段地治理开采引起的各种污染与损害矿区的环境治理是个庞大的工程，只能有重点、分阶段地进行，抓住重点，集中财力、物力进行治理，尽可能地以最小的投入获得最大的环境效益。

（6）在治理已有污染的同时，努力控制新污染的产生。随着老矿井的衰老、报废，为维持煤炭生产的持续性，新矿井将会不断涌现，随之而来的将很有可能是新污染的产生。所以控制新污染是我国今后一段时间内矿区环境保护的当务之急。

2. *矿区与生活区环境治理的途径*

发展集约型矿区发展循环经济，不仅可以提高矿区经济效益，而且对改进矿区环境也有着显著的作用（见图 15-6）。

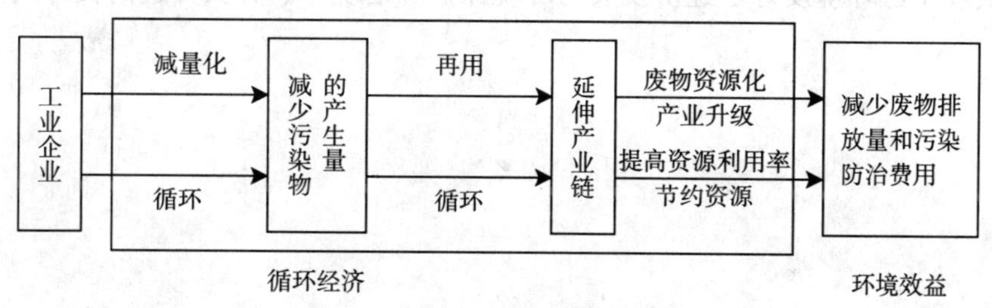

图 15-6　循环经济和环境效益关系

资料来源：林积泉、王伯铎、马俊杰等：《煤炭工业循环经济产业链设计与环境效益研究》，《环境保护》2005 年第 4 期，第 55~58 页。

发展循环经济已然成为煤炭工业应对环境管制的有效途径和必然选择。而推进节约型矿区建设，是符合矿区循环经济生态工业园区发展思路，是对矿区综合环境治理有着举足轻重影响的举措。发展节约型矿区循环经济要从以下三方面加以理解，始终坚持把环境问题融合到生产全过程中去，绝不以牺牲环境来换取短期的眼前利益。

（1）在资源开采环节，坚持洁净生产，提高资源回收利用率，将造成环境污染的可能性降至最低。长期以来，矿区资源回收利用率低是各类煤矿普遍存在的问题，不仅资源浪费非常严重，而且由此带来的环境问题也是日益突出。为此，煤炭生产过程中就要严格控制废弃物排放，要从生产源头减少矸石割出量，要推广应用矿井水复用技术，实现矿井水井下循环利用，或将其进一步处理转化为生活用水，从而最大限度减少资源开采中的浪费。

（2）在资源利用环节，采用煤炭综合利用技术，提高资源利用率，防止对环境造成不必要的污染。煤炭企业可通过与拥有成熟技术的电力、冶金、建材企业合资合作，发展煤电、煤焦化工、煤电铝联营业；通过积极推进洁净煤技术产业化，从产品的深度加工中提升企业竞争力；通过大力发展劣质煤发电、煤矸石建材等矿山环保产业，赢得良好的社会效益，获取更多的美誉度。

(3) 在废物利用和处理环节，强化废弃物无害化处理，改善矿区生态环境。煤炭企业通过煤矸石发电、生产建材制品以及复垦回填的方式；通过对矿井水的处理，为当地居民、选煤厂、电厂提供生活和工业用水；通过对矿井瓦斯回收利用，为居民提高洁净能源，减少矿井生产过程中产生的废弃物污染。

总之，途径和出路是有的，关键要看煤炭企业敢不敢、会不会去做，如何去做。通过强化废物利用环节，再辅以适当的处理环节，达到废物“可用则用”、“无用则无害”的目的。这不仅能够从更深层次上综合利用一切可用资源，提升资源挖掘、利用能力，服务经济效益，而且能够有力地改善矿区环境，杜绝污染，实现矿区环境友好、经济发展与环境保护和谐统一、齐头并进的良好局面。

第十六章　可持续发展下矿区实践循环经济评价

发展循环经济是构建和谐矿区，实现矿区可持续发展的必然选择。建立循环经济评价指标体系是评判循环经济发展质量的主要依据。依据许厂煤矿循环经济发展水平评价指标体系的四个基本原则，构建了一套许厂煤矿循环经济发展水平的评价指标体系。该指标体系由目标层、准则层、指标层三个等级，管理、环境、经济三个系统共 24 个具体指标组成，并提出了许厂煤矿循环经济发展水平的评价模型。

煤炭是我国的基础能源，是支撑国民经济正常运行的重要支柱，在国民经济体系中占有重要的战略地位。长期以来，受传统经济发展思维方式的影响，煤炭企业发展所走的都是粗放型增长道路，片面追求产量和经济效益，忽视资源的综合高效利用和生态环境保护。而其引发的一系列环境、社会问题已成为严重制约煤炭企业可持续发展的“瓶颈”。

因此，发展循环经济是煤炭企业转变经济增长方式，是实现矿区社会、企业与环境和谐发展的根本出路。在这个过程中，如何合理地确定适合煤炭企业特点的循环经济发展模式就成为当务之急。而如何科学地评价企业循环经济发展水平也成为找出差距、实施有针对性的举措、促进循环经济发展的先决条件。

目前，关于循环经济评价体系的研究分别是从社会、区域和企业三个层次上进行的。社会层面循环经济评价在国际上通常采用物质流分析的方法，建立相应的指标评价体系评析经济活动的效率、资源和环境的压力等。

针对许厂煤矿的实际状况，许厂煤矿建立了基于层次分析法与模糊综合评价法相结合的评价方法，并建立模糊综合评价数学模型，运用这种评价方法对许厂煤矿的循环经济发展进行量化评价。

第一节 煤炭企业循环经济发展水平评价指标设计

循环经济发展综合评价是建立循环经济评价指标体系，把其中描述被评价区域或企业中经济、社会、资源利用和环境保护的量纲不同的指标，转化成为无量纲的相对评价值，并综合这些评价值以得出对该评价区域或企业关于循环经济发展的一个总体评价。该问题的核心是指标体系的建立和如何从量纲各异的统计指标得出相对评价值并得到综合评价的结论。

建立循环经济评价指标体系，首先要以现有的各项统计制度和资料为基础，其次循环经济评价指标不是传统的经济、社会和环境等领域统计指标的简单照搬、相加和堆砌，而是原有指标的有机结合和创新。设计的循环经济评价指标体系可以分为三个层次：第一层次为指标体系的目标层，即循环经济发展水平 X；第二层次为准则层，因为循环经济的核心思想是经济持续发展、社会不断进步、资源循环利用和环境良性转化，所以建立了四个准则（经济发展水平 X_1、社会进步情况 X_2、资源利用情况 X_3 和环境保护情况 X_4）；第三层次为指标层，分别针对上一层的四个准则建立指标，共 24 个指标。其中：表征经济发展的指标为 X_{11}–X_{14}；表征社会进步的指标为 X_{21}–X_{25}；表征资源减量和再利用的指标为 X_{31}–X_{38}，表征环境保护情况的指标为 X_{41}–X_{45}。这样就构成了由三个层次 24 个指标组成的指标体系。循环经济评价指标体系结构见图 16–1。

第二节 许厂煤矿循环经济发展水平评价

许厂煤矿以煤炭资源开发为基础，以“煤炭—电力—建材”和“煤炭—焦化—化工”两条产业链为支撑，按照“减量化、再利用、资源化”的理念，以国家工业园区标准为参照系，确立了高效开发、清洁生产、产业延伸、综合利用、可持续的发展思路，根据矿区主导产业基础和发展规划，形成了具有特色的循环经济发展模式。

循环经济测算的各指标原始数据是 2007 年度的，主要来源于许厂煤矿提供的各项数据，个别指标数值根据统计数据测算得到。同时，采用了许厂煤矿提出的发展循环经济的阶段性目标数据，如 2008 年和 2010 年的目标数据，这有助于

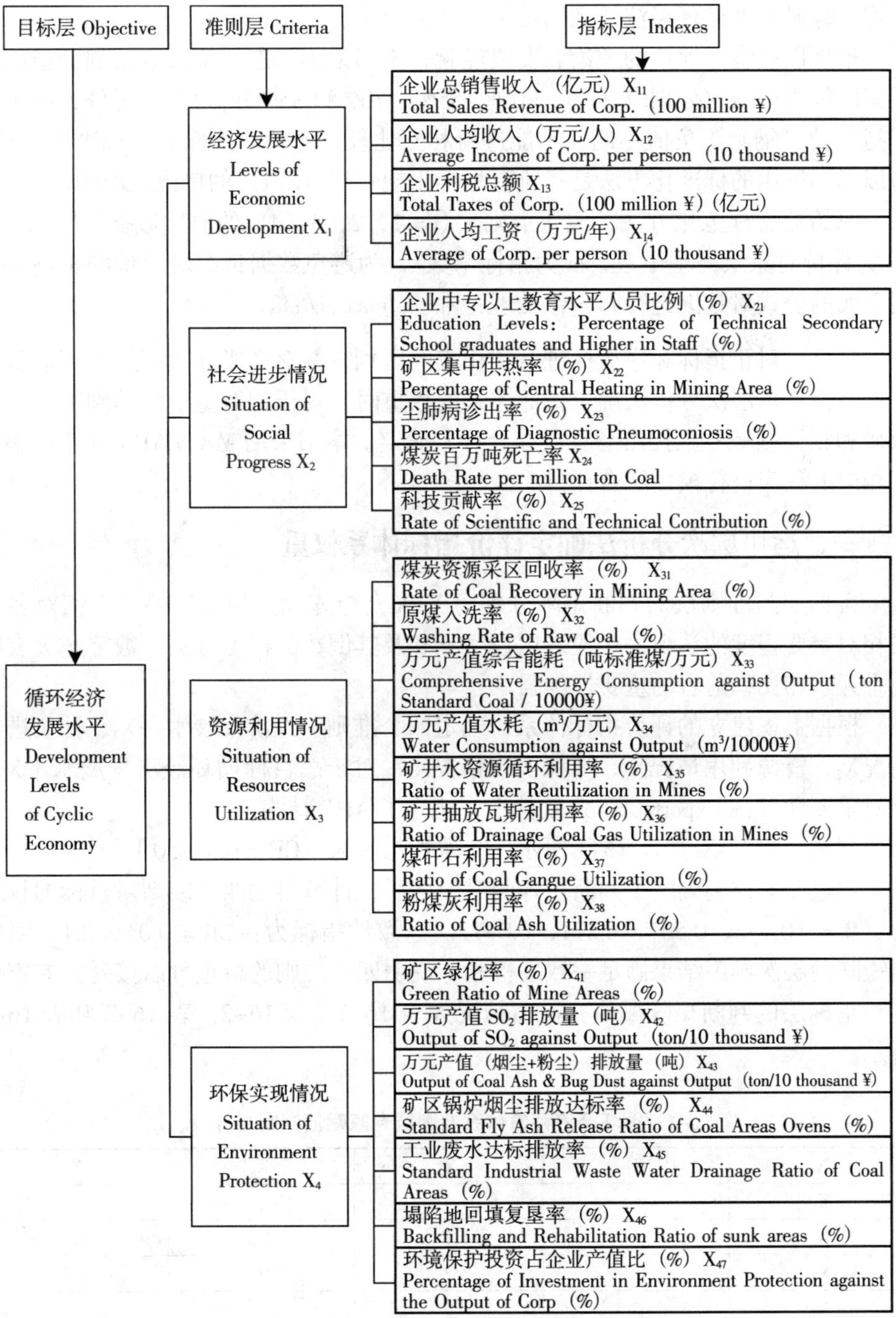

目标层 Objective	准则层 Criteria	指标层 Indexes
循环经济发展水平 Development Levels of Cyclic Economy	经济发展水平 Levels of Economic Development X_1	企业总销售收入（亿元）X_{11} Total Sales Revenue of Corp.（100 million ¥）
		企业人均收入（万元/人）X_{12} Average Income of Corp. per person（10 thousand ¥）
		企业利税总额 X_{13} Total Taxes of Corp.（100 million ¥）(亿元)
		企业人均工资（万元/年）X_{14} Average of Corp. per person（10 thousand ¥）
	社会进步情况 Situation of Social Progress X_2	企业中专以上教育水平人员比例（%）X_{21} Education Levels: Percentage of Technical Secondary School graduates and Higher in Staff（%）
		矿区集中供热率（%）X_{22} Percentage of Central Heating in Mining Area（%）
		尘肺病诊出率（%）X_{23} Percentage of Diagnostic Pneumoconiosis（%）
		煤炭百万吨死亡率 X_{24} Death Rate per million ton Coal
		科技贡献率（%）X_{25} Rate of Scientific and Technical Contribution（%）
	资源利用情况 Situation of Resources Utilization X_3	煤炭资源采区回收率（%）X_{31} Rate of Coal Recovery in Mining Area（%）
		原煤入洗率（%）X_{32} Washing Rate of Raw Coal（%）
		万元产值综合能耗（吨标准煤/万元）X_{33} Comprehensive Energy Consumption against Output（ton Standard Coal / 10000¥)
		万元产值水耗（m^3/万元）X_{34} Water Consumption against Output（m^3/10000¥）
		矿井水资源循环利用率（%）X_{35} Ratio of Water Reutilization in Mines（%）
		矿井抽放瓦斯利用率（%）X_{36} Ratio of Drainage Coal Gas Utilization in Mines（%）
		煤矸石利用率（%）X_{37} Ratio of Coal Gangue Utilization（%）
		粉煤灰利用率（%）X_{38} Ratio of Coal Ash Utilization（%）
	环保实现情况 Situation of Environment Protection X_4	矿区绿化率（%）X_{41} Green Ratio of Mine Areas（%）
		万元产值 SO_2 排放量（吨）X_{42} Output of SO_2 against Output（ton/10 thousand ¥）
		万元产值（烟尘+粉尘）排放量（吨）X_{43} Output of Coal Ash & Bug Dust against Output（ton/10 thousand ¥）
		矿区锅炉烟尘排放达标率（%）X_{44} Standard Fly Ash Release Ratio of Coal Areas Ovens（%）
		工业废水达标排放率（%）X_{45} Standard Industrial Waste Water Drainage Ratio of Coal Areas（%）
		塌陷地回填复垦率（%）X_{46} Backfilling and Rehabilitation Ratio of sunk areas（%）
		环境保护投资占企业产值比（%）X_{47} Percentage of Investment in Environment Protection against the Output of Corp（%）

图 16-1 循环经济评价指标体系结构框架

对许厂煤矿发展循环经济达到的效果作状态评价。

根据以往统计评价的理论和实践经验，本书采用正态分位数方法划分指标评语集的等级标准（分别取25%、40%、55%、70%和85%分位数）。另外，由于不同指标的量纲和正负值不同，不能进行相互比较，必须对指标进行标准化处理，所以本书采用的标准化方法是将所有指标正规化到（0~1）的单位区间中。

原始数据规范化方法：假设准则i（i = 1，2，3，4）的原始数据矩阵为 X_{n*m}（n为评价对象及样本个数，m为指标个数），为避免数据量纲对评价的影响，使用下面的公式对数据进行归一化处理：$y_{ij} = x_{ij}/\max\limits_{i}\{|x_{ij}|\}$。

此外，对正指标和逆指标进行了相应的区别，并对逆指标数据进行了取负值处理。在运用层次分析法确定指标体系的权重时，对于相对重要性的判断由许厂煤矿和相关领域专家提出意见后综合评判确定。本书采用MATLAB 6.0软件编写了相应的程序进行模糊综合评价。

一、运用层次分析法确定评价指标体系权重

目标层与准则层的判断矩阵分别为 $X-X_i$，矩阵元素的值反映了人们对各因素相对重要程度的认识，一般采用数字1~9及其倒数的标度方法。数字越大表明两个元素相比，前者的重要性越强。

根据上述建立的评价指标体系，确定四个准则（经济发展水平 X_1、社会进步情况 X_2、资源利用情况 X_3、环保实现情况 X_4）对于总目标循环经济发展水平X的相对重要性。在Export Choice软件中，建立了AHP结构。

判断矩阵 $X-X_i$ 如表16-1所示，一致性指标为：$CR = 0.05 < 0.1$

通过专家评判确定了判断矩阵的赋值之后，计算得到四个准则对目标的权重为：B =（0.132，0.501，0.271，0.097）。一致性指标为：$CR = 0.04 < 0.1$，明判断矩阵的层次排序结果满足一致性检验，说明四个准则的权重可以接受。专家分别给指标层的判断矩阵赋值，赋值情况如表16-1、表16-2、表16-3和表16-4所示。

表16-1 循环经济评价体系准则层专家赋值判断矩阵（总）

X	X_1	X_2	X_3	X_4
X_1	1	4	3	1/2
X_2	1/4	1	1/2	1/5
X_3	1/3	2	1	1/2
X_4	2	5	2	1

表 16-2 循环经济评价体系指标层专家赋值判断矩阵（1）

X_1	X_{11}	X_{12}	X_{13}	X_{14}
X_{11}	1	2	1/4	2
X_{12}	1/2	1	1/5	3
X_{13}	4	5	1	4
X_{14}	1/2	1/3	1/4	1

表 16-3 循环经济评价体系指标层专家赋值判断矩阵（2）

X_2	X_{21}	X_{22}	X_{23}	X_{24}	X_{25}
X_{21}	1	3	2	1/3	1/4
X_{22}	1/3	1	2	1/2	1/3
X_{23}	1/2	1/2	1	1/2	1/3
X_{24}	3	2	2	1	1/3
X_{25}	4	3	3	3	1

表 16-4 循环经济评价体系指标层专家赋值判断矩阵（3）

X_3	X_{31}	X_{32}	X_{33}	X_{34}	X_{35}	X_{36}	X_{37}	X_{38}
X_{31}	1	3	2	2	2	1	1/3	2
X_{32}	1/3	1	1/2	1/2	1/2	1/3	1/5	1
X_{33}	1/2	2	1	2	2	1/2	1/4	2
X_{34}	1/2	2	1/2	1	1	1/3	1/4	2
X_{35}	1/2	2	1/2	1	1	1/4	1/5	2
X_{36}	1	3	2	3	4	1	1/2	4
X_{37}	3	5	4	4	5	2	1	3
X_{38}	1/2	1	1/2	1/2	1/2	1/4	1/3	1

表 16-5 循环经济评价体系指标层专家赋值判断矩阵（4）

X_4	X_{41}	X_{42}	X_{43}	X_{44}	X_{45}	X_{46}	X_{47}
X_{41}	1	2	1/4	1/2	1/2	1/4	1/3
X_{42}	1/2	1	1/3	1/2	1/2	1/4	1/3
X_{43}	4	3	1	3	2	1/2	2
X_{44}	2	2	1/3	1	2	1/3	2
X_{45}	2	2	1/2	1/2	1	1/3	1/2
X_{46}	4	4	2	3	3	1	3
X_{47}	3	3	1/2	1/2	2	1/3	1

由此得到指标层（X_{i1}，X_{i2}，…，X_{in}）对准则层（X_1，…，X_4）的各指标的权重如下。24 个指标对各自准则的权重为：

W_1 =（0.187，0.143，0.588，0.081）；

W_2 =（0.124，0.047，0.089，0.076，0.073，0.178，0.289，0.058）；

W_3 =（0.062，0.053，0.222，0.134，0.091，0.310，0.128）；

W_4 =（0.154，0.109，0.087，0.225，0.425）

上述专家赋权判断矩阵的层次排序结果满足一致性检验，说明各层次和各指标权重可以接受。

二、应用模糊综合评价法进行评价

1. 确定评价的评语集 D

根据循环经济发展的内涵特征，将许厂煤矿的循环经济发展情况划分为优、良、中、较差和差五个等级，即：

D =（差，较差，中，良，优），d =（0.3，0.45，0.6，0.75，0.9）

2. 确定模糊隶属度矩阵

由前面讨论的隶属度函数计算方法，得到许厂煤矿指标的模糊隶属度矩阵。

3. 确定模糊评价矩阵

对准则层各评价指标（X_1，…，X_4）建立模糊评价矩阵［A_i（i = 1，2，…，4)］，通过指标层（X_{i1}，X_{i2}，…，X_{in}）评价准则层各分类因素指标。由 $A_i=W_{ij}*R_{ij}$ 可以得到准则层各指标的模糊综合评判。

4. 对目标层 X 进行模糊综合评价

计算目标层的模糊评价矩阵 A = B*（A_1，A_2，…，A_4）。其中，B 为准则层对目标层的权重。对计算结果进行归一化处理。

根据上面四个步骤并以数据包络计算软件 DEAP2.0 为计算工具，得出物质循环指标下的二级指标废水循环利用率（X_{35}）、固体废弃物循环利用率（X_{31}）、废气循环利用率（X_{36}）、原煤洗选率（X_{32}）、煤电转化率（X_{33}）、煤矸石利用率（X_{38}）、煤化工转化率（X_{34}）、伴生矿物利用率（X_{37}）在 2000~2005 年的有效性系数如表 16-6 所示：

在物质循环指标中水循环利用率（X_{35}）、固体废弃物循环利用率（X_{31}）、废气循环利用率（X_{36}）作为循环经济发展的基础性指标有效刻画了循环经济的基本特征。许厂煤矿在“工业三废”的基础上发展循环经济的起步较早，但在这一阶段的三废循环并未建立在内部产业链的基础上，没有形成完整体系。由表 16-6 可以看出 2000 年 X_{31}、X_{32}、X_{38} 的有效性系数为 0.246、0.323、0.252，处于一个相对较低的水平上。经过几年的大力发展，许厂煤矿对“三废”循环利用已形成

表 16-6 物质循环指标评价有效性系数表

指标 \ 年份	2000	2001	2002	2003	2004	2005
X_{31}	0.246	0.421	0.385	0.411	0.657	0.732
X_{32}	0.323	0.453	0.522	0.542	0.683	0.761
X_{33}	0.252	0.413	0.368	0.395	0.635	0.895
X_{34}	0.345	0.417	0.653	0.805	0.916	1
X_{35}	0.452	0.562	0.622	0.712	0.972	1
X_{36}	0.351	0.402	0.481	0.605	0.823	0.925
X_{37}	0.347	0.612	0.673	0.721	0.732	0.815
X_{38}	0.323	0.427	0.485	0.543	0.651	0.712

了完整的链式结构：把煤炭开采过程中产生的矸石、洗煤碴，作为矸石回填置换开采的优质原料；产生的瓦斯，经过抽放，集中到地面的抽放瓦斯泵站，进行发电，电厂的产品（电力）又供给煤炭生产、矸石制砖等企业；排放出来的废水经过一级、二级循环沉淀，作为各种绿化用水和生活用水。这些措施的实施使 X_{31}、X_{32}、X_{33} 的有效性系数在 2005 年达到 0.732、0.761、0.895，比过去有了显著增长。通过 2004 年 1100 万吨的废水循环处理项目使其提高到 0.657，2004 年煤矸石置换开采投产后采用先进的废气处理技术使 X_{38} 的有效性系数提高到 0.782，煤石电厂、矸石砖项目的投产使煤矸石这一生产中的重要固体废弃物大量进入循环经济系统，使 X_{33} 的有效性系数在 2004 年、2005 年连续大幅提高到 0.635、0.895。

5. 评价结果

由表 16-6 可以看出，随着许厂煤矿循环经济的发展各二级指标的有效性系数在略有波动的情况下稳步提高。其中 X_{34}、X_{35} 的有效性系数达到了最优值 1，X_{38} 的有效性系数也达到 0.925 的高水平，这都说明从产业链的角度来说，许厂煤矿的循环经济发展已经取得了明显的成绩。这一提高的过程是伴随着许厂煤矿相关产业链的不断发展，特别是非煤产业链的不断壮大以及煤炭能源型循环经济系统的逐步形成而实现的。

根据评价结果及许厂煤矿循环经济评价指标体系，“煤炭洗选率”是一级指标“物质循环指标”的下一个重要的二级指标，特别是煤炭开采——洗选加工产业链处于整个循环经济的基础地位，直接反映其循环经济发展水平的“煤炭洗选率”影响了废水循环利用率、固体废弃物循环利用率、万元产值废水排放指标、万元产值固体废弃物排放指标、煤矸石利用率等指标，所以许厂煤矿洗选能力在 2002 年后提高到 100%后，有效性系数大幅提高，由 0.413 提高到 0.653。可以说，“煤炭洗选率”作为许厂煤矿循环经济评价过程中的基础、核心的指标对循环经济的发展效果起到至关重要的作用。作为许厂煤矿生产经营的基础产业链，许厂煤矿充分认识到了煤炭开采——洗选加工产业链在发展循环经济过程中的重要性，先后投入巨资进行洗煤设备改造，保证了煤炭资源的持续利用。同时在煤炭洗选和配煤上下工夫，全方位推进产品质量升级。除对原有洗煤厂进行技术改造外，还推行风动选煤新技术，加强原煤的深度筛分，真正实现经济效益与环境、社会效益双赢。

同时，也要注意到非煤产业链在许厂煤矿循环经济发展过程中的重要作用。循环经济要想充分发展，就必须实现不同生产单位、不同产业链之间的联动，任何把各产业链割裂发展的思想都是与循环经济思想背道而驰。根据准则层模糊评价结果，就经济效益来看，2010 年许厂煤矿以绝对的把握（100%）能够达到优的水平；就生态环境来看，生态环境逐步改善，2010 年达到（100%）优的水平；社会效益来年社会效益的状态也逐步改善，2010 达到优的水平，到 2011 将以比较大的把握（65.39%）保持在优的水平上。

循环经济评价指标体系是一个复杂的系统工程，它的构建不仅需要理论的支持，更需要技术和政策上的扶持。只有在强大的政策法律支撑下，循环经济评价指标体系的建设才能有的放矢，才能在实践中找到切实可行的技术手段，从而有利于可持续发展的实现。通过对许厂煤矿 3 个阶段发展循环经济的指标体系进行量化综合评价，2009 许厂煤矿的循环经济处于良好状态，2010 年基本达到优的水平，到 2011 年达到优的水平，从而验证了循环经济发展模式适合许厂煤矿的实际。

第三节 许厂煤矿的循环经济实践经验总结及提升

一、许厂煤矿发展循环经济采取的对策措施

在煤炭实际开发中，许厂煤矿具体采取了如下的措施：

（1）惜煤如金，精益开采。科学布置工作面，积极探索应用先进技术工艺，保证最大限度回收煤炭资源。先后探索使用悬移支架、综放支架，成功使用 4 米和 5.5 米一次采全高综采支架，使煤炭回采率提高到 95%以上，实现了精益生产。

（2）提高产品附加值。积极优化煤炭产品结构，增加煤炭附加值，对选煤厂

进行技术改造，使选煤产品由原来的 3 种扩大为 7 种，通过对原煤进行精洗细分，每年增收 1 亿多元。

(3) 低热值环保热电厂实现综合利用。以煤矸石、煤泥等工业废物为燃料建设自备电厂，将煤矸石和低热值燃料就地转化成电能自发自用，热能供给职工澡堂和冬季取暖，发电产生的粉煤灰用于井下注浆。以电厂年燃用煤泥 10 万吨计算，年可节约标煤 5.7 万吨，节约燃料费用 310 万元。

(4) 大力推广应用矸石置换开采技术。该矿将采煤所伴生的煤矸石充填到开采永久性煤柱所形成的巷道，既对附着在地面的建筑物和道路等不会造成影响，保护了生态环境，又有效地解放了“三下”压煤，大大延长了煤矿使用寿命。据测算，该矿井下现在年产矸石约 12.5 万吨，全部回填后可换回优质煤炭 13.6 万吨。另外，由于矸石不上井，每年还可节约井上矸石处理费用 350 多万元，其中仅每吨升坑矸石少缴 5 元的环保费用就可节约 60 万元。

通过这些措施的实施，许厂煤矿实现了资源产出最大化、“三废”排出减量化、废弃资源再生化、绿色环保的生态矿山。

二、许厂煤矿的循环经济实践经验总结及提升

许厂煤矿既要经济效益，又要环境效益，在提高煤炭资源回收率和利用率、促进煤炭产业可持续发展方面取得了很大的成绩。

长期以来，煤炭资源“高开采、低利用和高排放”的开发方式不仅浪费了大量的资源，而且对环境造成了严重的污染。而循环经济要求在物质不断循环的基础上发展经济，达到“低开采、高利用和低排放”。为实现开采废弃资源的再利用与再循环，实现煤炭的洁净利用，减少环境污染，促进煤炭产业可持续发展，许厂煤矿充分依托煤炭资源优势，大力开展节能减排工作，在发展煤、电、建材联产等循环经济上做出了成功的探索。

许厂煤矿通过大力实施“亮点工程”推进节能减排，年创效益逾亿元，并且还先后荣获了“全国煤炭行业环境保护优秀企业”“山东省污染减排成效突出企业”等荣誉称号，成为山东省乃至全国的节能减排亮点单位。

有些煤矿的矸石山还在日渐增高，而许厂煤矿的矸石山却是在日渐变矮。这是因为该矿实施了以置换开采为主要方式的“绿色开采”新模式，煤矸石在井下经轨道运输巷、翻笼、矸石仓、给料机等环节输送粉碎后，最终被抛矸机抛射充填巷道，不够充填时，还要从井上往井下运矸石。去年至今，该矿已充填矸石 8 万多立方米，多产煤 30 多万吨，创效益近亿元。另外，每年还可省下数百万元的环保费，而且用不了几年还可将近 10 年形成的矸石山吃“光”，根除矸石堆放占压良田和自燃污染环境问题。对于该矿的这种“绿色开采”模式，国家和山东

省有关主管部门给予了充分肯定，称赞这是实现科学发展、节约发展、清洁发展的一项好举措，具有重要的推广应用价值。

绝大多数煤矿的矿井水除一部分经处理作为洗煤、电厂、冲洗用水外，大部分都浪费掉了。可是在许厂煤矿里，矿井水却变废为宝，该矿投资近千万元建成的山东省目前最大的日处理能力 3 万立方米的矿井水深度处理站，实现了井下生产用水、洗煤补给水、绿化及宿舍用水全部使用处理后的矿井水，而且处理后的矿井水水质均达到了生活饮用水的卫生标准。同时，处理后的矿井水除部分供应本单位使用外，该矿还与社会上近 10 家单位正式签订了供水合同。据介绍，该矿矿井水全部实现交易后，每年可产生 700 多万元的利润，连同每年自用和节省的排污费等，那么每年矿井水淌出的利润将在千万元以上，更重要的是杜绝了矿井水外排对环境的影响。

在节能减排上，许厂煤矿大力实施创新和创效工程，对高耗能设备进行技术改造，实现能源的高效利用。该矿通过在井下推广应用变频技术，每年节电近 2000 万度；成立了油脂化验室，将所有废油统一回收、分类管理，每年利用废油 5000 余千克；通过对矿内供暖系统进行改造，利用电厂余热向矿内浴室、职工单身宿舍等供暖，既节约了费用，又消除了烟气污染。

许厂煤矿在科学分析煤炭生产工艺流程、洗煤工艺流程、发电过程的基础上，以系统工程理论为指导，从节能减排的工作对象、工作进程和工作方法三个维度立体化推进节能减排工作。

工作对象包括煤炭生产系统、洗煤系统、发电系统三大部分。煤炭生产系统重点是优化布局和提高效率；洗煤系统重点是优化系统和采用节能新技术；电厂重点是更新改造传热设备、采用节能新设备、新技术。要分别使这三部分实现产量、效益、能耗、排放综合效益的最大化。

工作进程包括设计、生产、排放、再利用等环节，通过各环节优化与全过程优化相结合，实现生产和节能减排的整体优化。

工作方法是以战略规划为统领，以科技创新为先导，以系统优化为重点，以精细管理为支撑，以动力机制为保障积极发展循环经济，大力培育特色文化，构建立体化节能减排体系，实现了清洁发展、节约发展、可持续发展。

三、发展循环经济的主要经验总结及启示

1. 坚持战略引领，科学制定节能减排规划

许厂煤矿坚持把节能减排工作纳入总体发展战略，及时根据内外部环境的变化，转变思想观念，调整战略规划。

（1）战略思想由“高产、稳产”向“清洁、节约、可持续”转变。许厂煤矿

为保障国家经济效益，曾经长期以煤炭“高产、稳产”为中心。随着外部社会经济环境的变化，许厂煤矿站在科学发展观的高度重新审视煤炭发展面临的当前与长远、产量与效益、产能与节能、增长与环境的辩证关系，发现个别干部职工思想上还存在着“重产量、重效益、轻节能、轻减排”的片面认识。为此，许厂煤矿开展了“效益与环境”的大讨论，进一步提高广大干部职工节能减排意识，逐步树立了“为国家生产煤炭、洗煤、发电是贡献，为国家节约能源和减少排放也是贡献”的新理念，使全矿职工充分认清了“高产、稳产”战略思想的客观局限性，促进了企业战略思想由“高产、稳产”向“清洁、节约、可持续”的转变，并把低投入、低消耗、低排放、高效率的清洁节约型增长方式确定为企业发展战略的根本途径。

(2) 统筹规划推动战略实施。战略思想转变后，研究制定《许厂煤矿“十一五”节能减排规划》，对节能减排系统进行优化调整，重点解决系统负荷匹配不平衡、功率因数低、基础设施差等突出问题。为使规划具有指导性、针对性、科学性，在节能减排规划制定过程中坚持“三个结合”。

1) 当前与长远结合，中长期规划与年度计划相结合。中长期规划紧紧把握未来五年内减量化、再利用、资源化的原则，在资源开采、生产消耗、废物产生等环节，逐步建立全社会的资源循环利用体系。年度计划则依据耗能点和排污点监测情况，分析运行状况及潜力，对已建设备设施的充分利用、新老设施配套、技术集成等方面做出具体部署，确保规划与实际紧密结合。

2) 井上、下相结合。首先以煤炭生产为龙头，对每种工序的各种方案进行比较研究，确定最佳方案，从源头减少工序能耗、废弃物的产生。以及原材料的消耗。其次对煤炭生产过程中各种工艺配套设施进行经济分析，对采、掘、机、运、通设备及设施进行技术比较、性能分析。最后对整个系统进行运行效率经济性研究，确定最合理的设备设施，提高用电系统最佳运行方式。

3) 技术与管理相结合。根据各单位能耗考核表每月进行能耗分析、比较，查找能耗变化原因、节能潜力，并进行实施。在现场管理方面，加强了过程控制，减少了电机大马拉小车现象；对用油设备及时进行维修维护，避免了“跑、冒、滴、漏”现象的发生；对供气管路、附件进行维修保温处理，减少了漏气及散热现象；强化了能源计量管理，为能耗定额考核奠定了基础。在扣除管理潜力的基础上，利用重点节能减排项目（对各项目进行单项技术设计、性能、效果、经济效益和社会效益等方面进行评价分析，从不同的评价角度进行排序）、现场的应用情况及发展潜力（对各项技术的现场应用效果及继续应用的潜力进行评价）和节能减排专项资金计划的投入情况，进一步挖掘技术潜力，对降低能耗、减少污染物排放的重点技术和主要环节逐项落实。

按照上述原则，许厂煤矿规划确定“十一五”期间节能减排总目标：实现累计节能量2.45万吨标准煤，累计节水4000万立方米，化学需氧量减排量2000吨，二氧化硫排放浓度400毫克/立方米以下，矿井水实现零排放。实现这一目标的主要措施、技术及投资等内容非常明确，使节能减排工作纳入战略管理，实行统筹规划。

2. 实施系统优化，全面挖掘节能减排潜力

（1）科学分析生产过程中的节能减排对象和潜力。许厂煤矿节能减排包括三部分：煤炭生产过程的节能减排；洗煤过程的节能减排；发电过程的节能减排。其中煤炭生产过程又包括采、掘、机、运、通等生产环节，它既是能耗过程又是产能过程。节能主要对象是电和蒸汽，占煤炭生产能耗的98%以上。资源节约的主要对象是矿井水、煤矸石、煤炭。电厂节能的主要对象是节煤，资源节约的主要对象是节水。全矿直接减排的主要对象是矿井水、矸石、生活污水、电厂冷却水、烟尘。

（2）优化三大节能板块。矿井生产、洗煤、电厂发电三大系统自成体系，使它们各自优化、供用电均衡发展，因此增加了每个节能板块改造、升级、调整的工作量和难度及整个供电的统筹规划。明确了优化的重点：对电厂实施锅炉及其附件的节能改造、用电系统的改造；煤炭生产、洗煤工艺及用电系统新技术的应用。重点是实施精细地质研究，优化开采方案。在提高产量的过程中，要服从于节能减排的需要，提高设备的运行效率，探索出整套的优化措施。各节能板块采取“八字方针”：停，停用高耗能的风泵、YB系列电机、变压器，改用节能型电动潜水泵、节能型电动机、变压器；并，对运行时间长、负荷率低、布局不合理、维护改造投入大的用电系统进行优化合并；换，对负荷率低、大马拉小车的设备实施大换小；改，将能耗高的设备、设施进行改造，减少负载率；优，对供用电设备进行精细管理，优化操作模式，实现经济运行；推，积极推广应用新技术、新工艺、新设备、新材料；研，研究生产工艺，实行清洁生产，将资源榨干吃净；管，适时调整管理模式、方式和制度，使生产管理与系统优化调整相适应。通过采取上述措施，许厂煤矿在保持高产稳产的同时，系统负荷率提高了15%，煤炭回采率提高了5.5%，平均功率因数由原来的63%提高到92%、矿井水利用率由原来的46%提高到72%，系统优化取得了实质性效果。

（3）多手段综合应用实施减排。在对矿区整体环境状况进行综合评估的基础上，以减少污染物排放为重点，完善污水处理设施、减少地表塌陷；实现煤矸石、矿井水、炉渣、粉煤灰的零排放；降低烟尘排放浓度，改善矿区生态环境；建立与矿区发展规模相配套的环保技术体系，进行减排系统的优化研究和实施。主要采取以下措施：

一是管，管行为。引进国际先进的环保管理模式——ISO14001 环境管理体系，实施了减少污染物排放，减少生态破坏等 50 多项环境管理措施，细化到职工个人，规范了职工行为。

二是控，控风险，实施清洁生产审核，制定了煤泥水泄漏、放射源、危险废弃物等专项应急预案，提高了环境风险的防控能力。

三是治，治污染。近年来，累计完成环保专项工程 7 项。例如矿井水深度处理工程及其综合利用工程、电厂烟气脱硫工程、煤矸石置换开采工程、生活污水改造工程、电厂综合污水改造等大型工程，使减排基础设施得到进一步加强。

四是改，改善环境。将裸露地面的矿区供电线路、供水管网、下水道改为地下管网工程；用处理后的矿井水建造喷泉长廊、瀑布，美化了环境，又抑制了粉尘飞扬；植植被，起到了吸尘防噪的作用。目前矿区绿化面积已达到 36%。

3. 推行集成创新，重点突破节能减排“瓶颈”

许厂煤矿始终注重发挥科技对节能减排的先导作用，根据节能减排实际需要，组织力量一方面引进成熟技术，另一方面对不能引进的技术进行攻关。在此基础上搞好各项技术的集成配套和规模应用，为节能减排提供强有力的技术支撑。

(1) 引用成熟适用技术。在引用技术的筛选上，由机电科牵头，组织相关部门、单位进行资质、材料审查、节能指标测试、评价和综合评定，优选后对符合条件的技术产品进行招标进货、安装、使用，并定期对节能减排应用技术和产品进行跟踪测试和评价；在优选淘汰上，根据国家《产业结构调整指导目录（2005 年本）》用节能型变压器、电机淘汰更换高耗能变压器、电机。目前全矿所有的用能设备均符合国家节能环保要求，保证了引进设备、技术的先进性和适用性。

(2) 强化自主创新，打造绿色节能环保优势技术。许厂煤矿根据本矿的地质条件、按照减量化、再利用、资源化的原则，在资源开采、生产消耗、废物产生等环节，逐步建立资源循环利用体系。自主研发煤矸石置换开采节能技术、提升机新型液压制动装置、汽轮机汽封冷却装置等专利成果 13 项，以及环保节能煤泥输送新技术——煤泥管道输送系统与装备、矿井水深度处理等项目获省、市以上科技成果 100 多项，使一系列节能减排的瓶颈问题得以解决。

煤矸石置换开采节能减排技术。为解决“三下”压煤、煤矸石占有大量的土地资源，矸石风化、渗漏造成的风起扬尘、水土污染严重影响着职工及周边群众生活环境的问题，许厂煤矿成立由矿长挂帅、工程技术人员组成的联合攻关组，对条采保护煤柱中矸石充填巷的位置、布置数量、加固和充填效果以及不同组合条件下对地表的影响程度进行了系统研究，确定了矸石置换开采条带煤柱后上覆岩层围岩结构不发生破坏、不影响地表建筑物的技术方案和参数，并自主研发了矸石充填设备和运输系统，经过现场实验取得了成功。该工艺利用煤矸石作为支撑体，有效地控制了巷道下沉问题，达到了采出部分煤柱后，对地面建筑物影响轻微的效果，实现了用矸石换煤炭的构想。

矿井水深度处理及回用工程。许厂煤矿属于山东省南水北调沿线水污染重点保护区内企业。许厂煤矿以对社会、对企业长远发展高度负责的态度，选用新型节能技术创新成果，投资700多万元，新建处理能力为3万立方米/天的矿井水深度处理站，处理后的矿井水各项指标均达到生活饮用水卫生标准。目前处理后的矿井水已广泛用于井下生产、洗煤、工厂洒水降尘、卫生清洁、绿化、美化、消防、地方养殖。全年矿井水利用率为71.37%，节约地下水资源521万立方米，减排化学需氧量654吨，减排悬浮物497.6吨，回收煤泥量445吨。不仅实现矿井水零排放，还积极为地方工农业生产和经济发展提供了水源便利。

水源热泵恒压供水技术。机电科技术人员根据管网瞬时的压力变化自编程，自动调节电动机转速、输出功率，以及电动机的台数，满足用户恒压变量供水需要，使供水管网末端压力保持恒定，使得整个供水系统保持高效节能的最佳状态。恒压供水变频系统可取代传统给水设备中的水塔、蓄水池，减少中间转水环节，节能效果显著。

同时，为使众多节能减排技术发挥综合效应，许厂煤矿加强对单项技术的集成配套。其中节能方面形成了多项配套技术，包括井上、下机电综合自动化技术、通风系统配套技术为核心的综合自动化技术7项；以110千伏降压站无功自动补偿为核心的10套无功补偿配套技术；以皮带软启动为核心的软启动节电技术6套；以变频调速技术为核心的节能技术32台套；以采用隔热断桥中空铝合金玻璃为核心建筑节能5项；实施-400水平直排水工程，减少排水中间环节，降低了电耗。减排方面以矿井水深度处理及回用技术、电厂综合污水处理技术为重点的5套废水治理技术，以控制电厂烟气中二氧化硫为重点的氨法脱硫技术。这些配套技术对许厂煤矿的节能减排起到了关键性作用。

(3) 加大推广应用力度，推进新技术的规模化应用。许厂煤矿重点抓三个环节。

1) 树立典型。在全矿范围内选取三个典型区块作为节能减排示范区，把新技术和技术集成放到这些“试验田”中进行中试，为其他块区提供先导性试验。在洗煤厂示范区，按照规划、设计、生产一体化的全新理念集中应用了皮带系统节能技术改造，开展了矿井一体化、工艺设备节能化、工艺参数个性化、工艺技术简单化四个方面的集成配套试验，降低能耗20%，为矿区皮带节能提供了一种全新模式。

2) 措施跟进。根据新技术推广的需要，对原有的组织方式、管理标准、工

作标准、技术标准等方面进行改进，为技术推广创造适宜的环境。在井上、下机电系统集中控制方面，对专业化、标准化提出了更高的要求。许厂煤矿改变劳动组织模式，把原有的各设备人工分散管理控制变为以机电监控中心为核心的岗位集中监控，并对设备的巡回检查、交接班等规定进行了强化管理，形成了各工序的专业化作业，为矿井的集约化生产奠定了基础。

3）规模应用。许厂煤矿节能技术的规模应用坚持做到整体策划，分工序实施。其中，以变频技术应用为重点，在电厂鼓、引风机、主副井绞车鼓风机、地面恒压供水、井上下运输皮带、井下卤化液泵站等设备进行广泛应用；对井上、下所有的往复式给煤机更换带式给煤机，电机功率由原来的 18.5 千瓦改为 7.5 千瓦；广泛采用节能绿色照明灯具，在洗煤厂、电厂、矿区工厂、单身宿舍、办公楼等照明场口安装高效节能灯具 1650 盏；对电厂进行系统改造，采用燃气高能脉冲除灰技术、定期更换省煤器、对循环泵安装节电器、对变压器进行无功自动补偿；实现机电综合自动化系统，采用综合自动化集成（井下：供电、皮带、压风机、猴车、工业电视的远程控制、监视；地面：110 千伏降压站、主井绞车、副井绞车、提风机的监控），优化了设备性能，达到减人提效的目的。

4. 强化过程管理，切实规范节能减排工作

（1）健全组织与责任体系。许厂煤矿对节能减排实行三级管理，建立节能减排领导小组，负责策划、指导全矿的节能减排工作。日常管理机构设在节能减排工作小组，负责统一协调、监督、检查、考核全矿的节能减排工作；负责制定节能减排管理制度、考核制度，负责组织全矿的节能审计、清洁生产。基层单位负责本单位节能减排的宣传发动、项目的落实，相关指标的完成。节能减排指标分解实行“两条线”管理：一条线是强化机关各级职能部门的协调监督检查；另一条线强化各责任单位节能减排项目、措施的实施。对节能减排指标逐级进行分解，落实到各单位、车间、班组、岗位，将责任传递到每个人，实行上下联动运作机制，层层建立节能减排目标责任制。将节能减排指标完成情况与工资分配挂钩，充分调动了职工群众参与节能减排的积极性和主观能动性，使职工认识到节能减排是自身利益的需要，形成了完善的节能减排管理网络及管理体系。

（2）完善制度与标准。为保证节能减排工作的规范运行，许厂煤矿针对统计、计量、监测、考核等环节建立健全四大类 20 项管理制度，使节能减排所涉及的各项工作能够有章可循、有据可依。制定了节能减排工作标准、管理标准和技术标准，细化到每个工序、每个工种、每个岗位，把节能减排标准、任务纳入员工岗位责任制，使职工养成节能减排的自觉性行为，促进了制度的有效运行。

（3）细化定额。许厂煤矿制定了完善的节能减排考核体系，并对重点节能减排指标进行分解细化。在跟踪、统计分析的基础上，根据现场的实际条件，将用

电考核定额细化到各单位的每一个耗能工序、每一个工作面及每一个用电硐室、巷道，月底由专人对用能单位井上、下能耗情况进行统计，分析各能耗单位的能耗变化情况、能耗指标的完成情况，查找问题的根源，提出改进建议，督促相关单位进行整改。通过实施定额管理，保证了节能指标的顺利完成。

(4) 强化计量与统计管理。首先加强计量管理。许厂煤矿依据《计量法》《用能单位能源计量器具配备和管理通则》（GB17167-2006）要求及实际能耗、环保监测点的要求，配备了准确度等级及测量范围适当的能源计量器具。其中，电度表151块、蒸汽流量计4块、水表23块，安装了烟气在线监测、废水排放在线监测装置，满足了节能减排计量需要，使能源计量器具配备率均达到了100%。同时对能源计量器具进行校验，保证计量值的准确有效，为节能减排监测、分析、考核提供了准确的第一手资料。其次是建立完善的统计管理。实行定岗、定人、定时抄表制，指定专人于每月25号进行计量抄表。井上、下抄表人员于每月26日将当月的抄表情况报送节能办，由节能办专人负责将计量数据进行统计、分析，并将统计结果报分管领导审核后，由企管科进行考核指标的奖惩兑现，同时上报集团公司及地方政府，统计原始数据、台账按要求进行归档。

5. 健全创新保障机制，持续增强节能减排动力

为进一步推动节能减排工作，许厂煤矿积极探索完善节能减排科技研发项目、技术改造项目，加大资金投入、评价审查、激励约束机制，保证各项节能减排工作落到实处。

(1) 建立科技创新保障机制。为保证节能减排工作的顺利开展，许厂煤矿在资金缺口大、操作成本日趋紧张的情况下，想方设法通过各种渠道筹集资金，力保节能减排资金的足额投入，并实行预算单列，保证专款专用。“十一五”以来，许厂煤矿累计投资7000多万元。资金使用主要包括三个方面：一是节能减排主导技术的研发投入，先后进行连续直角转弯胶带输送机的研发与应用、液压除尘风机、蒸汽锅炉自动补水装置、充填用胶带输送机节能减排科技项目研发，解决了制约煤炭行业节能减排的技术“瓶颈”问题；二是节能减排设施、设备的更新改造资金的投入，对井上下设备进行综合自动化改造、广泛采用变频调速装置、变压器的无功自动补偿装置、用皮带式给煤机代替井上下往复式给煤机以及其他的小改小革；三是投入资金引进节能减排新产品，在地面办公区域安装采用水源热泵机组的中央空调、矿井水深度处理工程、井下采用防爆变频绞车、-400水平直排水工程、电厂湿法脱硫技术等节能减排主导工程、地面建筑采用隔热断桥中空铝合金玻璃窗。保证了节能减排资金的足额投入，为全面完成节能、环保指标奠定了基础。

(2) 建立激励约束机制。坚持节能减排指标同企业年度生产计划、安全指标

同步下达，并纳入业绩考核体系，层层签订“军令状”。节能指标主要考核节能量、各单位用电考核指标、原煤生产综合耗电、万元产值综合能耗、洗煤耗电、发电标准煤耗、电厂厂用电率。减排指标主要考核矿井水 COD 排放浓度、锅炉 SO_2 排放浓度、锅炉烟尘排放浓度、矿井水综合利用率等指标。其中各单位用电考核指标为每月底一次，严格按照考核结果进行兑现奖惩，其余指标均为每年底按照指标完成情况进行考核，考核结果与领导干部和员工的业绩挂钩兑现。奖励比例逐年加大，已由 2006 年的 30%增加到 2008 年的 50%，使节能减排效果与员工的切身利益紧密相连。

为鼓励基层单位加大节能减排投入，许厂煤矿坚持谁投资谁受益的原则，出台相应的奖励政策。投资取得的节能减排效益按照一定比例对基层单位、个人进行奖励，企业获利部分在测算下一年度指标时予以扣除；奖励基层单位部分归各单位自己支配，在测算下一年度考核指标时不予扣除，鼓励基层单位利用节能减排投资产生的效益继续加大节能减排投资，充分调动各单位的积极性，实现良性循环。另外，积极开展节能减排先进单位创建和评比活动。许厂煤矿每年召开节能减排工作会进行总结、交流、分析和评比，各单位节能减排指标完成情况通过电子屏幕列表公布。对先进单位、个人进行表彰，如实行新技术、新工艺“实名制”命名。在对单位进行物质奖励的同时，对节能减排贡献突出的先进个人进行表彰奖励、外出旅游，以推广节能减排经验，激励先进、督促后进。

6. 发展循环经济，积极拓展节能减排空间

许厂煤矿把发展循环经济作为提升节能减排工作水平的新途径，按照“减量化、再利用、可循环”的管理思路，采取观念引导、技术支持、政策鼓励等措施，扩大废水、余热、废钢材、废皮带、废油等再利用的规模，使生产模式由传统的“资源—生产—污染”型向“资源—生产—再生资源”型转变，拓展了节能减排的空间，起到了较好的经济效益、社会效益和生态效益。

（1）减量化——通过合理调控减少浪费量和排放量。许厂煤矿本着“废弃物就是放错了位置的资源”的观念，尽可能使“放错位置的”能源、资源发挥应有的效能。比如，应用电厂锅炉湿法脱硫工艺对电厂烟气进行脱硫改造，减少二氧化硫的排放量，同时将脱硫副产品用于地方农业施肥，减少了废物的排放量，变害为利。

（2）再利用——对废弃物进行回收利用。许厂煤矿组织技术力量对各种排放物进行再利用研究。先后实施了电厂锅炉余热利用、对热交换器的冷凝水进行回用利用、对废旧钢丝绳、锚杆、皮带托辊、钢管进行回收，利用自制的调制机械进行调置处理，然后分别用于吊挂皮带、小绞车地滑子、中水回用管路等对材质要求不高的场合，节约了资源、能源。

（3）可循环——对废弃物进行循环利用。许厂煤矿针对煤矿产生的最大污染源——矿井水、煤矸石以及电厂粉煤灰、炉渣、废油进行循环利用，实现了资源的节约、减排。如对矿井水进行深度处理用于电厂冷却水、洗煤补给水、地方养殖、矿区的卫生清洁、美化、绿化、消防用水；煤矸石用于井下置换开采；粉煤灰、炉渣用于井下注浆、喷浆，废油进行回收、分离、冷凝、分离、过滤、化验合格后进行回收利用，实现了废弃物的循环利用。

7. 培育特色文化，大力营造节能减排氛围

许厂煤矿实施"节约能源 保护环境 推进企业又好又快发展""推行清洁生产 发展循环经济 促进人与自然协调发展"的管理理念。增强全矿干部职工"节能减排就是效益、耗能增排就是浪费"的新观念，使人人成为建设节约型企业的实践者和推动者。

（1）讲责任，启迪文化意识。为增强全员职工的节能减排意识，节能减排办公室联合机电科、党委工作部、工会等部门，组织各种形式的节能减排宣传活动：在井上发放节能减排倡议书，利用黑板报、宣传栏、宣传图册、广播、电视、宣传横幅、氢气球及条幅等宣传途径以及组织才艺展示、知识问答等形式进行节能减排宣传活动；在井下架空乘人器等位置张挂节能减排宣传牌板，不断提高全体职工的资源和环境意识；在局域网建立节能减排专栏，宣传相关法律法规、重要文件、信息、节能减排常识，全方位对职工进行节能减排方面教育，引导职工群众建立环保文明、勤俭节约的生产、生活方式。

（2）学典型，贴近文化实质。许厂煤矿组织职工学习、讨论外部先进企业、内部节能减排先进单位及典型个人的经验和事迹，并开展能效对标活动，寻找本企业与能效先进企业的差距。通过纵向内部学、横向外部学、相互借鉴学、现场实践学、友好结对学等多种方式，使员工不仅在学典型中积累了经验、提高了能力，而且对节能减排文化的实质有了更具体、更深入、更切身的感受。

（3）争做节约人、减排人，实践文化理念。各单位以"争做节约人、减排人，为绿色许厂煤矿做贡献"为主题发起竞赛活动，激励广大员工投身节能减排行列。人人制定目标和措施，岗岗抬高工作标准，从点滴小事做起，从强化责任心做起。员工自觉结合生产实际想"金点子"、用"小窍门"、搞"小革新"。创造性地做好本岗位的节能减排工作。例如，通过对主井卸载系统、压风机自动启动装置等进行改造，避免了主井卸载使用外动力，实现压风机根据风压自动开停，减少了能耗。

参考文献

[1] 侯宇刚，国洪伟.手指口述工作法与形象化工艺流程 [M]. 北京：中国矿业大学出版社，2009

[2] 侯宇刚. 矿井轨道斜巷人车安全闭锁装置的研究 [J]. 工矿自动化，2009 (1)

[3] 侯宇刚，朱桂新，孟祥忠，岳耀宾，亓玉刚. 进工作面“三条生命线”安全监测系统设计 [J]. 煤炭工程，2010 (3)

[4] 侯宇刚. 推行精细控制管理全面提升管理水平 [J]. 煤炭企业管理，2008 (8)

[5] 刘传庚，王发明. 煤炭产业集群的结构与风险研究 [J]. 煤炭经济研究，2009 (1)

[6] 刘传庚，王发明. 煤炭企业循环经济综合评价指标体系构建及评价：以西山公司为例 [J]. 生态学报，2009 (12)

[7] 刘传庚，崔焕金. 矿产资源型企业可持续发展与产业政策选择 [J]. 山东社会科学，2006 (6)

[8] 王发明，刘传庚. 循环经济发展模式下的煤炭产业结构调整 [J]. 煤炭经济研究，2009 (9)

[9] 吴友军，金琦. 煤矿企业安全文化建设评价体系探讨. 中国煤炭 [J]. 2006 (2)

[10] 王莲芬，许树柏. 层次分析法引论 [M]. 北京：中国人民大学出版社，1990

[11] 俞峰，杨成梧. 煤矿安全文化的 AHP-Fuzzy 综合评价 [J]. 中国煤炭，2005 (11)

[12] 董发鹏，王宁. 企业文化建设效果的模糊综合评判 [J]. 软科学，2005，19 (2)

[13] 周宏春，刘燕华. 循环经济学 [M]. 北京：中国发展出版社，2005

[14] 赵国忱，任凤玉. 基于循环经济的煤炭企业发展模式研究 [J]. 中国矿业，2005，14 (1)

[15] 沈传河，王学民. 产权制度创新对煤炭循环经济发展的促进作用 [J]. 经济管理，2005 (9)

[16] 杨海如，杨奇斌. 发展循环经济促进矿区可持续发展[J]. 能源技术与管理，2005 (3)

[17] 李建荣. 煤炭企业发展循环经济探析 [J]. 煤炭经济研究，2005 (6)

[18] 王文飞. 煤炭工业实施循环经济的总体思路 [J]. 煤炭经济研究，2005 (8)

[19] 林娅，孙文营. 拓宽循环经济研究的视阈——当前循环经济研究的状况、问题与思考 [J]. 贵州社会科学，2005，194 (2)

[20] 王永生. 论我国矿业发展循环经济的必然性与着眼点 [J]. 中国工程科学，2005 (7)

[21] 冯之浚. 循环经济导论 [M]. 北京：人民出版社，2004

[22] 初丽霞. 循环经济的理论与实践研究 [J]. 山东经济战略研究，2004 (9)

[23] 吴春梅. 循环经济发展模式研究及评价体系探讨 [D]. 济南：山东科技大学，2005

[24] 李桂荣. 创新型企业文化 [M]. 北京：经济管理出版社，2002

[25] 韩宝平，孙晓菲，白向玉等. 循环经济理论的国内外实践 [J]. 中国矿业大学学报 (社会科学版)，2003 (3)

[26] 齐建国，中国循环经济发展的若干理论与实践探索 [J]. 学习与探索，2005 (2)

[27] 李健，门淑萍，苑清敏. 论循环经济及其面临的问题 [J]. 天津大学学报 (社会科学版)，2002，4 (3)

[28] 吴季松. 循环经济——全面建设小康社会的必由之路 [M]. 北京：北京出版社，2003

[29] 金涌，胡山鹰，陈定江. 循环经济的工程科学基础. 建材发展导向，2005 (2)

[30] 庄培章. 现代企业文化新论 [M]. 厦门：厦门大学出版社，1997

[31] 申望. 企业文化实务与成功案例 [M]. 北京：民主与建设出版社，2003

[32] 李淳. 贯彻科学发展观大力发展循环经济 [C]. 中国循环经济发展论坛2004年年会论点综述，2005 (2)

[33] 门洪云. 构建煤矿区资源循环利用产业网状链的探讨 [J]. 中国煤炭，2005，31 (10)

[34] 贾晓冬. 浅谈循环经济在煤炭工业中的发展模式 [J]. 山西能源与节能，2005 (2)

[35] 孙仲侦，孙启萌. 煤炭企业发展循环经济的思考 [J]. 能源环境保护，

2005，19（4）

［36］杨永仁. 煤炭企业应走循环发展之路［J］. 中国煤炭，2005，31（1）

［37］孟赤兵等. 循环经济要览［M］. 北京：航空工业出版社，2005

［38］李赋屏. 广西矿业循环经济发展模式研究［D］. 北京：中国地质大学，2005

［39］国家发改委《循环经济：模式分析与对策研究》课题组. 煤炭行业发展循环经济的模式和对策［J］. 中国经贸导刊，2006（1）

［40］龙如银，董洁. 煤炭企业实施绿色开采的博弈分析及政策建议［J］. 中国矿业，2005（2）

［41］屠世浩，陈宜先. 探讨绿色开采技术保护矿区生态环境［J］. 能源环境保护，2003（4）

［42］林积泉，王伯铎，马俊杰等. 煤炭工业企业循环经济产业链设计与环境效益研究［J］. 环境保护，2005（4）

［43］吴国江. 简论循环经济在煤炭工业中的实现形式［J］. 煤炭经济研究，2005（8）

［44］吕英. 煤矿资源综合利用的可持续发展战略［J］. 煤炭加工与综合利用，2002（特刊）

［45］王丽萍，赵毓仁，周敏等. 生态工业工程在发展矿区循环经济中的应用［J］. 中国资源综合利用，2005（1）

［46］张建平，艾栋楠. 高产高效矿区循环经济的生态工业园构筑［J］. 煤炭经济研究，2005（5）

［47］孙玉峰，阎慧敏. 从循环经济角度谈矿区的可持续发展［J］. 煤炭经济研究，2005

［48］颜蕊，魏久传，韩作振. 新汶矿区循环经济发展的思路［J］. 山东煤炭科技，2005

［49］牛克洪. 合理利用各种资源积极建设生态矿区［J］. 煤炭经济研究，2005（9）

［50］陈亭楠. 现代企业文化［M］. 北京：企业管理出版社，2003

［51］郭义强. 煤矿区土地复垦规划模式研究［D］. 河北：河北工业大学，2005

［52］廖学东. 煤矿开采与矿区环境治理［J］. 工业技术经济，1995，14（6）

［53］张杰. 矿业城市（矿区）土地复垦与生态重建研究［D］. 南京：南京农业大学，2003

［54］顾则仁. 矿井水资源的开发利用［J］. 煤炭科学技术，1999，27（12）

[55] 肖利萍，梁冰，狄军帧. 矿井水资源化可行性研究 [J]. 辽宁工程技术大学学报，2003（22）

[56] 王秀新. 矿井水处理与综合利用 [J]. 中国科技信息，2005（17）

[57] 宋焕斌，张文彬. 煤矸石的开发利用 [J]. 化工矿物与加工，2000（12）

[58] 罗长海. 企业文化学 [M]. 北京：中国人民大学出版社，1999

[59] 苏杨，周宏春. 发展循环经济的几个基本问题 [J]. 经济理论与经济管理，2004

[60] 毕铣. 新世纪中国企业文化 [M]. 北京：企业管理出版社，2003

[61] 刘光明. 中外企业文化案例 [M]. 北京：经济管理出版社，2000

[62] 苏勇. 中国企业文化的系统研究 [M]. 上海：复旦大学出版社，1996

[63] 刘光明. 企业文化 [M]. 北京：经济管理出版社，1999

[64] 蔡宁葛，朝阳. 绿色技术创新与经济可持续发展的宏观作用机制 [J]. 浙江大学学报（人文社会科学版），2000（3）

[65] 刘承伟. 绿色管理：21 世纪企业管理研究的新领域 [J]. 齐鲁学刊，2000（2）

[66] 王晓光. 企业绿色技术创新研究 [J]. 生产力研究，1997（3）

[67] 许庆瑞，王毅，黄岳元等. 中小企业可持续发展的技术战略研究 [J]. 科学管理研究，1998（4）